U0523089

Equity Trust
股权信托实务
实现家族事业与财富的有序传承

鲍乐东 —— 著

浙江大学出版社
ZHEJIANG UNIVERSITY PRESS

图书在版编目（CIP）数据

股权信托实务：实现家族事业与财富的有序传承 / 鲍乐东著. -- 杭州：浙江大学出版社, 2025.7.
ISBN 978-7-308-26021-3

Ⅰ. D922.282.4

中国国家版本馆CIP数据核字第20253JK192号

股权信托实务：实现家族事业与财富的有序传承

鲍乐东　著

策　　划	杭州蓝狮子文化创意股份有限公司
责任编辑	黄兆宁
责任校对	朱卓娜
封面设计	袁　园
出版发行	浙江大学出版社
	（杭州市天目山路148号　邮政编码310007）
	（网址：http://www.zjupress.com）
排　　版	杭州林智广告有限公司
印　　刷	杭州钱江彩色印务有限公司
开　　本	710mm×1000mm　1/16
印　　张	22
字　　数	291千
版 印 次	2025年7月第1版　2025年7月第1次印刷
书　　号	ISBN 978-7-308-26021-3
定　　价	108.00元

版权所有　侵权必究　　印装差错　负责调换

浙江大学出版社市场运营中心联系方式：0571-88925591；http://zjdxcbs.tmall.com

对股权信托的系统阐述，本书为企业家提供了一种将企业价值与家族传承有机结合的思路。通过合理的股权信托安排，企业家可以在实现家族财富传承的同时，确保企业的稳定发展，为家族的长远利益奠定坚实基础。

总之，本书是一本兼具理论深度与实践价值的专业图书。无论是面临交接班难题的企业家，还是希望提前规划家族财富传承的创一代，抑或是从事高端理财和信托领域的专业人士，都能从本书中获得有益的启示与指导。

当然，法无定法、贵在得法，让我们共同期待：依托东方管理智慧的引领，通过股权信托等有效工具的应用，中国企业家在传承与创新中续写辉煌。

陈寿灿

浙商研究院（中国华商研究院）院长

推荐序

在当代中国，民营企业已成为推动经济高质量发展的重要引擎。然而，随着第一代企业家逐渐步入事业成熟期，家族企业的传承问题日益凸显。许多企业家在经营与财富积累上取得了卓越成就，但在家族财富传承与企业交接方面，却面临前所未有的挑战。股权信托作为家族信托的重要形式，为企业家提供了一种有效的解决方案，不仅能够实现企业股权的有序传承，还能在保护家族财富、优化税务筹划及维护家族和谐等方面发挥重要作用。鲍乐东律师的这本书恰逢其时，为企业家们提供了一份极具价值的参考指南。

我所领衔的浙江省新型重点专业智库浙商研究院，长期致力于浙商成长与发展的研究。大量的实证分析表明，浙江企业家在家族财富传承方面具有现实而迫切的需求。鲍律师凭借其深厚的法律功底和丰富的实务经验，通过本书为企业家提供了前瞻性与实用性兼具的指导。书中精选了国内家族信托的典型案例，涵盖了A股、港股、美股上市公司的家族信托实践。这些案例贴近中国企业家的实际需求，尤其是对A股上市公司家族信托的深入探讨，为企业家在本土资本市场中的财富传承提供了针对性指导。同时，这些案例也让企业家开阔了国际视野，助力其优化财富管理策略。

股权信托的落地涉及复杂的法律、税务及企业管理问题。鲍律师在书中不仅深入分析了案例，还总结了股权信托实施过程中可能遇到的风险与挑战，并提出了相应的应对策略。这为企业家在实施家族股权信托时提供了宝贵的参考。通过

自 序

1978年，中国南方的渔村响起推土机的轰鸣，一群冒险者用汗水浇筑了民营经济的基石。40年后，他们的子女站在玻璃幕墙后俯视城市灯火，却不得不面对一个更复杂的课题：如何让父辈的旗帜继续飘扬。

2018年11月21日，龙湖地产董事长吴亚军通过Chesire Trust持有集团43.98%股权的架构方案，在港交所的公告中悄然定格。当吴亚军将价值500亿港元的股权装入离岸信托时，资本市场看到的不仅是精密的架构设计，更是一个母亲为女儿铸就的"隐形铠甲"。股权信托，这个曾在西方贵族间流转数百年的工具，正成为中国企业家破解传承困局的密钥。6年后，钱塘江畔的办公室里，两岸灯光秀的倒影在江面碎成星点，我不经意间惊觉：中国企业的传承密码，早已从离岸群岛的精密样本，蜕变为本土规则的创造性实验。

当家徽熔断时，契约的活水在族谱上浇灌新枝。

某食品巨头将12%股权永久锁定于慈善信托，那些本可流入家族账户的分红，正在闽南山村的校舍地基里浇筑希望。某家电巨头通过离岸信托设立"监护人制度"，将职业经理人定为守门人，子女分红比例随经营贡献动态浮动——这种"用制度倒逼家族进化"的智慧，在顺德老厂房与新研发中心的光影交错中，写就中国式传承的锋利注脚。

当冰火交割时，规则的界碑分峙于制度的隘口。

在深圳，某科技公司创始人通过"信托+有限合伙"架构，既保留了控制权，又将股权收益切割成七份，悄然化解了子女争夺股权的暗涌；在香港，一纸保留权利信托合约，让某地产家族在债务危机中守住核心资产，法庭文件上的"信托财产不可强制执行"字样，成为比黄金更珍贵的承诺；在纽约，某中概股企业用表决权信托平衡创始人、投资人与职业经理人的权力，上市钟声里回荡着制度设计的余韵。

当余烬冷却时，法典的纹路已爬上金库的穹顶。

大陆法系与普通法的碰撞，让许多企业家在跨境架构中步履维艰。某上海企业家在搭建离岸信托时，因税务身份规划失误多缴纳上亿元税款；某制造企业因受益人条款模糊，引发三代人的诉讼缠斗。这些教训如同航海图上的暗礁标记，警示后来者既要仰望星空，亦需紧握罗盘。

本书无意做航海图的绘制者，只想成为暗礁的测绘员——那些深藏在信托契约中的风险隔离机制与受益权重置规则，本就是商业文明与法律地质的碰撞结晶。潮水在暮色中裹挟着千百年来的商道基因，而某家电巨头的传承安排中充满了"用制度说话"的管理哲学，正将祠堂的族规祖训翻译成法律契约的严谨编码。他们用股权信托搭建的不是冰冷的法律屏障，而是家族精神的挪亚方舟——企业家的姓名终将褪色，制度设计留下的火种仍能照亮基业长青之路。

感谢浙商研究院陈寿灿院长、浙商传承研究编委会成员，以及所有在深夜茶室与我碰撞出火花的实务派，是诸位提供的鲜活案例与抽丝剥茧的研讨，为这场制度探索奠定了中国家族企业传承智慧特有的实证厚度。

谨以本书，献给所有在商业史暗礁中寻找航标的测绘者。

鲍乐东

2025 年春于杭州

版权信息声明：本书案例事实与判例翻译均有所作为

03 港股上市公司的家族信托
1. 概况 / 83
2. 案例的汇集 / 84

04 美股上市公司的家族信托
1. 概况 / 289
2. 案例的汇集 / 289

05 港股、美股上市公司境外股权家族信托持有结构
1. BVI 信托 / 326
2. 美国信托 / 333
3. 新加坡信托 / 335

附录：常见家木模合键错
（一）通用条词 / 339
（二）港股条词 / 341
（三）美国条款条词 / 343

目录

01 股权家族信托概述

1. 什么是股权家族信托？ / 4
2. 境内股权信托现状 / 9
3. 股权家族信托各模式及其优劣 / 11

02 A 股上市公司的家族信托

1. 情况 / 25
2. 案例分析 / 29

01 股权家族信托概述

受托人信托法：受托义务履行与财产独立的有序专业

1. 什么是服务家庭信托？

2018年，《信托部关于加强规范资产管理业务期间家族信托业务工作的通知》（银信"37号文"）发布，实质上从监管层面对家族信托进行了定义，自此家族信托便进入快速成长期。根据中国信托登记有限责任公司（简称"中信登"）发布的数据，截至2023年1季度末，家族信托存续规模约为4976亿元，存续家族信托个数约为2.6万个。信托的产品越来越多，据权威资料显示。[1] 其中，以接收家族信托业务为基础资源，部分信托公司成立了信托家族部。

根据各信托公司对外披露的信息，上市公司定期披露信息以及媒体报道等公开渠道信息的家族信托公司数量，截至2023年，我国68家信托公司中，其30%的信托公司设立或接受的信息。根据中国信托业协会发布的《中国信托业发展报告（2020—2021）》以及《中国信托业发展报告（2021—2022）》，2020年，国内仅有9家信托公司开展了以接收家族信托业务为基础的家族信托业务，合计18单，约规模为14.52亿元，其中3单未公布数据；到2021年，已有17家信托公司开展了以接收家族信托业务为基础的家族信托业务，合计104单，规模达到47.1亿元，据权威家族信托业务数据，永远未来之。[2]

《中华人民共和国信托法》（以下简称《信托法》）认为，信托是指委托人依

---

[1] 韩雪，家族信托存续规模近5000亿元，产品服务日益丰富[EB/OL]. (2023-12-06) [2024-04-10]. http://www.jjckb.cn/2023-12/06/c_1310753832.htm.
[2] 中国信托业协会. 中国信托业发展报告（2020—2021）[M]. 北京：中国金融出版社，2021.

民营企业在经受时代考验、迎接市场化的洗礼中，铸造了较大范围的民营企业家群和企业家队伍。其中，财富的积累大大地改变了"企业家队伍"，有调查显示，2020年中国"胡润百富"的结构中，60%是企业家，企业家中只有其所有权为59%；"超高净值家庭"中，企业主的比例占75%，企业家中只有其所有权的68%。[①]对于股份制度覆盖率越来越高，企业股权投资者越来越高的众多企业，也是该时期的主要形态。目前，越来越多的民营企业进入"交接班"的关键阶段，如何在依法依规营企业治理和企业家族传承的条件下，推动大部分这类企业的股权分散化也已成为亟待解决的问题。

民营企业对于是最困难者，市场经济条件下深化的改革直接影响力和贡献程度作为市场中其接受其风险和承担化的主体，港上一部分企业家通过为其自动形成的新机构，已经被认定出此信托工具进行财富管理和传承的重要性。
近年来，股权家族信托业务落地规模及数量近速增长。

① 2020万人·胡润财富报告[R/OL].(2021-02-08)[2024-04-10]. https://www.hurun.net/zh-CN/reports/DetailInfo?num=O37XUGBR51W.

据对受托人的信任，将财产权"委托"给受托人，受托人以自己的名义基于特定的目的管理、处分信托财产的行为，从而为受益人谋求利益。

股权家族信托的定义

我们可以把股权家族信托（简称"股权信托"）的概念归纳为委托人基于财产管理、保护和传承的目的，并根据特别信赖关系，将自己持有的股权转移给受托人，由受托人以自己的名义为了受益人的利益，管理和处分股权的行为，[①] 也可以将其简单概括为以信托财产为股权的家族信托。就字面意思来看，其主要涉及下述内涵：首先，此种信托方式的受益人通常为家族内部人；其次，涉及的信托财产为公司股权，包括上市公司和非上市公司。它是以家庭财富的管理、保护和传承为目的的一种信托，是家庭财富传承的一种有效方式，是高净值人群选择管理家庭资产的一种模式。[②]

股权信托的分类

股权信托主要分为五类。

第一类是封闭公司股权信托和公众公司股权信托。

封闭公司和公众公司是一种重要的公司分类，这一分类方式源自美国，其基础在于企业的资产规模、股东数量以及股票的市场流通性。根据《中华人民共和国公司法》[参照该法（2013 年修订）第二条：本法所指公司是在中国境内根

[①] 孙萍.公司股权设立家族信托的法律研究[D].上海：华东政法大学，2018.
[②] 孙晋，钟敏.论表决权信托在产融结合领域的实现[J].经济法论丛，2013，24（1）：290-315.

据本法设立的有限责任公司和股份有限公司〕的界定，有限责任公司以及股份不可公开交易的股份有限公司归属封闭企业范畴，而上市公司与非上市的公众企业（例如新三板企业）则归属公众企业类别。

依托上述两类公司股权构建的信托机制，可相应地被命名为封闭公司股权信托和公众公司股权信托。企业性质的不同，直接引致了受托人在权限、职责及法律责任等方面的显著区别。

在封闭公司股权信托框架下，鉴于封闭公司强烈的人合属性及相对薄弱的公司治理架构，家族企业主（即委托人）可能维持实质性的控制权，安排家族成员直接管理目标企业，或授权受托人全面介入公司运作，这导致受托人在审慎投资、公平待客、信息公开等方面的职责具有高度灵活性。特别是当信托持有封闭公司的全部股权时，受托人对企业的干预能力达到顶峰，司法机构可能会视公司为信托的延伸，穿透公司法人面纱，使信托需对公司的债务承担责任。

相比之下，在公众公司股权信托的场景中，由于公众公司股东构成广泛分散，信托难以实现公司控制。并且由于公众公司拥有较为健全的治理结构与严格的信息披露标准，受托人在参与目标企业管理时，必须遵循公司法与证券法的强制性规定，确保在增进信托受益人利益的同时，不得侵犯其他股东，尤其是小股东的合法权益。此间，股权信托的受托人面临平衡多方利益、有效调和不同义务间矛盾的挑战。

第二类是单一受益人的股权信托与复数受益人的股权信托。

在家族资产的框架中，人力资源构成了一个核心板块。股权信托模式多是为家族客户服务的，所涉及的受益群体非常广泛，涵盖长辈、配偶、后代（甚至包括曾孙等）多代成员。这些多样化的受益主体，各自拥有独特的利益期望与风险接受度，从而对信托管理人提出了个性化的管理挑战。股权信托若仅服务于单一个体（或实体），则视为单一受益人信托；相反，若涵盖多个受益人，则归类为复数受益人信托。

鉴于不同受益群体在信托收益获取、个人经济背景及风险承担能力上的显著区别，他们之间的利益冲突成为一个不容忽视的问题。实现各受益方利益的均衡，保证分配的公正合理，是一项复杂任务。例如，在分离本金与收益的股权信托设计里，本金受益人趋向于保护本金安全、抵制风险，倾向于低风险投资项目；而收益受益人则偏好进取型投资策略以追求高额回报，鼓励涉足高风险的创业投资领域，因其深知高风险与高回报并存。因此，服务于多位受益人的股权信托机制，无疑对信托管理者的警觉性、专业素养及操作智慧提出了更高的标准。

第三类是固定信托和自由裁量信托。

受托人的权限（包括指定受益人、何时向何人分配利益）大小决定了一个信托是固定信托还是自由裁量信托。顾名思义，固定信托与自由裁量信托的最大区别在于，固定信托的受益人有权要求受托人按照信托文件分配信托利益，而自由裁量信托的受益人则无法强制受托人分配信托利益。

在家族财富传承中，自由裁量信托运用得更为广泛，因为分配信托利益、公平对待不同类型受益人以及确保公司长远发展之间往往存在较大的冲突，赋予受托人在利益分配上灵活的自由裁量权，更能适应情况的变化，应对可能出现的意外情形，且能有效地减免税负。自由裁量信托常与"没收条款"或"败家子条款"合并使用，一旦信托利益被败家子挥霍，受托人可决定后期不对其分配利益，这样能防止后代挥霍家产。

第四类是管理型股权信托和运用型股权信托。

根据委托人设定信托的目的，股权信托可分为管理型和运用型两种类型。顾名思义，若股权信托受托人有权参与股权的实际经营，例如参与公司决策、表决等，则该信托可被归类为管理型股权信托。[①]

运用型股权信托是以运用股权获取收益为目的，由受托人将股权（主要是股票）作为投资标的加以运用的信托类型，如从事融资融券业务等，委托人看重的是投资收益而非受托人的管理能力。运用型股权信托较为少见，且涉及的法律问题（如借贷）相对简单。运用型股权信托的结构如图 1-1 所示。

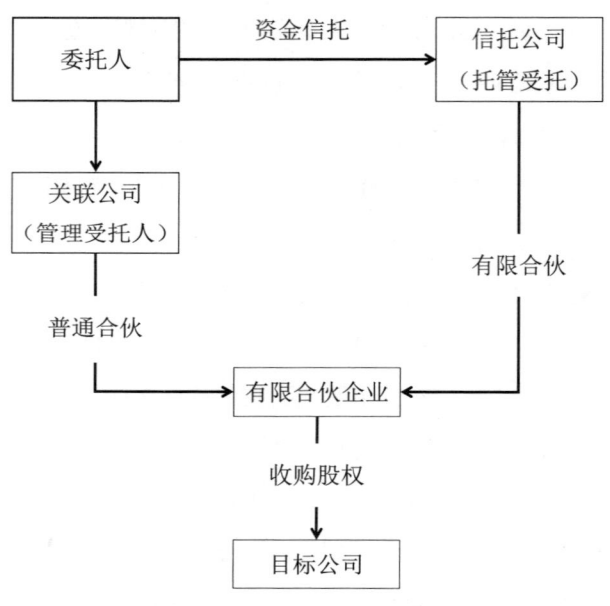

图 1-1 运用型股权信托的结构

第五类是被动管理型股权信托和主动管理型股权信托。

股权信托根据受托人在信托期间的管理角色，可以划分为主动管理型（也称为非事务处理型）和被动管理型（也称为事务处理型）。中国银行保险监督管理

---

① 孙兵兵.信托财产及受益权强制执行问题研究[D].重庆：西南政法大学，2016.

委员会（现国家金融监督管理总局）发布的《关于调整信托公司净资本计算标准有关事项的通知》(2014年4月的征求意见稿)，对这两种类型作出了明确界定。根据该意见稿，主动管理型信托是指信托公司作为受托人，在信托管理过程中发挥主导性作用，承担产品推介、项目筛选、投资决策及实施等主要管理职责，并收取合理信托报酬的营业性信托业务。被动管理型信托指的是信托的设立、资产的具体使用方向，以及资产管理和处置等由委托人独立决定，委托人负责进行初步的尽职调查和信托资产的管理工作，自愿承担投资的风险。受托人的职责限于账户管理、资金的清算和分配，以及提供必要的文件协助委托人管理信托资产，不包括主动的管理职责。为了提高事务类信托业务认定的可操作性，该通知还明确了该信托的两大重要特征：第一，信托报酬率较低；第二，信托合同规定以信托期限届满时信托财产存续状态交付受益人进行分配。[1]

2. 境内股权信托现状

虽然我国陆续出台的《信托法》、《中华人民共和国民法典》(以下简称《民法典》)、《信托公司管理办法》等一系列法律法规为我国家族信托业提供了法律依据，但由于欠缺与之配套的制度，其整体操作性较差。例如，我国《信托法》第二条规定，委托人将自己持有的信托财产的所有权"委托"给受托人，而不是像境外家族信托那样明确表示通过设立离岸的控股公司将信托财产的所有权"转

---

[1] 杨震.信托股权模式的创新与规制研究[J].全国流通经济，2021 (13)：96-98.

移"给受托人，可见在我们国家的《信托法》中，对于所有权的界定非常模糊，由此容易引发争议。同时，对于股权资产的管理以及企业的所有权、管理权的划分也缺少相关的法律依据，一旦出现委托人突然意外去世的情况，就会在确定企业管理者的问题上缺少依据，从而产生纠纷。

我国现行的《民法典》对于委托人独立自主支配财产的权利方面存在非常多的约束限制，若处理不当，很有可能会引发财产权利的纠纷，进而对家族信托的稳定性和有效性产生巨大冲击。此外，《信托法》第二十到第二十三条条例赋予了委托人更换、解任受托人等多种权利，因此可能会出现委托人权利过多的问题，从而歪曲家族信托的本质及其功能，导致家族信托在运行中可能会潜伏较大的纠纷和风险。所以，我国目前仍然缺乏平衡委托人与受托人的权利和义务的相关法律制度。

2017年8月25日，中国银行业监督管理委员会正式发布了《信托登记管理办法》，规定中信登为信托登记机构，负责信托产品的统一登记。该办法第二条规定了信托登记的定义，明确了信托登记的内容[①]；该办法第九条对信托登记信息做了进一步细化，特别提到信托财产[②]。但是可以看出，这两条以及整部《信托登记管理办法》都是在对信托产品的登记进行规定，而非对信托财产的登记。虽然第九条提到信托财产，但也只是对信托财产的种类及来源信息的记载。信托财产登记与信托产品登记是完全不同的两个概念，信托财产登记是法律层面的含义，是实现信托破产隔离功能的重要表现；信托产品登记是实务操作层面的概念，是

---

① 该办法第二条规定："本办法所称信托登记是指中国信托登记有限责任公司（简称信托登记公司）对信托机构的信托产品及其受益权信息、国务院银行业监督管理机构规定的其他信息及其变动情况予以记录的行为。"
② 该办法第九条规定："信托登记信息包括信托产品名称、信托类别、信托目的、信托期限、信托当事人、信托财产、信托利益分配等信托产品及其受益权信息和变动情况。"

在管理信托财产过程中对信托产品进行的信息汇总。因此，在信托业务的发展过程中，应重视信托财产登记的制度建设，以保障信托破产隔离功能的实现，从而使信托行业更加规范、稳健地发展。①

3. 股权家族信托各模式及其优劣

设立信托分为如下三个步骤：第一步是选定受托人，第二步是设立信托，第三步是将股权装入信托。第一个步骤不涉及技术性规定，但却可能是最重要的一步。信托业在我国尚不成熟，信托产品"爆雷"、逾期兑付事件时有发生。而且，家族信托存续的基本前提是受托人本身具备稳定性，否则长时间跨度下的"传承"无从谈起。因此，选择一个高信用、低风险的信托公司作为家族信托的受托人非常重要。我国目前尚无官方的对信托公司的评级，但相关规定和评级在陆续出台过程中。2023年11月，国家金融监督管理总局发布《信托公司监管评级与分级分类监管暂行办法》。该办法明确，国家金融监督管理总局及其派出机构负有对信托业的监管职责。第六条规定，"信托公司监管评级包括公司治理、资本要求、风险管理、行为管理、业务转型等五个模块"，五个模块按照权重［公司治理（20%），资本要求（20%），风险管理（20%），行为管理（30%），业务转型（10%）］加总计算出信托公司的评分。该办法将信托公司的监管评级结果分为1~6级，数值越大表示该机构的风险越大，需要引起监管部门更高程度的关注。

---

① 刘士国，高凌云，周天林.信托登记法律问题研究[C]//上海市行政法制研究所.政府法制研究.2009，197（1）.

上述三个步骤中，第二步和第三步中产生的差异会使得信托设立的方法分为几个不同的模式。本书在此粗略整理了几个模式：直接持股模式、有限合伙模式、有限责任公司持股模式、混合持股模式。在此基础上，有限合伙企业（作为信托受托人持股平台）可能通过两种方式获取公司股权——直接受让股权或通过增资获得股权，这使得有限合伙模式之下又可以分为不同的类别。上述几种模式都有其利弊。

直接持股模式

直接持股模式的典型代表是本书第二章介绍的开润股份的模式。在类似案例中，自然人企业家先选定一个信托受托人［一般是专业信托公司，如开润股份案例中的建信信托有限责任公司（简称建信信托）］，与其签订信托文件，设立家族信托，再将企业家自己持有的股权直接转让给该受托人。这种模式可以由图 1-2 概括。

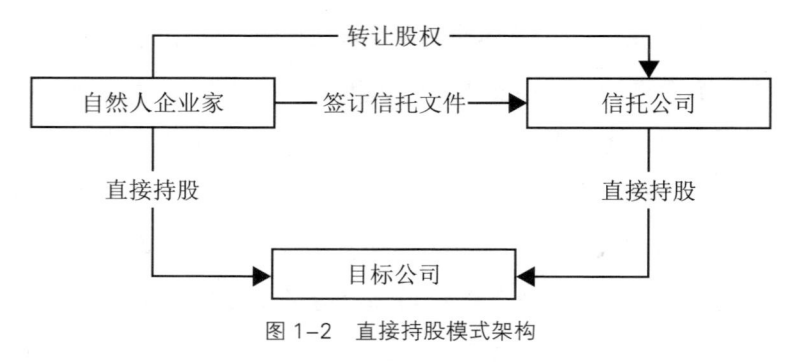

图 1-2 直接持股模式架构

这种模式的优点在于交易简单，且信托公司直接持有股权的成本较低，节省了开设一家持股平台公司的成本和运营成本。但是劣势也十分明显。在设立信托过程中，根据《中华人民共和国个人所得税法》和《股权转让所得个人所得税管理办法（试行）》，自然人向作为有限责任公司的信托公司转移股权可能产生20%的个人所得税。

设立家族信托的核心目的在于财富传承，而财富分配过程中的成本是一个需要解决的痛点。《股权转让所得个人所得税管理办法（试行）》第二、三、四、五条规定，个人转让对于在中国境内设立的企业或组织的股权或股份，以股权转让收入减除股权原值和合理费用后的余额为应纳税所得额，按"财产转让所得"缴纳个人所得税。按照该规定，应纳税的"股权转让"包括股权出售的行为，且受该规定管理的股权不包括对于个人独资企业和合伙企业的股权/股份。自然人转让方是纳税人，股权受让方（即信托公司）是扣缴义务人，扣缴义务人应于股权转让相关协议签订后5个工作日内，将股权转让的有关情况报告税务主管机关。

此外，信托公司在获得利润分配的时候也需要缴纳企业所得税，税率为25%。《中华人民共和国企业所得税法》（以下简称《企业所得税法》）第六条规定，股息、红利等权益性投资收益，为应纳税的收入。第十条规定，在计算应纳税所得额时，下列支出不得扣除：向投资者支付的股息、红利等权益性投资收益款项。因此，目标公司本身也需要就分配给信托公司的股息缴纳企业所得税，并不会因为这些利润分配给了信托公司而可以扣除相应部分。

简言之，在直接持股模式下，自然人为办理股权信托，向信托公司转让股权时需承担个人所得税；信托公司从目标公司处取得利润后将其分配给受益人，这个环节中会产生两次企业所得税。

有限合伙模式

有限合伙模式的持股方式是由委托人出资设立家族信托，然后由委托人或其指定的第三方与受托人（信托公司）一同设立有限合伙企业。最终，可以通过股权转让的方式，将委托人所持有的目标公司股权转移到有限合伙企业的名下，或者通过增资的方式，使有限合伙企业成为目标公司的股东。这种模式的结构如图1-3 所示。

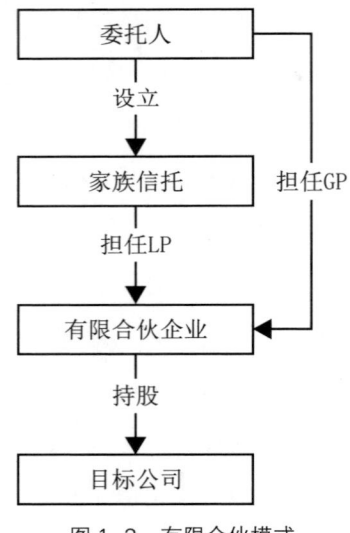

图 1-3 有限合伙模式

在这种模式下，一旦有限合伙企业成立，委托人或其指定的第三方通常会担任普通合伙人（GP）的角色，负责企业的管理和事务执行，行使对目标公司的投票权。信托公司则成为有限合伙企业的有限合伙人（LP），不对外代表合伙企业，也不参与企业事务的执行。

家族信托持股结构的主流方式是通过有限合伙企业持股，其优势取决于其独特的组织结构设计。根据《中华人民共和国合伙企业法》的规定，有限合伙企业的普通合伙人对企业债务承担无限连带责任，而有限合伙人的债务仅受限于其认缴的出资额。此外，有限合伙企业被视为非法人组织，实际上由其合伙人进行经营和对外承担责任，而不是由有限合伙企业本身承担。基于这种组织结构设计，家族信托通过有限合伙企业持股具有以下优势。

首先，相对于直接持股方式，通过有限合伙企业持股可以实现家族信托与目标公司之间的风险隔离。

其次，委托人或其指定的第三方直接担任有限合伙企业的普通合伙人，作为有限合伙企业的执行事务合伙人，享有有限合伙企业对目标公司的决策权，可以降低代理成本，避免受托人（信托公司）对目标公司经营的干扰。

最后，由于有限合伙企业不被视为纳税主体，所以纳税义务由其合伙人承担。因此，在分配利润时，只有合伙人需要履行纳税义务，避免了双重税收的问题。具体地，《企业所得税法》第一条规定，个人独资企业、合伙企业不适用本法，不是企业所得税的征收对象，所以，有限合伙企业作为直接股东从公司分配利润的时候无须承担企业所得税。此外，正如本书在第二章第二节中所论述的，我国对有限合伙企业实施"先分后税"的方法，合伙企业的合伙人分得利润后再分别纳税。因此，利润在到达信托公司的过程中只产生了一次个人所得税。

当然，这种持股结构也存在一些劣势。普通合伙人的地位可能导致委托人承担无限连带责任，而且委托人的死亡或丧失民事行为能力可能会影响有限合伙企业的经营稳定性。此外，有限合伙企业留存的利润也作为合伙人纳税的税基，不能像有限公司一样靠暂缓分红来实现税务筹划。

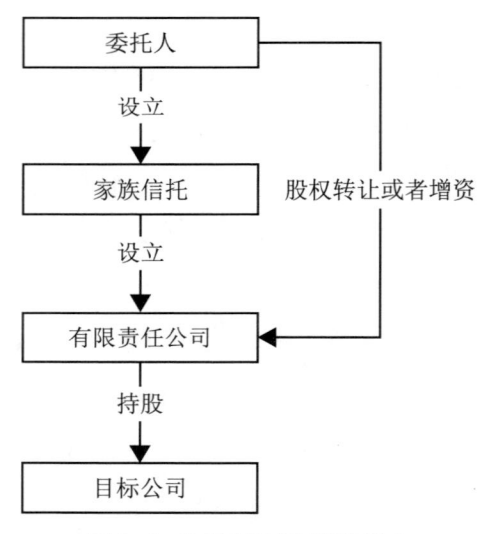

有限责任公司持股模式

有限责任公司持股模式是由委托人以资金设立家族信托，然后由受托人（信托公司）设立有限责任公司。委托人通过股权转让的方式，将其名下的目标公司股权置入有限责任公司；或者采用增资的方法，使有限责任公司成为目标公司的股东。这样，委托人可以通过有限责任公司间接持有目标企业的股份。这种模式可以由图 1-4 概括。

图 1-4　有限责任公司持股模式

在这种模式下，信托公司仅充当有限责任公司的股东，承担有限责任公司的管理工作，接收来自目标公司的分红，进行利益分配，无须直接干预目标公司的具体经营。委托人可以通过委派目标公司的高级管理层，或者将表决权委托给信托公司来实现对目标公司的控制。

这一结构的优势在于信托公司无须直接参与目标公司的管理，从而降低了委托人在选聘信托公司方面的风险。与直接持股模式相比，这种持股结构可以更有效地隔离家族信托财产。委托人还可以通过信托合同约定享有信托公司的表决权。此外，相对于直接持股结构，有限责任公司的工商登记更为便捷，还可以广泛投资于其他目标公司。

然而，这种持股结构也存在一些显著的劣势。为了获取更多的收益，信托公司通常会成为有限责任公司的控股股东，增加了委托人控制目标公司的难度。在家族信托与目标公司之间引入特殊目的公司会增加管理和运营成本。此外，委托人将股权转让给有限责任公司时，可能需要缴纳个人所得税。当目标公司进行利润分配时，信托公司和有限责任公司都需要支付企业所得税。正是由于这些显著的劣势，这种持股结构在实际应用中并不常见。委托人通常更倾向于将有限合伙企业与有限责任公司结合使用，以最大限度地发挥家族信托制度的优点并避免劣势。本书将这种混合使用有限责任公司和有限合伙企业的模式归纳为"混合持股模式"，接下来对其做介绍。

混合持股模式

实际操作中，因为有限责任公司持股和有限合伙企业持股各有利弊，所以委托人常常会采用混合持股模式，将两种持股方式嵌套在一起，以充分利用其各自的优势并弥补劣势。以下是一些常见的混合持股模式，它们在实际应用中都有已实现的案例。

第一种是嵌套有限合伙企业。委托人可以在信托公司与有限责任公司之间嵌套有限合伙企业。这种结构允许委托人通过有限责任公司间接持有目标公司的股份，同时利用有限合伙企业来管理和运营资产。在这种模式下，信托公司往往担任有限合伙企业的LP，出资占有限合伙企业的绝对多数（如99%），而委托人则通过担任有限合伙企业GP的方式（通常出资比例很小，如1%）把控有限合伙企业的日常事务。如此，委托人可以在把握管理权的同时，使得信托资产转化为目标公司股权。该模式如图1-5所示。

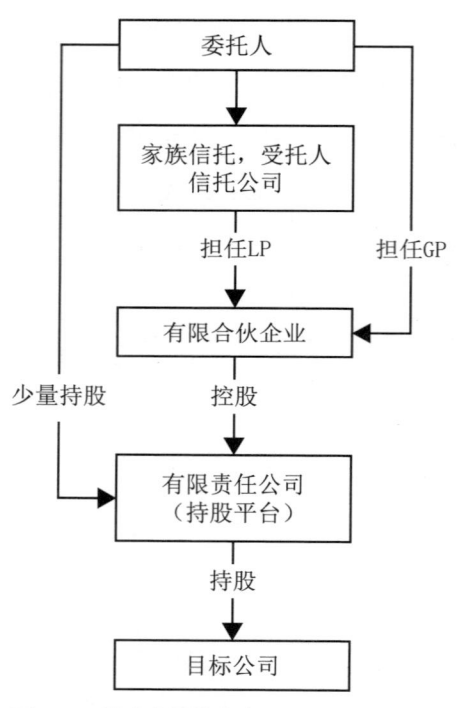

图1-5 嵌套有限合伙企业的混合持股模式

第二种是嵌套有限责任公司，即在信托公司与有限合伙企业之间嵌套有限责任公司。这种模式可以提供更多的管理灵活性和隔离家族信托财产的优势，因为信托公司直接获得了有限责任制度的保护。该种模式如图1-6所示。

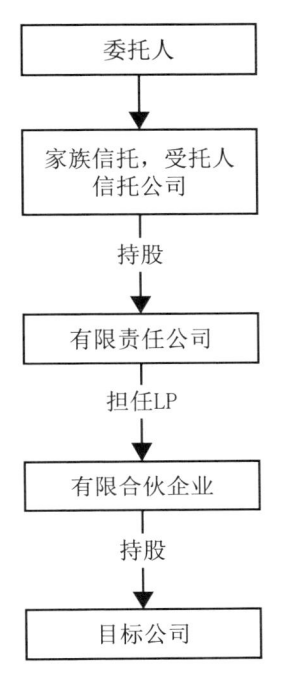

```
委托人
  ↓
家族信托，受托人
信托公司
  │ 持股
  ↓
有限责任公司
  │ 担任LP
  ↓
有限合伙企业
  │ 持股
  ↓
目标公司
```

图 1-6　嵌套有限责任公司的混合持股模式

　　第三种是间接持股的混合持股模式。委托人先持有有限责任公司股份，再由该有限责任公司担任有限合伙企业的普通合伙人，从而间接持有目标公司股份。通过这种方式，委托人既能掌握目标公司的控制权，又能有效隔离风险。此外，委托人还会借助信托公司与有限合伙企业，实现对目标公司的间接持股。该混合持股模式的具体架构如图 1-7 所示。

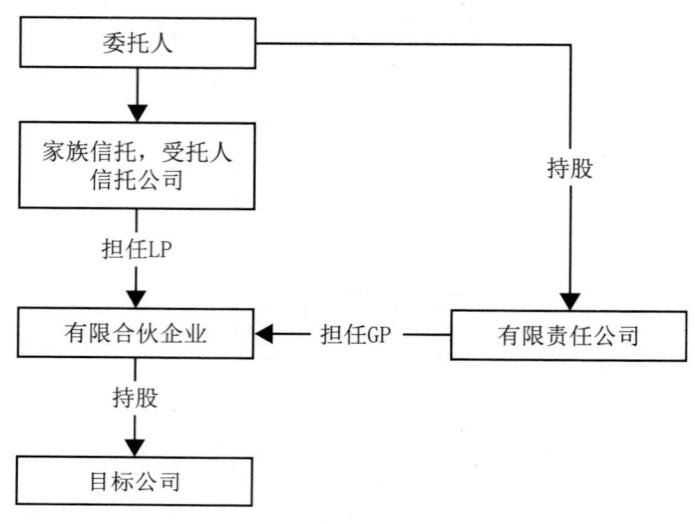

图 1-7　间接持股的混合持股模式

第四种是双层有限合伙企业嵌套的混合持股模式。即在信托公司与目标公司之间，设置双层有限合伙企业的结构。这种模式实现了风险隔离的目的，同时信托公司在收取利润的过程中只需缴纳一次企业所得税和一次个人所得税。该种模式可以由图 1-8 概括。

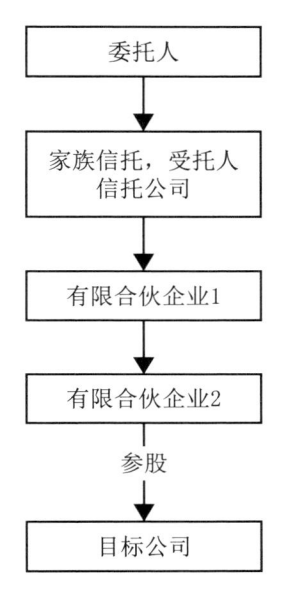

图 1-8 双层有限合伙企业嵌套的混合持股模式

上述这些混合持股模式的选择取决于委托人的具体需求、目标公司的特点以及法律和税务要求。通过巧妙地组合不同的持股方式，委托人可以最大限度地发挥家族信托结构的潜力，实现财富管理和传承的目的。

02 A股上市公司的家族信托

1. 概况

截至2023年11月5日，A股上市公司数量已达5312家，总市值达78.72万亿元。[①]其中，根据公开信息可以确定其股权结构包含家族股权信托的公司有44家。按照上市前或者上市后引入家族信托持股来划分，在A股上市前就已经搭建家族信托的公司有8家，而36家公司在上市后搭建或引入了家族信托持股。

带着家族信托成功在A股上市的公司数量之所以少，是因为我国监管机构对包含信托在内的"三类股东"较为谨慎，包含"三类股东"的公司在上市审核阶段面临较大的监管压力。因此，不少企业会选择在上市前或者审核过程中拆除既有的家族信托架构。"三类股东"分别为契约型私募基金、资产管理计划和信托计划。信托计划是本书讨论的对象。信托计划之所以受到监管的谨慎对待，是因

[①] 李静.改革路线图进一步明确　上市公司高质量发展有望再提速[EB/OL]．(2023-11-06) [2024-04-08]. http://www.news.cn/fortune/2023-11/06/c_1129959602.htm.

为无论信托设立在境内还是境外，往往都涉及较为复杂的股权结构，而在A股资本市场审核中，上市公司/发行人的控制权稳定、股权清晰一直都是审核的重点。主板IPO规则对于股权清晰的要求为"发行人的股权清晰"，而科创板及创业板IPO规则要求"控股股东和受控股股东、实际控制人支配的股东所持发行人的股份权属清晰"。

在实操中，上市审核机构会就信托持股进行专门问询。以芯原微电子（上海）股份有限公司（以下简称芯原股份，后文将以案例形式介绍该公司的信托持股情况）上市为例，芯原股份的招股书附录的"补充法律意见书（二）"显示，第二轮审核问询函问题2是关于控股股东的。具体来说，监管在该部分要求发行人聘请的律师解释如下3个问题：不将芯原股份的第一大股东VeriSilicon Ltd.列为控股股东是否合理；除公司股东之一VeriSilicon Ltd.上层包含的信托之外，是否还存在其他信托持股情况；说明上述信托持股是否符合《科创板首次公开发行股票注册管理办法（试行）》（以下简称《注册办法》）第十二条第（二）项关于"控股股东和受控股股东、实际控制人支配的股东所持发行人的股份权属清晰"的规定。①

关于第一个问题，可以合理推断发行人律师不将VeriSilicon Ltd.列为控股股东的意图是避免其上层的信托持股情况对《注册办法》第十二条的条件认定产生影响，因为该条仅仅约束"控股股东和受控股股东、实际控制人支配的股东"。虽然该问题与信托持股不直接相关，但从发行人律师的回避态度，我们足以观察出上市监管对信托持股的严苛程度。在第二个问题的回复中，发行人律师列举了发行人股东VeriSilicon Ltd.上层存在的10个信托，其中9个信托为家族信托。在

---

① 芯原股份.首次公开发行股票并在科创板上市招股意向书附录[EB/OL].（2020-07-29）[2024-04-10]. https://pdf.dfcfw.com/pdf/H2_AN202007281394891251_1.pdf.

家族信托中，戴伟民（芯原股份实控人、创始人）、戴伟进、戴伟立成立了 7 个家族信托。关于第三个问题，发行人律师认为，其已经论述证明过发行人不存在实际控制人、控股股东，因此，发行人不涉及《注册办法》第十五条第（二）项关于"控股股东和受控股股东、实际控制人支配的股东所持发行人的股份权属 清晰"的规定。此外，经核查，作为发行人的第一大股东，VeriSilicon Ltd. 所持发行人股份权属清晰，不存在争议和纠纷。

此外，发行人律师认为，VeriSilicon Ltd. 作为发行人的第一大股东，其股权结构较为复杂的情况具有充足合理的理由。历史上外部投资人加入、退出以及员工持有和行使期权都是通过该公司。就其上层的信托持股情况，发行人律师认为："该等信托持有股份由 VeriSilicon Ltd. 合法发行；VeriSilicon Ltd. 持有发行人股份（占发行人股份总数的 17.91%）权属清晰；该等信托通过 VeriSilicon Ltd. 间接持有发行人的股份比例合计 7.39%，占比较小，不会对发行人的实际控制状态产生实质影响。"

最终，芯原股份成功带着戴伟民家族成员的信托在 A 股上市，成功跨过了股权清晰、控制权稳定这一门槛。

接下来的问题是，为何监管对信托（不仅仅是家族信托）持有如此谨慎的态度。这并非监管因循守旧，而是由我国信托和信托法律的特点决定的。

首先，我国法律对于信托财产的所有权归属规定非常不明确。《信托法》第二条规定，信托是指委托人基于对受托人的信任，将其财产权委托给受托人，由受托人按委托人的意愿以自己的名义，为受益人的利益或者特定目的，进行管理或者处分的行为。这一规定与信托的传统不接轨。在普通法中，财产的所有权被分为法律权利（legal right，包括法律所有权）和衡平法权益（equitable interests）。按照普通法设立信托时，信托财产的法律所有权将直接归受托人所有，只是在衡平法（equity）上，受托人负有按照委托人的意图处置信托财产的衡平法责任（equitable obligations）。如此，衡平法责任不影响法定权利的确定。

但是，我国法律在引入信托的时候并未沿袭普通法法律权利和衡平法权利的二分，而是在《信托法》中采用了"将其财产权'委托'给受托人"这种模糊化的表述。第一，"委托"给受托人的含义不明，既不是委托代理关系，也不是所有权移转。第二，这种处理一方面似乎承认信托财产所有权仍属于委托人，另一方面又表明受托人有财产处分权（但受制于委托人的目的和受益人的利益）。然而，我国法律中的委托代理关系多是按照委托代理合同处理的，而《信托法》第八条明确设立信托必需的书面文件为"信托合同"等，这与第二条中"委托"的表述存在矛盾。

此外，《信托法》没有区分可撤销信托和不可撤销信托。根据我国《信托法》，尤其是第五章，在我国境内设立的信托是否可撤销取决于信托是否赋予委托人解除权。而在适用普通法法域的地区，大多对上述两者在立法上作出区分。此外，法院还有基于信托设立损害债权人权益而主动撤销信托的权利。这一系列规定导致我国的信托较海外信托格外脆弱。正是由于上述两大缺陷——信托财产所有权不明晰、信托容易被法院或者当事人撤销，带着家族信托持股成功在A股上市的案例至今寥寥无几。对于存在家族信托架构的寻求A股上市的公司而言，其更稳妥的选择是在公司上市的过程中进行股权重组且拆除信托结构。例如，凯赛生物、晶科能源均在寻求科创板上市过程中拆除了实控人的家族信托持股。

2. 案例拆解

上市前搭建信托案例

本部分主要通过多个案例分析家族信托在企业上市过程中的应用与影响，涉及晶晨股份、诺诚健华、三生国健、深信服、芯原股份、英飞拓、盛美股份、振华新材等公司。案例展示了家族信托如何被用作股权结构设计的一部分，以及它们如何实现委托人对公司享有控制权的同时让公司能够满足上市条件。

这些案例都表明了家族信托主要通过持有或间接持有公司股份，实现资产保护、税务优化及家族财富的代际传递。案例中提到的家族信托在多数情况下其持股比例较小，不直接影响公司的实际控制权，且信托受益人多为家族成员。此外，相关企业在准备上市时，均需确保信托结构的透明度，以及证明这种安排不会导致公司控制权的不稳定或产生潜在的权属争议。

案例的不同点体现在信托的具体安排、信托持股的比例、受益人结构，以及信托设立的目的和影响上。例如，晶晨股份中的 Chuang Family Trust 持股比例较低，不对公司控制权构成威胁；而英飞拓的案例则展示了一种复杂的股权收益权转移机制，利用特拉华州法律特性进行信托持股与收益权分配；在诺诚健华和深信服的案例中，家族信托虽作为股东之一，但明确不影响实际控制人的认定。

【案例】晶晨股份——陈海涛家族信托

1）公司简介

2019年8月8日，晶晨股份［全称为晶晨半导体（上海）股份有限公司，

Amlogic（Shanghai）Co., Ltd.］于上海证券交易所（简称上交所）科创板上市。晶晨股份是全球布局、国内领先的无晶圆半导体系统设计厂商，是智能机顶盒、智能电视、音视频系统终端、无线连接及车载信息娱乐系统等多个产品领域提供多媒体SoC（System on Chip，系统级芯片）和系统级解决方案，业务覆盖全球主要经济区域，积累了全球知名的客户群。其产品技术先进性和市场覆盖率位居行业前列，为智能机顶盒芯片的领导者、智能电视芯片的引领者和音视频系统终端芯片的开拓者。

2）信托搭建

截至招股意向书发布，晶晨股份的股权结构如图2-1所示。

晶晨股份的控股股东为晶晨控股，后者又由晶晨集团100%控股。晶晨集团的控股股东和实际控制人为钟培峰和陈奕冰。二人都是美籍华人，系夫妻。陈海涛是陈奕冰的父亲。2018年11月20日，钟培峰、陈奕冰、陈海涛及其控制的Cowin Group、Peak Regal签署一致行动协议，要求陈海涛控制的两家公司在行使晶晨集团股东表决权、提案权、董监高提名权时与陈奕冰、钟培峰保持意思表示一致。

招股书陈述，陈海涛通过Cowin Group和Peak Regal合计持有晶晨集团26.02%股权，但陈海涛年事已高，未参与公司重大决策和日常经营业务，因此不作为公司的实际控制人，陈海涛与实际控制人已签署一致行动协议。

晶晨集团股权结构如表2-1所示。值得注意的是，Chuang Family Trust持有晶晨股份0.28%的股权。该信托是庄大能的家族信托，委托人为中国台湾地区自然人庄大能及其妻子（美国籍自然人Grace Huei-Huan Hu Chuang），受益人为美国籍自然人Allan Chuang、Enoch Chi-An Chuang及Peter Chien-An Chuang，受益人均系委托人的子女。

股权代持关系：实控家族事业与治理安排有关考量

表 2-1 晶晨董事图股权结构（截至招股说明书公布）

序号	股东名称	持股数（股）	持股比例（%）
	……		
3	Pudong Science and Technology (Cayman) Co. Ltd.	2,263,279	10.18
4	Cowin Group	2,153,174	9.68
5	Proland Group Ltd.	1,219,757	5.49
6	晨芯源	980,400	4.41
7	SVIC No.25	577,367	2.60
8	Century First Ltd.	566,120	2.55
9	Metro Magic Ltd.	250,000	1.12
10	Thakral Brothers (Pte), Ltd.	200,000	0.90
11	Lulubi2017 LLC	169,000	0.76
12	Chuang Family Trust	62,500	0.28
13	其他自然人股东	3,927,026	17.66
	合计	22,232,506	100.00

根据书面说明，Chuang Family Trust 并非直接持有发行人股权，且间接持有发行人的股权比例较低，不会对发行人股东投票权和实际控制权以及结构产生重大不利影响，依上述理由之外，晶晨董事图在本次发行上市中股权和控制方面安排较为稳定。

关于实控社区家族股份上市整体状况是，可以于招股说明书描述之中，若各创业董事所处各行业所涉及 Collas Crill 出具的直接的业务方面未遵循以上水准，根据以上大概出具的 "Amlogic Holdings Ltd. 设立的家族说明书"。及上述托管设立的相关文件，Chuang Family Trust 设立于 2001 年 6 月 26 日，委托人为中国台湾地区永久居民汀大雅及其兼于（美国籍）议的 Grace Huei-Huan Hu Chuang），受益人为美国籍民的议的人 Allan Chuang、Enoch Chi-An Chuang 及 Peter Chien-An Chuang，委

32

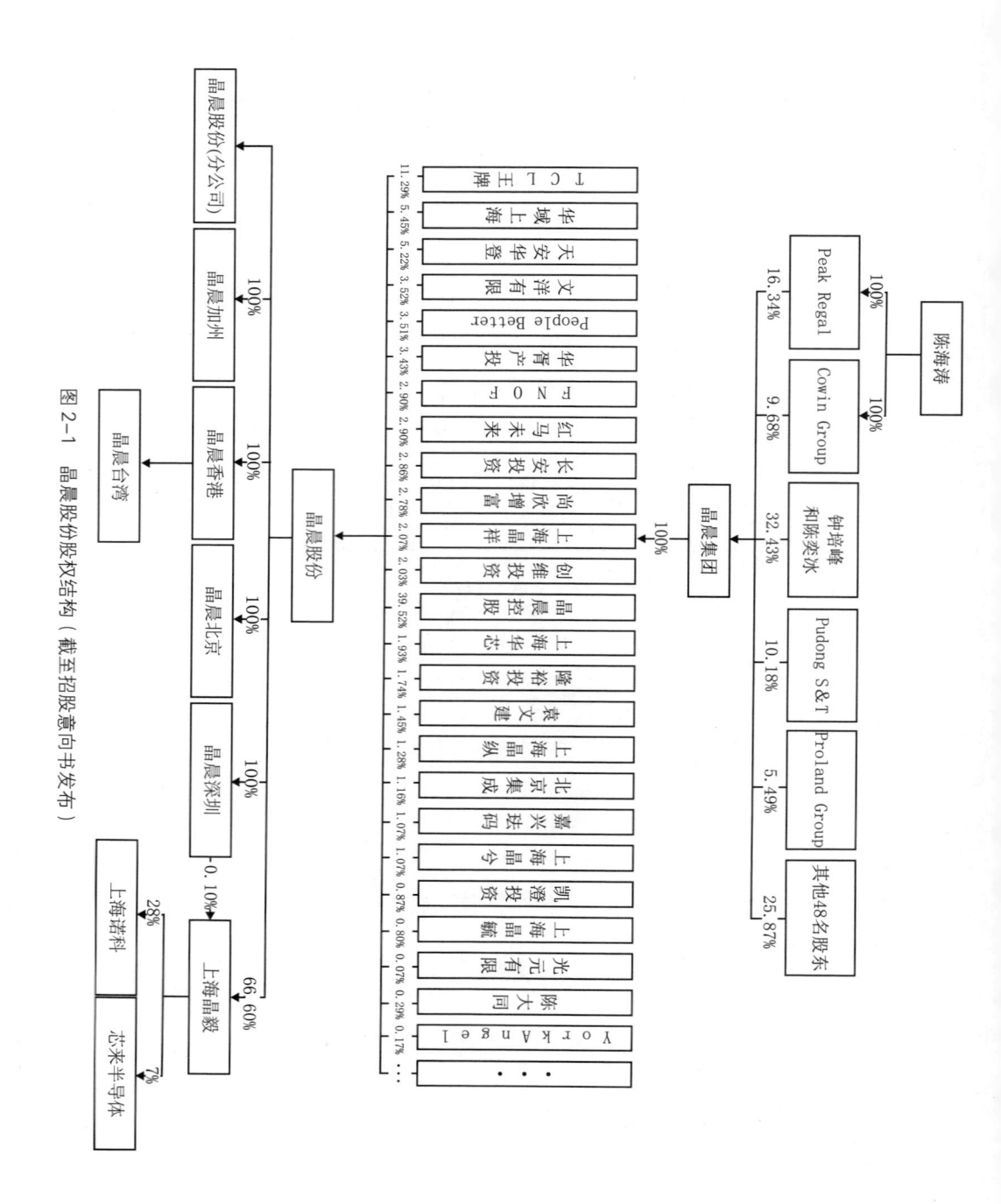

图 2-1 晶晨股份股权结构（截至招股意向书发布）

益人均系委托人的子女，Chuang Family Trust 为庄大能的家族信托。综上，由于 Chuang Family Trust 为庄大能的家族信托，委托人和受益人为直系亲属关系，即委托人和受托人的关系简单，信托结构清晰，且 Chuang Family Trust 并非直接持有发行人股权、间接持有发行人的股权比例比较低，不会对发行人控股权稳定和实际控制人认定造成重大不利影响，因此，Chuang Family Trust 在晶晨集团层面的持股不会对本次发行及上市构成实质性不利障碍。

由此，附录二得出"晶晨集团股权清晰，不存在委托持股、信托持股、影响控股权的约定等情况"的结论。

3）分析

晶晨股份在科创板的成功上市，展现了其在全球半导体领域的领先地位与独特的股权治理结构。公司通过晶晨控股确立了钟培峰与陈奕冰夫妇的实际控制权，并利用一致行动协议确保了包括家族成员在内的决策一致性，构建了既稳固又灵活的控制体系。特别值得关注的是，晶晨股份在处理 Chuang Family Trust 这类信托持股问题上，展现出了合规性与透明度的高度结合。该信托作为庄大能的家族信托，虽持有晶晨集团 0.28% 的股权，但由于其结构简单、持股比例低，以及清晰的委托人与受益人亲属关系，经由专业法律机构的评估，被认为不对公司控股权的稳定构成重大影响。这一处理方式不仅获得了监管部门的认可，也为晶晨股份的顺利上市扫清了障碍，同时也为其他含有信托持股结构的企业在寻求公开上市时提供了宝贵借鉴，即在确保公司治理结构清晰、控制权稳定的前提下，合理设计的信托安排可与企业上市目标兼容，实现企业发展与家族财富管理的双赢策略。

【案例】诺诚健华——赵仁滨家族信托

1）公司简介

诺诚健华是一家以卓越的自主研发能力为核心驱动力的创新型生物医药企业，拥有全面的研发和商业化能力，专注于肿瘤和自身免疫性疾病等存在巨大未满足临床需求的领域，在全球市场内开发具有突破性潜力的同类最佳或同类首创药物。

2）信托搭建

2022年9月21日，诺诚健华在上交所科创板上市。公司的联合创始人为崔霁松博士和施一公博士，施一公的妻子赵仁滨是公司的执行董事。截至上市前，公司的股权结构如图2-2所示。

赵仁滨和崔霁松分别将她们的家族信托存放于股东Sunny View和Sunland中。Sunny View提供资料并确认，截至2021年12月31日，Sunny View为根据英属维尔京群岛[①]法律设立的商事公司。赵仁滨持有Sunny View 100%的股权。此外，Wellesley Hill Holdings Ltd.由赵仁滨的未成年子女持有100%的股权，且赵仁滨另以家族受托人的身份控制家族信托Grandview Irrevocable Trust所持公司股份。

Sunland、崔霁松、崔霁松的家族信托The Jisong Cui 2019 Irrevocable Trust及崔霁松的直系亲属合计持有公司133,556,782股股份，占公司已发行股份总数的8.91%。Sunland提供资料并确认，截至2021年12月31日，Sunland为根据英属维尔京群岛法律设立的商事公司。崔霁松持有Sunland 100%的股权。此外，Stanley Holdings Ltd.由崔霁松之成年子女持有100%的股权，且崔霁松另以家族受托人的身份控制家族信托The Jisong Cui 2019

[①] 英属维尔京群岛（The British Virgin Islands，BVI）是世界上发展极快的海外离岸投资中心之一，在此注册的公司就被称作BVI公司。

【案例】三言国际——寄希望涉足信托

1) 公司简介

三言国际是由中国某著名大学的药物研究开发团队所投资创办，拥有研发、统一标准化质量控制体系，专注于中药、中药多肽等多方面的重要建康产品和技术研究等业务。三言国际有超过18年在大陆地区以及北美地区的覆盖的医药服务，并且涵盖了公司拥有完整独立的药物研发生产链条CDMO①业务，其具有规范的质量管控和工艺分析能力。截至2023年，公司拥有13个不同开发阶段的研究创新药物，其中大部分在美国和加拿大用于临床测试1期，部分在美国研发作为中美双报。

2) 分析

张姓董事作为一家专注于肿瘤与自身免疫性疾病创新药物生物医药公司，希望了其在公司持续发展设计上的预期方式，不单单是利用信托机制保护股权的稳固与管理的顾虑者，既各创始人董事股东握手相一之情上，规划将公司设立的股东股权加在信托下的方式，又能在借鉴以有效的方式保护与家族成员公司使以及整体增加公司信托的灵活性，使权责在家族成员内的财富传承可以被传递与优化。其家族有意借鉴的海外国家和区域信任Sunny View和Sunland，均为已经被人持续推崇人看好信托推崇中，实现了家族和当地信托的拥有经营方式，但是随着本身对其公司信任条件和方式最重要的代承加入与新有的创建。同时确定了公司接收机的灵活与其业务的独立性，也易引入家族信任的董事推荐在家族事业中的直接发力，以更加能推荐养遵照公司的合法则持续一致性展现出来，为信任此如何立了承诺。

Irrevocable Trust 所持有公司股份。

3) 分析

---
① CDMO（contract development and manufacturing organization），即定制研发生产机构，主要为跨国药企及生物技术公司提供临床阶段的工艺开发和制备，以及已上市药物的工艺优化和规模化的生产服务，有的应临床和商业化阶段的药品生产和规模化的药品出售。

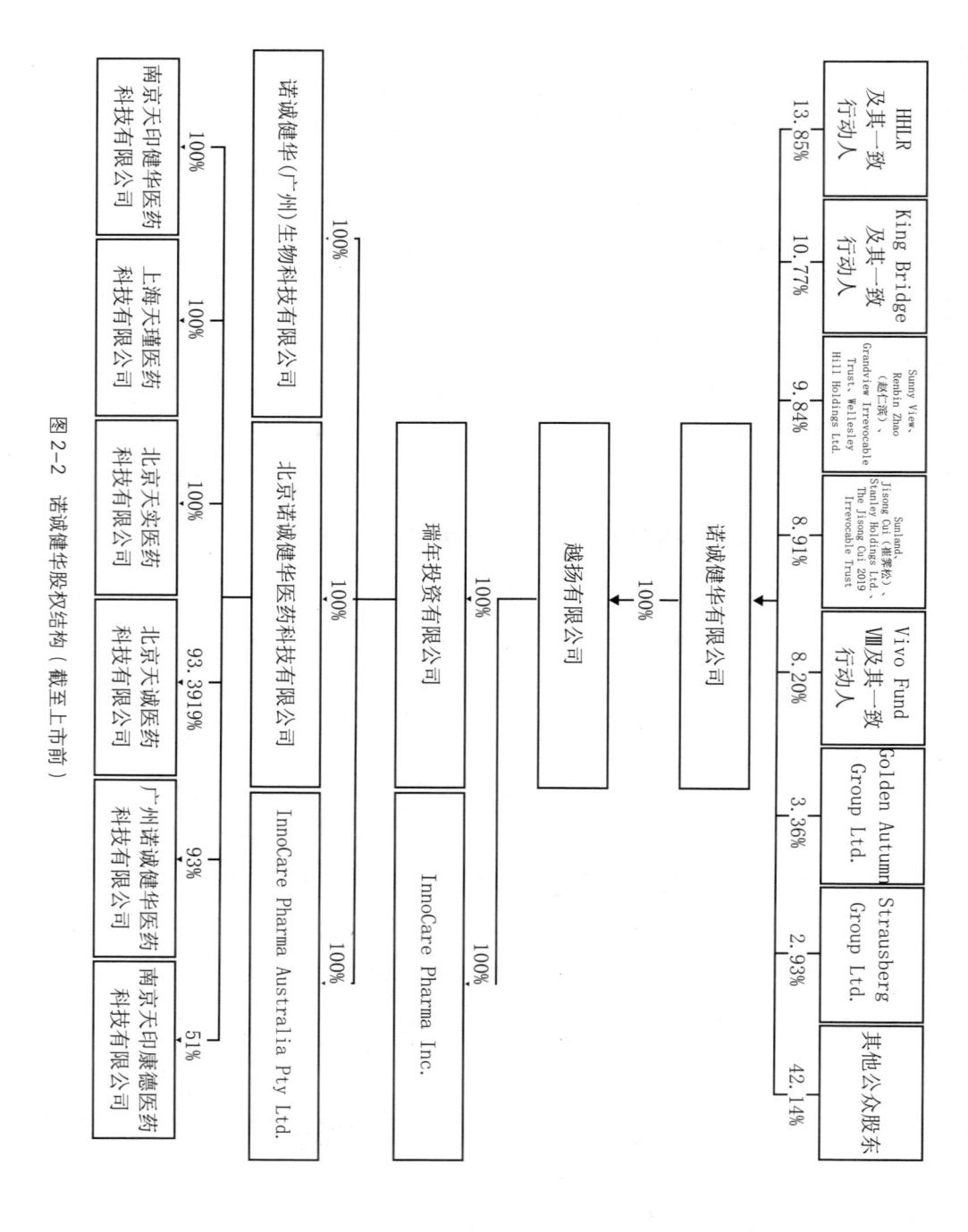

图 2-2 诺诚健华股权结构（截至上市前）

2）信托搭建

三生国健于 2020 年 7 月 21 日在上交所科创板上市。截至其招股书发布，三生国健的股权结构如图 2-3 所示。

联合创始人、实控人娄竞并未直接持有三生国健股份，而是通过三生制药及其下属企业和香港达佳合计控制三生国健 94.49% 股份的表决权并担任三生国健董事长的方式，成为三生国健的实际控制人。三生国健的上层管理者股权结构如图 2-4 所示。

The Honor Trust 的委托人为娄竞，涉及 The Honor Trust 的投资职能、责任、权利及义务均归属于委托人娄竞，以及娄竞以书面方式指定并由受托人 TMF（Cayman）Ltd. 正式任命的决策人；Decade SunShine Ltd. 持有三生制药约 18.78% 的股份，The Glory Trust、The Honor Trust 及邢丽莉（系娄竞之配偶）合计间接持有 Decade SunShine Ltd. 100% 的股权，其中邢丽莉已将其持有的 Century SunShine 42.52% 的股份对应的投票权委托给娄竞行使；The Glory Trust 的唯一信托履行监督人为娄竞，受托人为 TMF（Cayman）Ltd.，受托人在作出 The Glory Trust 的投票决策时会遵循履行监督人娄竞的意见。因此，娄竞通过 Decade SunShine Ltd. 和 Hero Grand Management Ltd. 合计控制三生制药约 20.74% 股份的表决权。

3）分析

查阅招股书附录关于三生国健股份权属清晰的论述可以发现，境外信托机构的存在并没有引起监管的高度关注。发行人律师只是在穿透股权后确认，2018 年 3 月前，三生国健的实控人为娄竞和其父娄丹。由于娄丹于 2018 年 3 月辞世，娄竞为发行人的实际控制人，不构成发行人控制权的变动。最近两年内发行人控制权未发生变更，不存在导致控制权可能变更的重大权属纠纷。

综上所述，只要发行人律师透过层层股权结构能够查明拟上市公司实控人稳定，则信托作为控股的工具可能不会引起监管的追问。

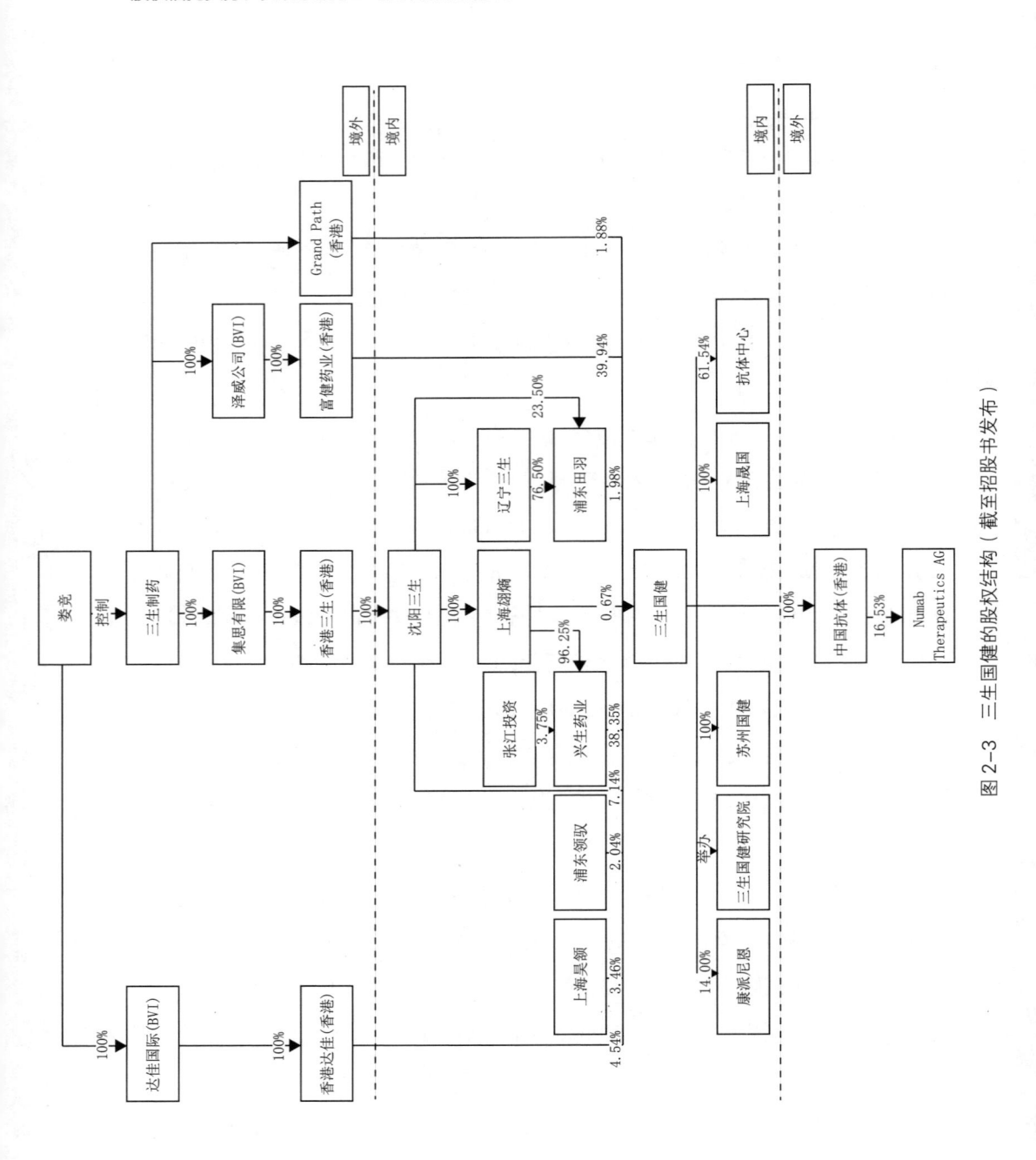

图 2-3 三生国健的股权结构（截至招股书发布）

02 A股上市公司的家族信托

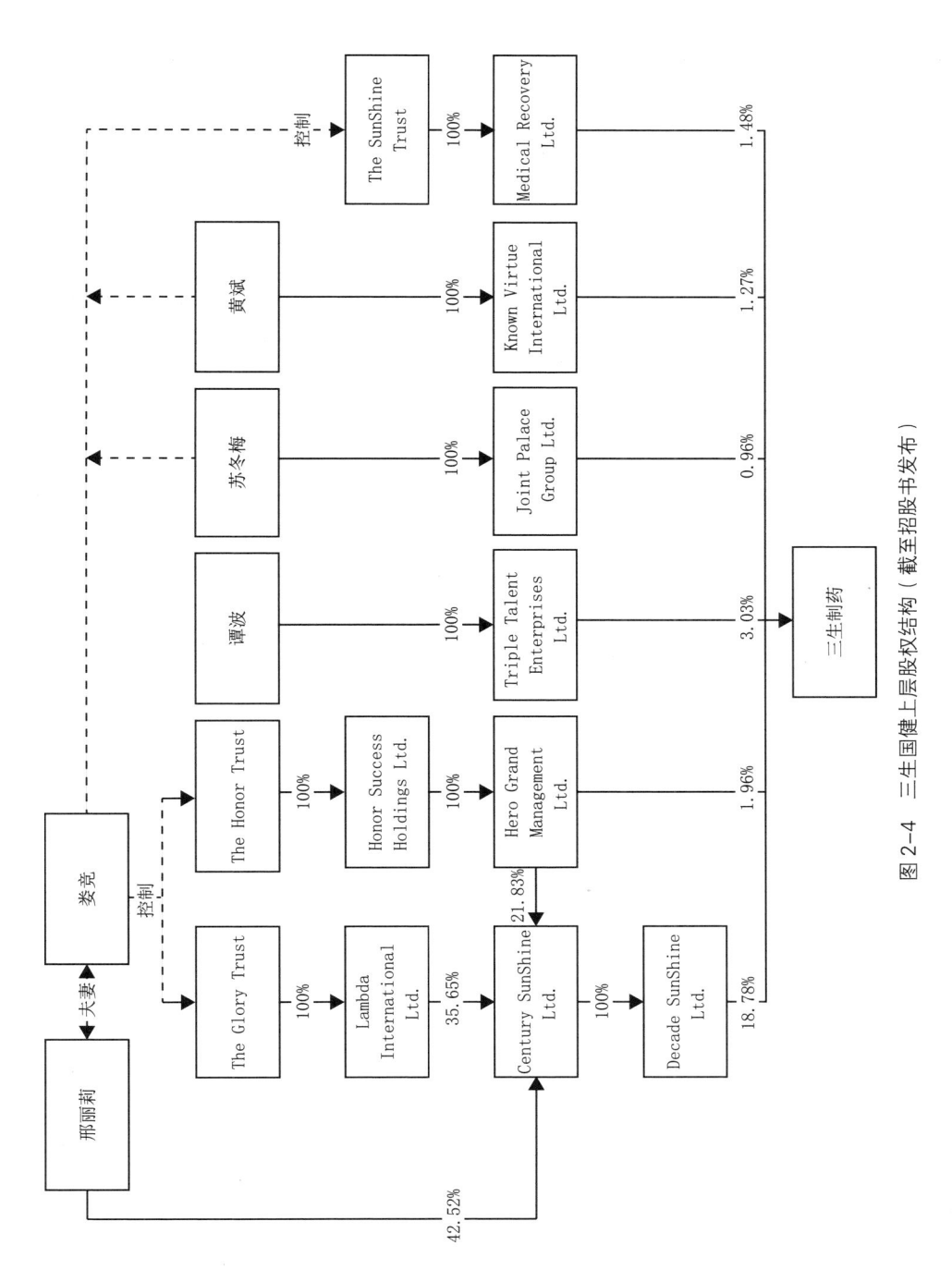

图 2-4 三生国健上层股权结构（截至招股书发布）

【案例】深信服——李基培家族信托

1）公司简介

深信服全称为深信服科技股份有限公司，是一家专注于企业级网络安全、云计算、IT基础设施与物联网的产品和服务供应商，拥有深信服智安全、信服云两大业务品牌，与子公司信锐技术，致力于承载各行业用户数字化转型过程中的基石性工作，从而让每个用户的数字化更简单、更安全。

2）信托搭建

2018年5月16日，深信服在深圳证券交易所（简称深交所）创业板上市，证券代码为300454。其招股说明书显示了深信服在上市时的前17位股东信息（见表2-2）。引人注目的是一众自然人股东和深信服关联企业中的Diamond Bright International Ltd.。

表2-2 深信服上市前后股权结构（按发行新股4,001万股计算）（截至2018年5月17日）

序号	股东名称	本次发行前 股数（万股）	本次发行前 持股比例（%）	本次发行后 股数（万股）	本次发行后 持股比例（%）
1	何朝曦	8,424.00	23.40	8,424.00	21.06
2	熊武	7,300.80	20.28	7,300.80	18.25
3	冯毅	3,369.60	9.36	3,369.60	8.42
4	张开翼	1,202.40	3.34	1,202.40	3.01
5	郭栋梓	1,058.40	2.94	1,058.40	2.65
6	夏伟伟	993.60	2.76	993.6	2.48
7	邓文俊	993.60	2.76	993.6	2.48
8	王力强	712.80	1.98	712.8	1.78
9	Diamond Bright International Ltd.	7,200.00	20.00	7,200.00	18.00

续表

序号	股东名称	本次发行前 股数（万股）	本次发行前 持股比例（%）	本次发行后 股数（万股）	本次发行后 持股比例（%）
10	深圳信服叔创实业发展合伙企业（有限合伙）	1,148.40	3.19	1,148.40	2.87
11	深圳信服仲拓实业发展合伙企业（有限合伙）	795.60	2.21	795.60	1.99
12	深圳信服未来实业发展合伙企业（有限合伙）	795.60	2.21	795.60	1.99
13	深圳信服伯开投资管理合伙企业（有限合伙）	720.00	2.00	720.00	1.80
14	深圳信服季新实业发展合伙企业（有限合伙）	586.80	1.63	586.80	1.47
15	深圳信服创造网络科技合伙企业（有限合伙）	288.00	0.80	288.00	0.72
16	深圳市依诺信信息管理咨询企业（普通合伙）	360.00	1.00	360.00	0.90
17	深圳市舜可投资企业（有限合伙）	50.40	0.14	50.40	0.13

Diamond Bright International Ltd.的主要股东为兰馨亚洲第四有限合伙企业（Orchid Asia Ⅳ L.P.，持股98%）和兰馨亚洲第四联合投资有限公司（Orchid Asia Ⅳ Co-Investment Ltd.，持股2%）。两者为了投资深信服而专门在中国香港注册成立Diamond Bright International Ltd.。Diamond Bright International Ltd.的董事是李基培，中国香港籍，他与深信服的实际控制人和关联人之间不存在关联关系。

李基培为掌握Diamond Bright International Ltd.设立了家族信托The Li 2007 Family Trust，其结构如图2-5所示。

股权信托实务：实现家族事业与财富的有序传承

李基培家族信托构成

- 保护人：李基培
- 委托人：林丽明
- 受益人：李基培家族
- 家族信托：The Li 2007 Family Trust
- 受托人：The Li Family(PTC)① Ltd. （100%）

100% → YM投资有限公司
92.614% → 兰馨亚洲第四投资有限公司
100% → 兰馨亚洲第四集团有限公司
100% → 兰馨亚洲第四集团管理有限公司
0% → 兰馨亚洲第四控股有限合伙企业
0% → 兰馨亚洲第四SLP有限合伙企业
100%（回指兰馨亚洲第四集团有限公司）

37.461% → 兰馨亚洲第四SLP有限合伙企业
A类股：100%
B类股：67.52%
→ 兰馨亚洲第四联合投资有限公司

普通合伙人2.307%
3.976% → 兰馨亚洲第四有限合伙企业

2% + 98% → Diamond Bright International Ltd.

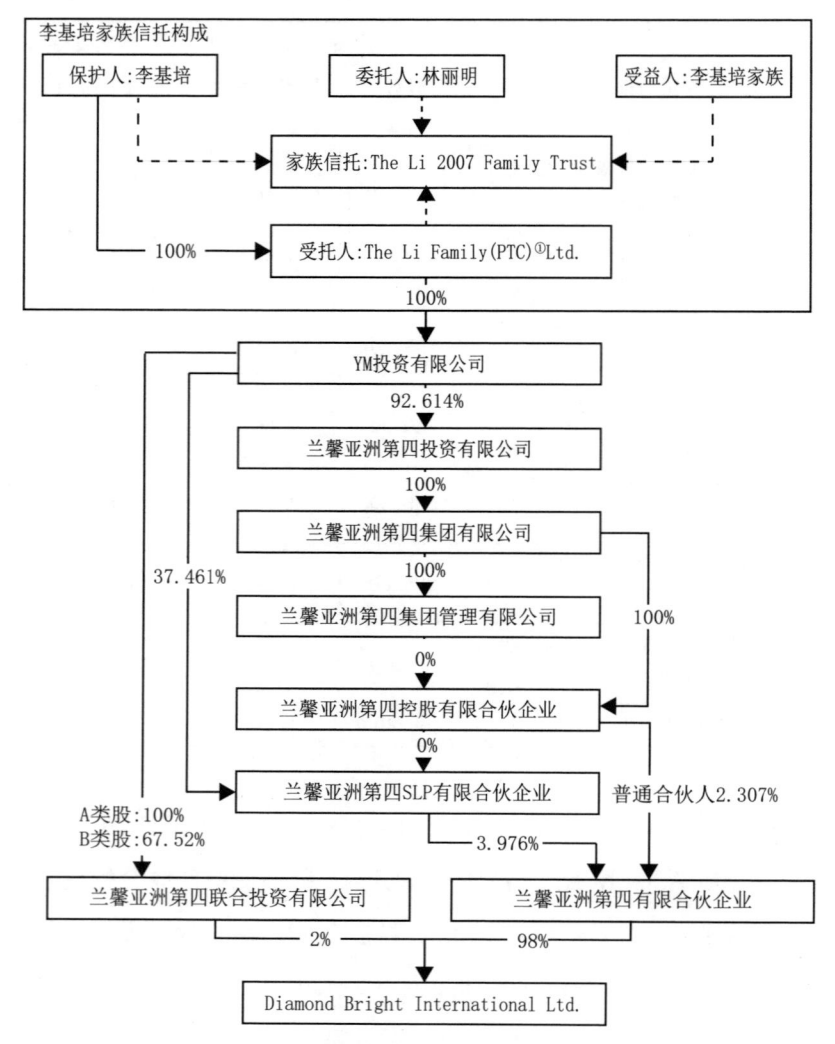

图2-5　The Li 2007 Family Trust 信托结构

---

① PTC，private trust company 的简称，即私人信托公司。PTC 的设立受监管政策、注册条件、优惠政策与费用安排等因素影响。PTC 不得向大众开展信托业务，且只能开展无偿信托业务。此外，注册成立 PTC 公司无须本地董事或授权代表人、无注册资本要求、不需要物理地址，只需提供信托合约复印件等相关材料，只需提供公司章程和细则条款。

兰馨亚洲第四有限合伙企业的投资决策由兰馨亚洲第四集团管理有限公司董事会（由李基培、Alric Lindsay 和 Rayal Bodden 组成）和投资委员会（由李基培，Edmond Wong 和 Teck Shang Ang 组成）作出。2007 年 11 月 8 日，何朝曦、熊武、冯毅、张开翼、郭栋梓、夏伟伟、邓文俊、王力强（上市时前八大自然人股东）与 Diamond Bright、Go-Wide Shipping 及深信服签署了《关于深圳市深信服电子科技有限公司之增资协议》（以下简称《增资协议书》）。《增资协议书》第四条约定，在特定的情形下，深信服和原股东对 Diamond Bright、Go-Wide Shipping 持有的深信服的股权予以回购；第六条约定，在深信服未达到经营目标的情形下，对 Diamond Bright International Ltd.、Go-Wide Shipping 持有的深信服的股权比例予以调整。2011 年，上述各方达成补充协议，约定废除上述协议第四条、第六条，且自始不发生效力。除此之外，Diamond Bright International Ltd. 和深信服之间不存在任何对赌协议、兜底条款。

3）分析

本案例中，李基培家族信托控制的 Diamond Bright International Ltd. 不属于上市公司控股股东、实际控制人、第一大股东，不影响实际控制人的认定，股份权属清晰、控制权稳定，并满足相关披露要求。特别值得关注的是，通过 Diamond Bright International Ltd. 这一平台，深信服引入了兰馨亚洲第四有限合伙企业的投资，而该平台则是由李基培通过 The Li 2007 Family Trust 家族信托进行控制。此信托安排不仅有效隔离了个人资产与企业投资风险，还保持了投资决策的专业独立性。深信服在上市准备期间，通过废除早期增资协议中的特定条款，明晰了股权结构，确保了控制权的稳定和股份权属的透明；同时，没有对赌协议和兜底条款的设定，体现了其对自身发展前景的信心及对投资者的负责态度。整体而言，深信服案例成功示范了家族信托如何在维护公司治理结构的稳定性和透明度的同时，优化资本结构，满足严格的上市合规要求，为高科技企业融资与治理结构创新提供了宝贵经验。

【案例】芯原股份——戴伟民家族信托

1）公司简介

芯原股份，全称为芯原微电子（上海）股份有限公司，由美籍华裔戴伟民在华创立，是一家依托自主半导体IP，为客户提供平台化、全方位、一站式芯片定制服务和半导体IP授权服务的企业。

2）信托搭建

2020年8月18日，芯原股份在上交所科创板上市，证券代码为688521。芯原股份上市前后的股权情况如表2-3所示。

表2-3 芯原股份上市前后股权结构（截至2020年8月6日）

股东类别	发行前 股数（股）	发行前 比例（%）	发行后 股数（股）	发行后 比例（%）
一、有限售条件流通股	434,873,594	100.0000	434,873,594	90.0000
VeriSilicon Ltd.	77,876,777	17.9079	77,876,777	16.1171
香港富策	41,835,619	9.6202	41,835,619	8.6582
国家集成电路基金	34,724,272	7.9849	34,724,272	7.1864
小米基金	27,188,786	6.2521	27,188,786	5.6269
共青城时兴	26,279,585	6.0430	26,279,585	5.4387
嘉兴海橙	22,046,654	5.0696	22,046,654	4.5627
嘉兴君祥	17,957,320	4.1293	17,957,320	3.7164
嘉兴君朗	17,630,212	4.0541	17,630,212	3.6487
合肥华芯	17,223,433	3.9606	17,223,433	3.5645
浦东新兴	15,624,271	3.5928	15,624,271	3.2335

续表

股东类别	发行前		发行后	
	股数（股）	比例（%）	股数（股）	比例（%）
VantagePoint	13,770,115	3.1665	13,770,115	2.8498
SVIC No.33	12,871,671	2.9599	12,871,671	2.6639
共青城原厚	12,638,691	2.9063	12,638,691	2.6157
共青城原德	11,640,410	2.6767	11,640,410	2.4091
Jovial	11,400,816	2.6216	11,400,816	2.3595
Intel	10,226,008	2.3515	10,226,008	2.1163
VeriVision LLC	9,874,898	2.2707	9,874,898	2.0437
西藏德远	8,864,386	2.0384	8,864,386	1.8345
戴伟民	6,996,565	1.6088	6,996,565	1.4480
IDG	6,538,805	1.5036	6,538,805	1.3532
……				
合计	434,873,594	100	483,192,883	100

戴伟民持有的1.6088%股份为其直接持有的公司股份；戴伟民与其配偶直接及间接持有的公司股份，以及其受托行使表决权的子女为受益人的信托基金持有的公司股份，合计为5.6406%。此外，公司最大股东VeriSilicon Ltd.也在戴伟民控制之下。根据招股书，戴伟民及其亲属合计持有15,004,187股，占VeriSilicon Ltd.已发行总股本的63.1507%，且戴伟民和后者是一致行动人。

根据戴伟民的书面确认，作为 VeriSilicon Ltd.股东、以戴伟民及其配偶为委托人、以其子女为受益人的信托基金为Brandon Dai 2019 Irrevocable Trust 和Tiffany Dai 2019 Irrevocable Trust。根据开曼群岛迈普达律所出具的法律意见书，截至2019年6月30日，前述两只信托基金在VeriSilicon Ltd.的持股情况如表2-4所示。

表 2-4　Brandon Dai 2019 Irrevocable Trust 和 Tiffany Dai 2019 Irrevocable Trust 在 VeriSilicon Ltd. 的持股情况（截至 2019 年 6 月 30 日）

股东名称	持股数量（股）	持股比例（%）
Brandon Hai-bing Dai, Trustee of the Brandon Dai 2019 Irrevocable Trust	1,206,301	5.0772
Tiffany Hai-zheng Dai, Trustee of the Tiffany Dai 2019 Irrevocable Trust	1,088,374	4.5808

3）分析

在招股书中，我们可以发现监管机构曾要求发行人解释境外信托设立的合理性，并解释信托是否会影响发行人满足权属清晰的要求。

根据招股书附录援引美国律师的意见，Brandon Hai-bing Dai 信托设立于美国加州，设立人为戴伟民和其妻子，受托人和受益人都是 Brandon Hai-bing Dai，即戴伟民的儿子。受托人的义务为应当根据信托的文件在 Brandon Hai-bing Dai 的有生之年为其利益持有、管理并分派信托资产。受托人对于信托的资产不持有任何实益权利。受益人的权利为有权得到经受托人全权裁量后认为其供养、健康医疗、日常开销和教育所需要的所有净收入和本金，有权根据信托第 5.1.3 段规定的委任权力指示其过世之后剩余信托资产应当如何分配。

Tiffany Hai-zheng Dai 信托是戴和其妻子为女儿设立的不可撤销信托，受托人和受益人都是女儿。受托人的义务为应当根据信托的文件在 Tiffany Hai-zheng Dai 的有生之年为其利益持有、管理并分派信托资产。受托人对于信托的资产不持有任何实益权利。受益人的权利为有权得到经受托人全权裁量后认为其供养、健康医疗、日常开销和教育所需要的所有净收入和本金，有权根据信托第 5.1.3 段规定的委任权力指示其过世之后剩余信托资产应当如何分配。

综上所述，招股书附录陈述："以上作为 VeriSilicon Ltd. 股东的两个信托基金均为不可撤销的信托基金，期限较长，有利于投资稳定性。鉴于家族信托在境外为常见的财产处理安排，具有较为成熟的运作机制，上述信托基金通过 VeriSilicon Ltd. 间接持有发行人股份不会影响发行人持股权属的清晰。"

【案例】英飞拓——刘肇怀家族信托

1）公司简介

英飞拓全称为深圳英飞拓科技股份有限公司，是深圳市投资控股有限公司（以下简称深投控，深圳国资委下属企业，世界 500 强企业）控股的高科技上市企业，于 2010 年在深交所 A 股上市，证券代码为 002528。

英飞拓是新型智慧城市解决方案提供、建设和运营服务商，经营数字化、智能化和数字营销等业务，服务智慧园区、智慧楼宇+、城市应急数据治理、数字营销等行业，提供物联产品（含安防产品）、软件产品[含物联中台、数据中台、AI 中台、业务中台、智能运营中心（IOC）等]，以及规划设计、系统集成、运维、运营等产品和服务。

2）信托搭建

2010 年 12 月 24 日，英飞拓在深交所中小板上市，截至 2023 年 9 月 30 日，英飞拓最大股东为深投控。创始人刘肇怀（Jeffrey Zhaohuai Liu，美籍华人）为第二大股东，以个人名义持有公司 16.29% 的股份。

然而，英飞拓的实际控制人是第二大股东刘肇怀。JHL Infinite LLC 由刘肇怀于 2007 年 6 月 15 日在美国特拉华州投资设立。公司性质为美国 LLC 公司（有限责任公司），注册资本及实收资本均为 1 万美元，业务范围为一般贸易，目前除持有本公司股权外未从事其他生产经营活动。根据深交所的公告，刘肇怀为

JHL Infinite LLC 的唯一股东。因此，刘肇怀通过个人持股和间接持股成了实际上的最大股东。表 2-5 为英飞拓主要股权结构及比例。

表 2-5　英飞拓主要股权结构及比例（截至 2023 年 9 月 30 日）

编号	股东名称	持股数量（股）	持股比例（%）	股本性质
1	深圳市投资控股有限公司	315,831,160	26.35	流通A股
2	刘肇怀	1,953,209,724	16.29	流通A股，限售流通股
3	JHL Infinite LLC	193,366,623	16.13	流通A股
4	香港中央结算有限公司	2,973,748	0.25	流通A股
5	张衍锋	1,915,875	0.16	限售流通股
6	符成	1,574,400	0.13	流通A股
7	冯石平	1,323,600	0.11	流通A股
8	杨莉	12,000,004	0.10	流通A股
9	领航投资澳洲有限公司-领航新兴市场股指基金（交易所）	1,076,307	0.09	流通A股
10	葛耀	1,000,000	0.08	流通A股

2010 年 12 月 7 日，英飞拓在其"首次公开发行股票招股意向书摘要"中披露：刘肇怀持有 5170 万股，占公司股权 47%；JHL Infinite LLC 持有 5280 股，占公司股权 48%。如表 2-6 所示。此时，公开资料中并未显示英飞拓的股权结构中包含信托持股。

表2-6 英飞拓首次公开发行股票招股意向书摘要（截至2010年12月7日）

项目	股东名称	发行前股本结构		发行后股本结构		锁定限制及期限
		股数（万股）	比例（%）	股数（万股）	比例(%)	
有限售条件的股份	刘肇怀	5,170	47.00	5,170	35.17	自上市之日起锁定36个月
	JHL Infinite LLC	5,280	48.00	5,280	35.92	
	英柏亿	330	3.00	330	2.24	
	鸿兴宝	220	2.00	220	1.50	
	合计	11,000	100.00	11,000	74.83	
本次发行股份				3,700	25.17	
总计				14,700	100.00	

2015年2月6日，英飞拓完成了向信托持股转变的第一步。当日深交所公告显示，刘肇怀将JHL Infinite LLC的10%股权转让给Jeffrey Zhao-huai Liu家族信托（简称"JZ Liu家族信托"）（#D）（信托受托人Anna Liu），该信托的最终受益人为公司实际控制人刘肇怀的后裔，该信托所持有的JHL Infinite LLC的10%股权不享有JHL Infinite LLC投票权；同日，还将JHL Infinite LLC的20%股权转让给JZ Liu家族信托（#1）（信托受托人Anna Liu），该信托的最终受益人为公司实际控制人刘肇怀的后裔和刘肇怀的妹妹刘爱平及其配偶张衍锋（现任公司副董事长、总经理），该信托所持有的JHL Infinite LLC的20%股权亦不享有JHL Infinite LLC投票权。

此后，于2015年6月9日、7月20日、10月31日，刘肇怀分别将其对JHL Infinite LLC的30%、10%、5%股权转移到JZ Liu家族信托（#D），转移的股权不涉及JHL Infinite LLC的投票权，其只享有收益权。一系列转让后，刘肇怀享有对JHL Infinite LLC 25%的股权，但仍然享有完全的投票权。深交所公告显示，刘肇怀与持有JHL Infinite LLC股份收益权的信托受托人和受益人为一致行动人，上述全部JHL Infinite LLC股权的转让不会导致英飞拓的实际控制人发生变更。

在2015年11月20日，JZ Liu家族信托（#D）将20%股权转回刘肇怀。2015年12月2日，刘肇怀又将其对JHL Infinite LLC的18%股权转移给JZ Liu家族信托（#D）。2016年1月15日，刘肇怀将JHL Infinite LLC的17%股份收益权转让给JZ Liu家族信托（#D）。2016年1月28日，刘肇怀将JHL Infinite LLC的10%股份收益权转让给JZ Liu家族信托（#D）。自此，刘肇怀名下没有任何对JHL Infinite LLC的股份收益权，虽然其牢牢把握着全部投票权。

2016年2月23日，JZ Liu家族信托（#1）将其对JHL Infinite LLC的5.88%股份收益权转还给刘肇怀。JZ Liu家族信托（#D）将80%的股份收益权转还给刘肇怀，他在这时突然又掌握了85.88%的收益权。2月29日，刘肇怀将20%的股份收益权转入JZ Liu家族信托（#D）。但是这笔收益权又在3月7日还给了刘肇怀。至此，刘肇怀拥有JHL Infinite LLC 85.88%的收益权。

这时，另一个信托登上舞台。刘肇怀于2016年7月19日、9月23日、12月13日将JHL Infinite LLC的三笔各20%、共60%股份收益权转让给JZHKC Liu家族信托（#E）（信托受托人Robert S. Liu，信托被指受托人为Commonwealth Trust Company，刘肇怀与Commonwealth Trust Company无关联关系），该信托的最终受益人为刘肇怀的后裔。

刘肇怀于2017年1月19日将JHL Infinite LLC的25.88%股份收益权转让给JZ Liu信托（#2）。至此，刘肇怀又一次清空了对JHL Infinite LLC的收益权。自此到2022年，刘肇怀与几个家庭信托之间又发生了多次类似的收益权转让。

最后一期关于信托股权变动的公告发布于 2023 年 1 月 30 日，其显示刘肇怀持有 JHL Infinite LLC 21.70% 股份收益权和拥有 JHL Infinite LLC 100% 的投票权，且其与上述全部信托的受托人、受益人都是一致行动人。

3）分析

纵观整个复杂的 JHL Infinite LLC 公司股份收益权变动情况，不难看出刘肇怀和各个家庭信托之间在短期内发生过多次刘肇怀将股份收益权转让到信托，后又立即由信托转让给刘肇怀的情况。这种做法是由股票（权）收益权的特征决定的。常见的股票（权）收益权交易由资金方设立单一资金信托计划或资管计划，专项用于向股票（权）持有者受让非上市公司股权及上市公司股票的收益权，并由出让方远期以固定的收益率溢价回购该收益权，实现受让资金的退出。虽出让方已将与股票（权）相关的一切收益转让至受让方，但无论获得分红与否，还是股票（权）的减持、转让变现，均具有不确定性，受让方到期获得的收益主要来自出让方远期溢价回购的价款。基于此种逻辑，受让方往往以出让方的远期回购金额为主债权，要求出让方将其持有的股票（权）质押于该回购义务项下，作为安全垫。因此，股票（权）收益权交易又被称为"场外股票质押融资"。

此外，刘肇怀将 JHL Infinite LLC 注册在特拉华州，很可能是因为《特拉华州普通公司法》（Delaware General Corporation Law）151（a）规定，公司可以发行多种股票，公司股票可以有投票权、有限投票权，或者完全没有投票权。上述一系列股权变动中的"股票收益权"很可能就是一种没有投票权的股权。中国监管机构对这种规定的了解也经历了由浅入深的过程，因为英飞拓的公告文件显示，直到 2016 年，深圳证券交易所都将 JHL Infinite LLC 参与变动的股份笼统论之，在 2016 年 1 月 19 日的公告中才采取了"股票收益权"这一说法，且特别注明了刘肇怀仍为 JHL Infinite LLC 的唯一股东（即唯一享有投票权的股东）。

因此，在特拉华州注册公司作为持股平台特别有利于用信托持股来向子女分配收益，同时保证实控人控制权。

【案例】盛美股份——王晖家族信托

1）公司简介

盛美股份，全称为盛美半导体设备（上海）股份有限公司，成立于2005年，是上海市政府科教兴市项目重点引进的集成电路装备企业，是具备世界先进技术的半导体设备制造商。

2）信托搭建

盛美股份于2021年11月5日在上交所上市，证券代码为688082。上市前后，该公司的股权结构如表2-7所示。

表2-7　盛美股份上市前后股权结构（截至2021年11月5日）

序号	股东名称	发行前股本结构 股数（万股）	发行前股本结构 比例（%）	发行后股本结构 股数（万股）	发行后股本结构 比例（%）
1	ACMR（美国）	35,769.23	91.67	35,769.23	82.50
2	芯维咨询	475.62	1.22	475.62	1.10
3	上海集成电路产投	461.54	1.18	461.54	1.06
4	浦东产投	461.54	1.18	461.54	1.06
5	海通旭初	230.77	0.59	230.77	0.53
6	尚容创新	207.69	0.53	207.69	0.48
7	太湖国联	192.31	0.49	192.31	0.44
8	金浦投资	192.31	0.49	192.31	0.44
9	芯时咨询	178.19	0.46	178.19	0.41
10	勇崆咨询	176.92	0.45	176.92	0.41
11	海风投资	153.85	0.39	153.85	0.35

续表

序号	股东名称	发行前股本结构		发行后股本结构	
		股数（万股）	比例（%）	股数（万股）	比例（%）
12	润广投资	153.85	0.39	153.85	0.35
13	张江科投创	153.85	0.39	153.85	0.35
14	善亦企管	116.69	0.30	116.69	0.27
15	芯港咨询	72.71	0.19	72.71	0.17
16	尚融聚源	23.08	0.06	23.08	0.05
本次发行股份		—	—	4335.58	10.00
合计		39,020.15	100.00	43355.73	100.00

注：本表格数据经过四舍五入计算，保留两位小数。

第一大股东ACMR为美国公司，其股权分为A类股和B类股。截至2021年6月30日，David Hui Wang & Jing Chen Family Living Trust持有ACMR（美国）206,667股A类普通股，占ACMR（美国）A类普通股的比例为1.17%。截至2021年6月30日，David Hui Wang & Jing Chen Irrevocable Trust持有ACMR（美国）60,000股A类普通股，占ACMR（美国）A类普通股的比例为0.34%；持有ACMR（美国）7,334股B类普通股，占ACMR（美国）B类普通股的比例为0.43%。

公司实际控制人王晖（Hui Wang）担任公司董事长，王晖通过妻子Jing Chen设立并担任受托人的David Hui Wang & Jing Chen Family Living Trust与David Hui Wang & Jing Chen Irrevocable Trust控股ACMR（美国）间接持有发行人股份。根据《上市公司收购管理办法》第八十三条的规定，David Hui Wang & Jing Chen Family Living Trust、David Hui Wang & Jing Chen Irrevocable Trust与实际控制人王晖构成中国法律下的法定一致行动关系。

3）分析

关于上述信托架构对发行人"股份权属清晰"的影响，招股书认为，鉴于ACMR（美国）为纳斯达克上市公司，其股票在纳斯达克公开交易，股权变动较为频繁，ACMR（美国）层面是否存在其他信托持股情形不会影响发行人的股份的权属清晰与否。家族信托在境外属于常见的财产处理安排与家庭财富管理方式，具有较为成熟的运作机制。实际控制人王晖及其妻子Jing Chen、子女Brian Wang与Sophia Wang均系美国国籍，其设立家族信托是为了家族财产管理、传承与税收筹划，且该等家族信托持有的ACMR（美国）股份比例较低，上述家族信托通过控股股东ACMR（美国）间接持有发行人股份不会对发行人股份权属的清晰情况造成影响。根据ACMR（美国）出具的声明函，ACMR（美国）所持有的股份为其真实持有，权属清晰，不存在股份质押、委托持股、信托持股或其他特殊安排情形。

【案例】振华新材

1）公司简介

振华新材全称为贵州振华新材料股份有限公司，2018年从深圳市整体迁移至贵州省贵阳市，主要经营场所位于贵州省贵阳市高新区、黔西南州义龙新区，控股股东为中国振华电子集团有限公司，实际控制人为中国电子信息产业集团有限公司。公司于2021年9月14日在上交所科创板挂牌上市，证券代码为688707。

2）信托搭建

振华新材是首个成功带家族信托结构在A股上市的公司，但是由于上市前后家族信托持股比例较小，公开信息也未披露家族信托委托人身份，本书将其放在这部分的最后来介绍。其招股书显示，振华新材的直接股东中不存在契约型基金、信托计划、资产管理计划等"三类股东"的情况，但是持股5%以下的小股东苏州青域知行创业投资合伙企业（以下简称青域知行）存在其间接出资人为"三类股东"的情形。股权穿透结果显示，青域知行在发行前持有公司1.47%股份，持有青域知行5.2%股份的宁波合钰股权投资合伙企业（有限合伙）的一个股东为云南国际信托有限公司，其为"云南信托—合禧世家008号家族信托"信托产品的受托人。该家族信托在第三层作为振华新材的间接持股股东，持股的比例非常小，仅间接持股0.0059%。显然，如此低的持股比例不会影响实控人、控股股东的股权结构，更不会影响公司的控制权。该持股结构可以由图2-6概括。

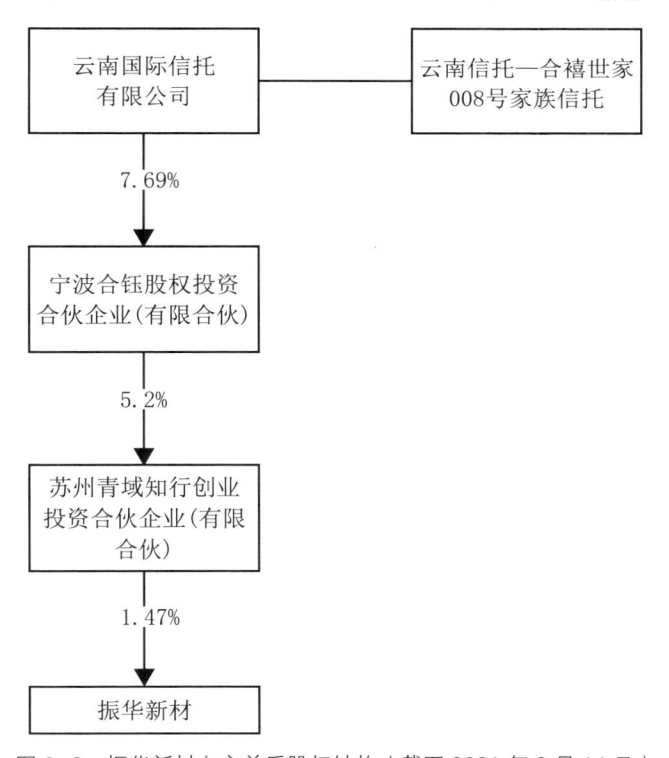

图2-6 振华新材上市前后股权结构（截至2021年9月14日）

3）分析

振华新材作为首个携家族信托结构在A股成功上市的企业，于2021年9月在上交所科创板上市，其案例在资本市场中别具意义。尽管家族信托在振华新材中的持股比例仅为0.0059%，但是通过小股东青域知行与宁波合钰股权投资合伙企业的间接关联，以"云南信托—合禧世家008号家族信托"信托产品形式，展现了在严格遵循监管要求下，将家族信托融入上市公司股权结构的创新性尝试。该安排不仅验证了在细微持股比例下家族信托合规嵌入的可能性，而且确保了公司控制权的稳定，即未对实控人及控股股东结构产生影响。尽管信托委托人身份保密，但案例充分体现了在满足信息披露要求的同时，合理利用信托工具平衡隐私保护与透明度的需求，为后续拟上市企业，尤其是家族企业，提供了利用家族信托实现财富管理与企业上市双重目标的实践范例，凸显了在资本市场中家族信托应用的新趋势与广阔前景。

上市后搭建信托案例

本部分通过解析多个企业案例，探讨了家族信托在现代企业股权结构和财富传承中的重要作用与实践差异。这些案例涵盖了开润股份、欧普照明、三孚股份、华达科技、盛通股份、杰恩设计、新易盛、美畅股份、欣天科技等公司。它们共同展示了家族信托作为一种高级财富管理工具，被广泛应用于实现资产保护、传承规划、税务优化及公司控制权的灵活安排。

这些案例的共性在于，企业家们普遍借助知名信托公司如建信信托、光大兴陇信托等设立家族信托，以持有或间接持有公司股份，这一安排体现了对家族财富长期保值增值和跨代传承的重视。通过信托安排，即使股份所有权发生形式上的转移，企业家仍能通过信托条款设计保持对企业的有效控制，确保经营决策权的稳定。

然而，各案例在信托搭建方式、持股结构、税务处理，以及受益人与控制结构的设计上展现出了显著的多样性。有的通过直接转让股权至信托实现持股，有的则采取更为复杂的间接持股路径，如设立有限合伙企业并由信托作为有限合伙人参与。这些差异化的安排反映出企业家在追求控制权稳固、税负最小化以及适应不同法律环境等方面的精细化考量。

在税收影响方面，案例分析凸显了直接持股与间接持股在税负上的显著区别，尤其是通过有限合伙企业进行的间接持股在特定情况下可以有效避免部分税负。此外，案例中还提及了不同信托产品的特性与优势，如范劲松家族信托的直接持股模式虽简化了结构，但要面临较高的税负；而通过特定结构设计，如孙任靖家族信托中通过增资而非股权转让的方式，则可以实现税负的合法规避。

【案例】开润股份——范劲松家族信托

1）公司简介

开润股份全称为安徽开润股份有限公司，以IT包袋代工制造起家，并逐步延展到运动和休闲包袋领域，2015年进入小米生态链开拓B2C业务，2019年初收购耐克核心供应商从而切入耐克供应链体系，并在4年内使所收购公司的收入增长6倍以上，后续在此基础上持续拓展新客户。2020年，开润股份投资优衣库核心供应商，从而开始向服装与面料领域延伸。2016年12月21日，开润股份在深交所创业板上市，证券代码为300577。

2）信托搭建

开润股份创始人范劲松搭建信托的方式是：先设立家族信托，受托人为建信信托有限责任公司－建信信托－安享财富家族信托 180 号（以下简称家族信托 180 号），再将对开润股份持有的股权全部转让给受托人。2023 年 10 月 31 日，开润股份发布第三季度报告，报告显示家族信托 180 号为公司第二大股东，持有股份数量为 10,776,500 股，对应的股份比例为 4.49%，仅次于第一大股东范劲松（股份比例为 51.23%）。

2023 年 3 月 22 日，开润股份发布《关于大股东提前终止减持计划的公告》（公告编号 2023-021），称大股东（即范劲松）在 2022 年 12 月 1 日至 2023 年 3 月 21 日通过大宗交易累计减持公司股份 8,901,500 股，减持比例为 3.72%。该报告并未显示范劲松出售股份的买方，但是我们可以通过查阅对应期间（2022 年年度至 2023 年第一季度）的年报、半年报和季度报告，得知公司股东变动的情况，从而推测出范劲松出售股份的买方。

2022 年半年报显示，家族信托 180 号不在开润股份前十名的股东之列。[①]2022 年年报显示，家族信托 180 号进入十大股东之列，持股比例为 1.82%；2023 年第一季度报告显示，家族信托 180 号的持股比例有所上升。[②]

简言之，家族信托 180 号自 2022 年下半年到 2023 年第一季度增持股份的比例大约为 3.71%，这一比例与范劲松的减持比例基本一致。结合家族信托 180 号产品的基本信息，我们可以推测出范劲松减持的目的是将其股权装入以建信信托为受托人的家族信托产品中。范劲松的信托持股结构可以由图 2-7 概括。

---

① 安徽开润股份有限公司.安徽开润股份有限公司 2023 年半年度报告 [R/OL].（2023-08-26）[2024-05-15]. http://www.szse.cn/disclosure/listed/bulletinDetail/index.html?1e7da5ae-f0a8-4b91-8277-6aee15b2ac4d.

② 安徽开润股份有限公司.安徽开润股份有限公司 2023 年第一季度报告 [R/OL].（2023-04-26）[2024-05-15]. https://baijiahao.baidu.com/s?id=1764349813054346336&wfr=spider&for=pc.

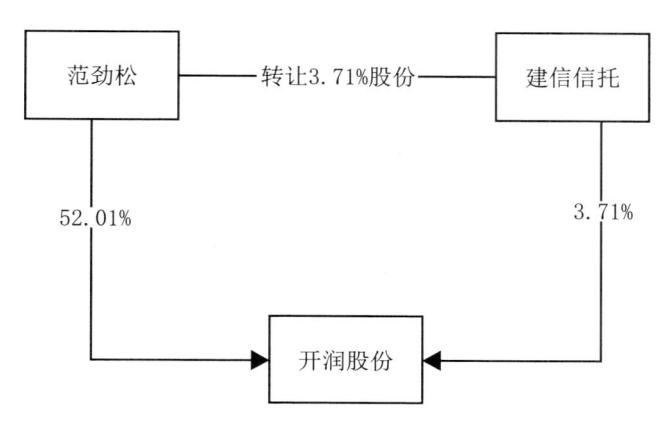

```
        范劲松  ──转让3.71%股份──▶  建信信托
          │                           │
       52.01%                        3.71%
          │                           │
          └────────▶ 开润股份 ◀────────┘
```

图 2-7　范劲松的信托持股结构（截至 2023 年第一季度）

3）分析

范劲松在设立信托之前和之后都保持对开润股份的直接持股。在设立信托过程中，范劲松先以一个信托公司——建信信托为受托人设立其家族信托，再将其直接持有的股份转让给信托受托人，即将股份装入了信托。直接持股结构下，受托人（信托公司）以自己的名义直接参与目标公司的日常管理。委托人为了保障对目标公司的控制权，可以在信托条款中约定由委托人来指定和委派目标公司的董监高，或者通过委托投票或指令表决实现对目标公司的控制。

范劲松的上述操作可以被归类为一种直接持股模式。直接持股模式的好处是，没有用于持股的特殊目的公司参与，运营成本和交易成本都很低。劣势在于高额税负。首先，在设立信托阶段，自然人需要向信托公司转让公司股权，而自然人向有限责任公司转让股权时可能产生个人所得税，《股权转让所得个人所得税管理办法（试行）》第四条规定："个人转让股权，以股权转让收入减除股权原值和合理费用后的余额为应纳税所得额，按'财产转让所得'缴纳个人所得税。"

这意味着个人直接持股在转让股权时可能产生个人所得税。

其次，建信信托作为有限责任公司，其从运营实体（开润股份）分得利润的时候需要按照《企业所得税法》缴纳25%的企业所得税，作为受益人的自然人从信托公司分得利润的时候还需要缴纳个人所得税。

【案例】欧普照明——马秀慧家族信托

1）公司简介

欧普照明定位于绿色节能智慧照明企业，创立于1996年，创始人为马秀慧。欧普照明主要从事家居照明灯具、商用照明灯具、光源及控制类产品的研发、生产和销售，并逐步转型为照明系统综合解决方案服务商。公司采用经销为主、直销为辅的销售模式，以渠道下沉拓展销售触角，以整体方案体现增值服务，以多元渠道打通线上线下，以海外拓展扩大品牌影响。欧普照明基于丰富的产品类型，选择了"自制+OEM[①]"相结合的方式，紧跟市场动向，严抓生产控制，加强研发投入，满足市场多元化、高品质的需求。2016年8月19日，欧普照明于上交所主板上市，证券代码为603515。

2）信托搭建

2022年9月10日，欧普照明发布《欧普照明股份有限公司关于实际控制人增加一致行动人及一致行动人之间内部转让达到1%的提示性公告》（公告编号2022-034）。公告显示，因资产规划需要，公司实控人、创始人马秀慧（转让前持有公司19.71%的股份）于2022年9月8日通过大宗交易的方式向上海峰岳企业管理合伙企业（有限合伙）（以下简称上海峰岳）转让7,600,000股，约占公司股份比例的1.01%。

---

① OEM，original equipment manufacturer 的简称，即原始设备制造商。

02 A股上市公司的家族信托

上海峰岳，其执行事务合伙人为公司实际控制人的一致行动人——中山市欧普投资有限公司（以下简称中山欧普），中山欧普持有上海峰岳的股权比例为0.0017%；上海峰岳的有限合伙人为光大兴陇信托有限责任公司（以下简称光大兴陇）（光信·国昱1号家族信托），持股比例为99.9983%。马秀慧为"光信·国昱1号家族信托"的唯一委托人，受托人光大兴陇按委托人的意愿以受托人的名义进行管理、运用，受益人为马秀慧及其家庭成员，信托期限为50年。因此，上海峰岳为马秀慧的一致行动人。上述信托安排可以由图2-8概括。

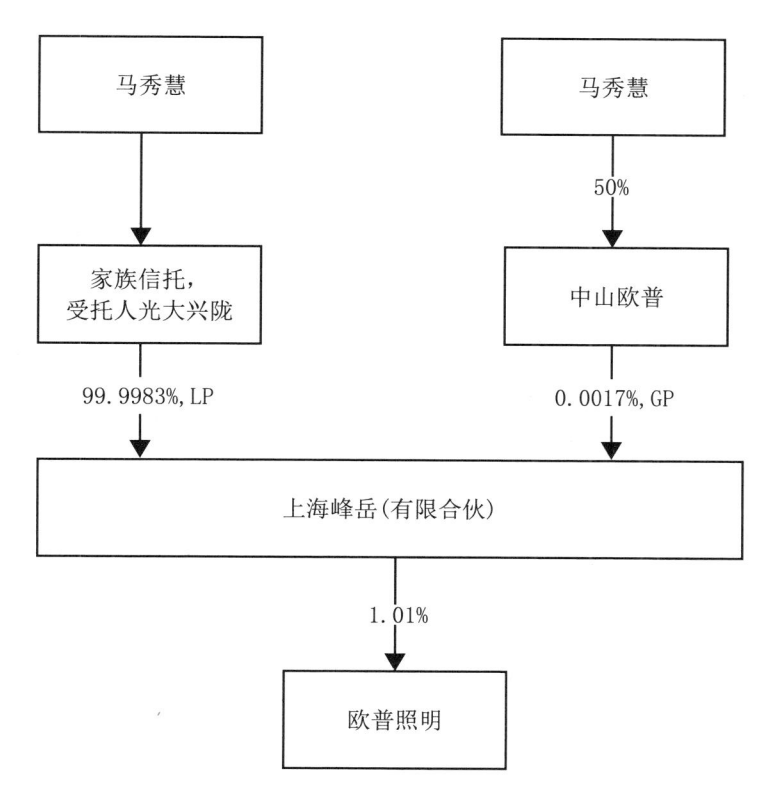

图2-8 马秀慧家族信托结构（截至2022年9月8日）

3）分析

马秀慧家族信托的中心是设立有限责任公司作为持股工具。该有限责任公司作为有限合伙企业的普通合伙人，而信托公司仅仅是有限合伙企业的有限合伙人。这样，尽管最终的结果是一部分股权装入了家族信托，但信托公司不会成为持股平台——有限责任公司中山欧普的控股股东，这使得马秀慧控制上市主体变得很容易。此外，如果直接让信托受托人持股有限责任公司，则信托和上市主体之间就多出一层公司，增加运营成本。委托人向有限责任公司转让股权的时候可能需要缴纳个人所得税。委托人再通过有限公司获得利润分配的时候，也可能产生个人所得税或者企业所得税。

相比于信托公司持股有限责任公司，马秀慧通过信托公司持股有限合伙企业，进而从有限合伙企业分利润的好处在于节税。首先，《企业所得税法》第一条明确规定，个人独资企业、合伙企业不适用企业所得税的相关规定，无须缴纳企业所得税。由于信托公司持股会使得有限责任公司（作为持股平台，例如中山欧普）不再是个人独资企业，那么规避企业所得税的路径就只剩下合伙企业一条。据财税〔2008〕159号文件进一步明确，合伙企业不属于《企业所得税法》调整的纳税主体，无须缴纳企业所得税。

关于合伙企业和合伙人的税负，我国实施"先分后税"的方法。首先，计算出扣除费用后应该分配给合伙人的利润和企业留存的利润（合伙人工资不得作为费用扣减），企业留存、没有分配的利润仍需按照已经分配处理，即仍需要作为税基。简言之，企业留存利润和分配给合伙人的利润，是合伙企业合伙人纳税的税基。税基的分配方式如下：先按合伙协议分配；没有协议约定的，由合伙人协商决定。协商不成的，按实缴出资比例分配。实缴出资比例无法明确的，平均分配。各个合伙人按照自己分得的利润缴纳所得税，个人缴纳个人所得税，企业

（包括法人、其他组织）缴纳企业所得税。

因此，如果信托公司参股有限责任公司持股平台，那么运营实体（如欧普照明）在分配利润的时候，有限责任公司、信托公司均需要缴纳企业所得税，个人还需要缴纳个人所得税，税负成本极高。而信托公司持股有限合伙企业的情况下，有限合伙企业分得运营实体利润无须缴纳企业所得税。

但是，应当注意，从有限合伙企业分配利润也存在弊端：企业留存利润仍作为税基，分配到合伙人后各个合伙人需分别纳税，而公司可以通过延缓分红的方式节税。

此外，股权转让公告还披露，该信托为指令型，无须受托人主动管理。委托人/被授权人指令受托人选择其认可的投资标的进行投资，委托人或被授权人向受托人发送指令函，在不违反法律法规、监管规定以及本信托约定的情形下，受托人将依照指令函进行标的资产的投资。这让马秀慧牢牢把握了对公司股权的控制，杜绝信托受托人减损财产行为的发生。

【案例】三孚股份——孙任靖家族信托

1）公司简介

三孚股份全称为唐山三孚硅业股份有限公司，创始人为孙任靖。根据《上市公司行业分类指引（2012年修订）》，三孚股份属于"C26-化学原料和化学制品制造业"，主要从事三氯氢硅、四氯化硅、高纯四氯化硅、电子级二氯二氢硅、电子级三氯氢硅、气相二氧化硅、硅烷偶联剂、氢氧化钾、硫酸钾等化工产品的研发、生产和销售。经过多年的布局及发展，该公司形成了以硅系列产品为主链，钾系列产品辅助支撑的循环经济发展模式，产品系列设计合理，产品附加值及技术含量随着产业链条的延伸而不断提升，公司逐步发展为具有一定技术含量的精细化工生产、研发企业。2017年6月28日,三孚股份在上交所上市,证券代码为603938。

2)信托搭建

信托设立前,孙任靖通过其个人独资企业元亨科技有限公司(以下简称元亨科技)持有三孚股份25.64%的股份,元亨科技直接持有该股份。

2022年8月20日,三孚股份发布《唐山三孚硅业股份有限公司关于股东权益变动的提示性公告》(公告编号2022-051)。公告显示,孙任靖先是以五矿国际信托有限公司(以下简称五矿信托)为受托人,设立五矿信托－恒字28号财富传承财产信托,再与该家族信托一起设立唐山恒泽企业管理咨询合伙企业(有限合伙)(以下简称恒泽管理)。[①]孙任靖为恒泽管理的普通合伙人、执行事务合伙人,家族信托为恒泽管理有限合伙人。随后,恒泽管理通过向元亨科技增资,成为对元亨科技持股75%的控股股东,从而间接控制三孚股份25.64%股份。上述安排完成后,孙任靖家族信托的结构可以由图2-9概括。

---

① 唐山三孚硅业股份有限公司.唐山三孚硅业股份有限公司详式权益变动报告书[EB/OL]. (2022-08-19) [2024-05-15]. http://www.sse.com.cn/disclosure/listedinfo/announcement/c/new/2022-08-20/603938_20220820_1_4xlKv9Fl.pdf.

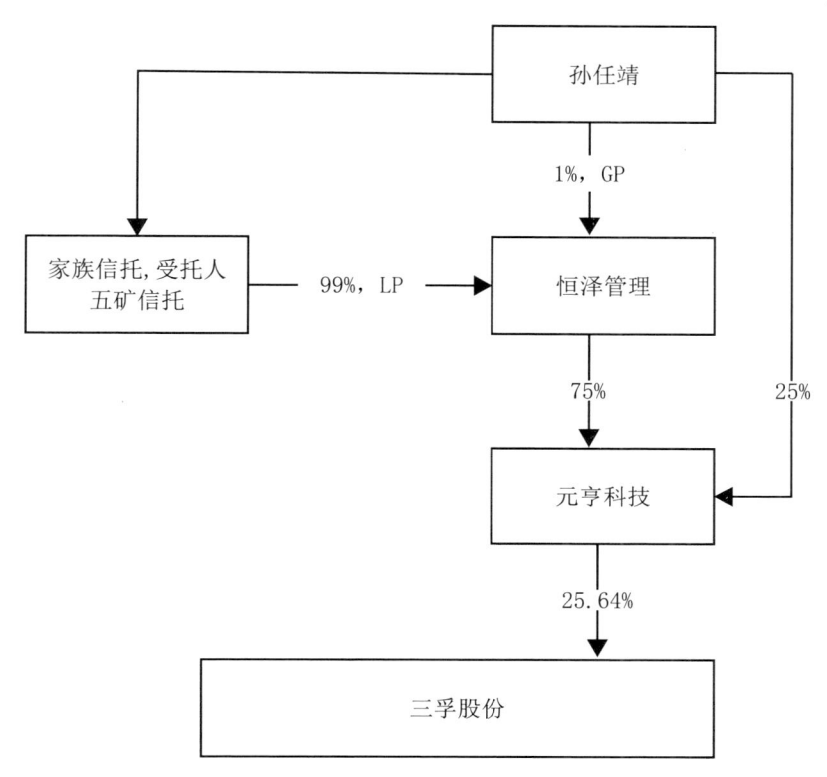

```
                              孙任靖
                               │
                            1%,GP
                               ↓
┌──────────────┐  99%,LP   ┌────────┐
│家族信托,受托人│ ────────→ │恒泽管理│
│  五矿信托    │           └────────┘
└──────────────┘              │
                             75%      25%
                              ↓        │
                          ┌────────┐   │
                          │元亨科技│←──┘
                          └────────┘
                              │
                           25.64%
                              ↓
                          ┌────────┐
                          │三孚股份│
                          └────────┘
```

图 2-9　孙任靖家族信托结构（截至 2022 年 8 月 20 日）

3）分析

与欧普照明马秀慧的家族信托类似，孙任靖同样是在家族信托结构中结合了有限合伙企业和有限责任公司。孙任靖在信托设立前使用有限责任公司作为持股平台，而在信托设立过程中，受托人通过担任有限合伙企业的有限合伙人实现对持股平台的持股。

欧普照明、三孚股份的股权信托搭建的第一个不同点在于两者的设立阶段。

在欧普照明案例中，设立人先向有限合伙企业转让股权，再让受托人担任合伙企业的有限合伙人，从而实现把股权装入信托的目的。在此过程中，转让股权会带来个人所得税。而在三孚股份案例中，孙任靖先与信托一起设立一个有限合伙企业，再使这个有限合伙企业向持股平台（有限责任公司元亨科技）增资，从而达到把股权装入信托的目的。这个过程不涉及股权转让，因此没有个人所得税产生。

问题在于，恒泽管理向元亨科技增资会不会产生税负。

首先，恒泽管理无须纳税。因为恒泽管理是以货币出资向有限公司增资，根据《财政部、国家税务总局关于非货币性资产投资企业所得税政策问题的通知》（财税〔2014〕116号）第一条规定，居民企业（以下简称企业）以非货币性资产对外投资确认的非货币性资产转让所得，可在不超过5年期限内，分期均匀计入相应年度的应纳税所得额，按规定计算缴纳企业所得税。《财政部、国家税务总局关于个人非货币性资产投资有关个人所得税政策的通知》（财税〔2015〕41号）第一条规定，个人以非货币性资产投资，属于个人转让非货币性资产和投资同时发生。对个人转让非货币性资产的所得，应按照"财产转让所得"项目，依法计算缴纳个人所得税。虽然没有明确官方规定表明增资方无须纳税，但是上述两个规定间接表明以货币性资产出资取得的股权不属于企业或个人所得，无须纳税。

其次，元亨科技（被增资方）无须纳税，此结论有明确的规定支持。《企业所得税法》第六条和《中华人民共和国企业所得税法实施条例》规定了企业应纳税的收入，而企业接受股权投资不在此列。并且，《国家税务总局关于企业所得税应纳税所得额若干问题的公告》（国家税务总局公告2014年第29号）第二条明确说明，只要股权投资已经做了会计处理，便不计入企业的收入总额。

简言之，有限合伙企业通过增资的方式取得有限责任公司（往往作为持股平台）可以合法地不产生所得税。而自然人转让股权，会产生个人所得税。相关法律规定可见于《个人所得税法》和《国家税务总局关于发布〈股权转让所得个人所得税管理办法（试行）〉的公告》（国家税务总局公告2014年第67号，以下简称67号公告）。67号公告第三条规定："本办法所称股权转让是指个人将股权转让给其他个人或法人的行为，包括以下情形：（一）出售股权；……"因此，个人向包括有限责任公司在内的法人转让股权，属于67号公告定义的"股权转让"，应当按照该公告第四条的规定承担个人所得税。第四条规定："个人转让股权，以股权转让收入减除股权原值和合理费用后的余额为应纳税所得额，按'财产转让所得'缴纳个人所得税。合理费用是指股权转让时按照规定支付的有关税费。"根据《个人所得税法》的规定，转让股权所得属于财产转让所得应税项目，应按照20%的税率计征个人所得税。即应纳税额＝应纳税所得额×适用税率＝（股权转让收入－股权原值－合理费用）×20%。

欧普照明、三孚股份的股权信托搭建的第二个不同点在于：孙任靖担任了有限合伙企业的普通合伙人；马秀慧不直接担任普通合伙人，而是由她控制的有限责任公司担任普通合伙人。自然人直接担任普通合伙人的劣势是其需对合伙企业债务承担无限责任，且委托人去世或者丧失民事行为能力也会影响合伙企业的经营。

【案例】华达科技——黄海霞家族信托

1）公司简介

华达科技全称为华达汽车科技股份有限公司，创始人为陈竞宏。华达科技主要从事乘用车车身零部件、相关模具及新能源汽车电池箱托盘、电机轴、电机壳、储能箱箱体的开发、生产与销售，是国内汽车零部件领域具有较强生产制造能力、同步开发能力和整体配套方案设计能力的专业厂家。华达科技直接或间接为东风本田、广汽本田、一汽大众、广汽丰田、广汽乘用车、上汽通用、特斯拉、上汽大众、东风日产、上汽时代、宁德时代、蜂巢能源、亿纬锂能、小鹏等整车及动力电池企业提供产品配套。2017年1月25日，华达科技在上交所上市，证券代码为603358。

2）信托搭建

2023年1月17日，华达科技发布了《华达汽车科技股份有限公司简式权益变动报告书》，公告称公司大股东、实控人陈竞宏将其直接持有的5%的股份转让给杭州皖翰管理咨询合伙企业（有限合伙）（以下简称皖翰咨询）。转让前，陈竞宏为公司创始人、实控人，持有股份比例为51%。皖翰咨询在受让股份前不持有公司任何股份，其普通合伙人为黄海霞（出资比例1%），有限合伙人为杭州工商信托股份有限公司（以下简称杭州工商信托）（出资比例99%）。转让的标的股份为陈竞宏持有的上市公司无限售条件流通股21,952,000股及标的股份所对应的所有股东权利，价格为17.60元/股，交易价款合计为386,355,200元。在当日的报告书中，没有提到该信托的性质。次日发布的华达汽车科技股份有限公司更正公告中增加了对"有限合伙人杭州工商信托股份有限公司"一栏的说明，显示该信托为"家族信托"。信托的结构可以由图2-10概括。

02 A股上市公司的家族信托

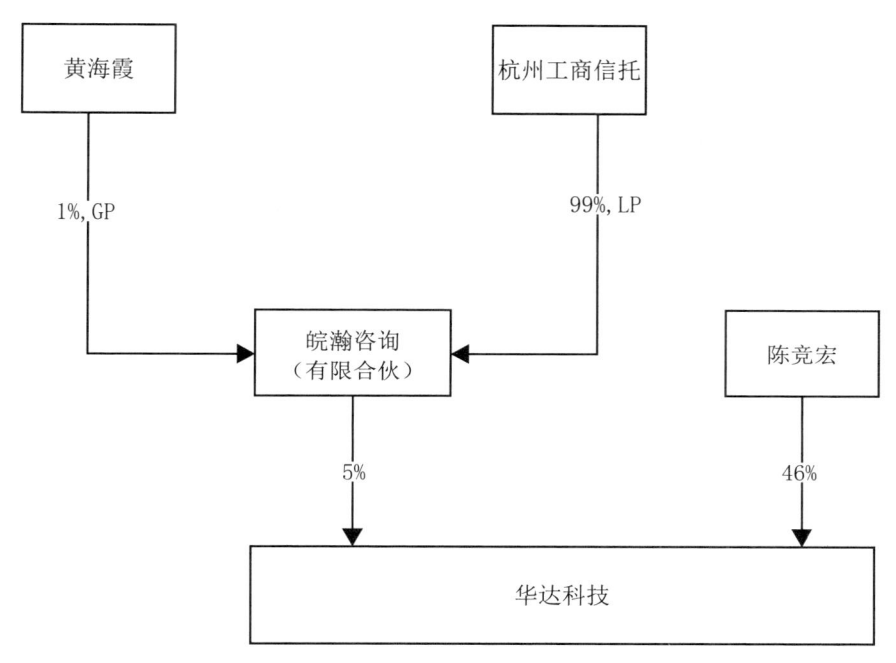

图2-10 华达科技股权结构（截至2023年1月16日）

3）分析

根据公开信息，黄海霞家族信托的设立人黄海霞与华达科技实控人陈竞宏并无关联。因此，黄海霞此次设立股权家族信托或是为实现财富传承而做出的资产配置决定。与三孚股份、欧普照明的家族信托类似，该信托也包含了有限合伙企业。但是，黄海霞在设立家族信托的时候没有借助有限责任公司作为持股平台，而是使有限合伙企业直接持股华达科技。这样做存在优势与弊端。

优势在于节税和节省运营成本。有限合伙企业的运营成本较低，由于其直接持股，黄海霞无须额外负担维持一个有限责任公司的运营成本。此外，在分配利润的时候，有限合伙企业无须缴纳企业所得税。若用有限责任公司作为持股平台，有限责任公司在获取利润的时候还需要缴纳一次企业所得税，现在这一部分税负就被节省下来了。

弊端在于黄海霞与运营主体之间没有任何风险隔离安排，黄海霞作为有限合伙企业的GP须对合伙企业的债务承担无限连带责任。但是，这一点也许并非重要的弊端，因为黄海霞本人不是公司实控人，该合伙企业也仅仅是股权投资的工具。因此，对于像黄海霞一样的投资者来说，作为股东的有限责任保护已经足够了。

【案例】盛通股份——贾则平家族信托

1）公司简介

盛通股份全称为北京盛通印刷股份有限公司，创始人为贾春琳，公司主营业务为包装印刷，现已发展成为集教育、文化出版综合服务生态圈于一体的企业集团。当前，盛通集团有员工3000余人，市值约50亿元。盛通股份立足出版物市场，大力布局教育、出版等上下游衍生产业发展，开启多元化发展战略，不断拓展医药包装、商业印刷、云印刷数据处理及电商平台等业务市场上的发展空间。2011年7月15日，盛通股份在深交所上市，证券代码为002599。

2）信托搭建

盛通股份创始人、董事长贾春琳的儿子贾则平设立了家族信托。2022年年报显示，截至2022年12月31日，贾则平为公司前十名股东之一，持股比例为3.32%。2023年第一季度报告显示，贾则平持股的比例减至1.6%，长安国际信托股份有限公司－长安盛世·嘉泽恩传家族信托（以下简称长安国际信托）进入公司前十名股东之列，持股比例为1.72%。该家族信托的持股比例与贾则平持股下降的比例一致，且信托持有的股份数量也与贾则平减持的股份数量一致。2023

主体之间不存在持股平台。与其他涉及股权转让的设立信托方法一样，委托人在转让股权进入信托的过程中，根据《股权转让所得个人所得税管理办法（试行）》第四条的规定，可能会承担个人所得税。

另外，在盛通股份案例中，信托公司直接成了上市公司股东，以自己的名义直接参与公司日常管理。这使得委托人为了保证不丧失对应股份的股东权利，需要完成额外的手续。例如，委托人可以在信托契约条款中约定委托投票或指令表决，以实现对公司的控制。

【案例】杰恩设计

1）公司简介

杰恩设计全称为深圳市杰恩创意设计股份有限公司，设立于 2004 年，创始人为姜峰。杰恩设计是亚洲较大规模的室内设计公司之一，总部位于深圳，在香港、北京、上海、大连、武汉、西安均设有区域公司，其主要服务三大设计领域：商业综合体、轨交综合体、医养综合体，已拥有建筑、室内、机电、导视、灯光、美陈、智能化系统设计等各种专业国际人才 600 余人，项目涵盖购物中心、办公空间、酒店/地产、医疗养老、公共建筑、轨道交通等多种类型。2017 年 6 月 19 日，杰恩设计在深交所上市，证券代码为 300668。

2）信托搭建

2022 年 12 月 26 日，杰恩设计发布《杰恩设计：简式权益变动报告书》（信息披露义务人为姜峰以及其控制的有限合伙企业，共同作为卖方）。公告显示，公司创始人、实控人姜峰以及姜峰担任普通合伙人的三家有限合伙企业（均直接持有杰恩设计股份）向广东金晟信康投资中心（有限合伙）（以下简称金晟信康）以大宗交易的方式转让股权，股权转让占公司股份比例为 12.5%。此一系列股权年 3 月 25 日，盛通股份发布《北京盛通印刷股份有限公司关于持股 5% 以上股东的一致行动人减持股份超过 1% 的公告》。公告显示，贾则平通过大宗交易的方式减持公司股份 925 万股，减持比例为 1.72%，而 2023 年第三季度报告也显示，上述信托持股的数量为 925 万股。因此可以推测，贾则平减持的股份被转入上述的家族信托中。① 上述信托搭建后，结构可以由图 2-11 概括。

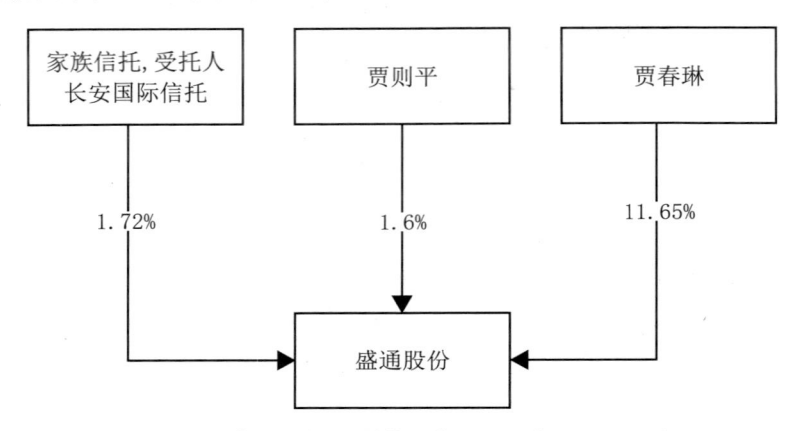

图 2-11　盛通股份股权结构（截至 2023 年 3 月 25 日）

3）分析

贾则平采取的是直接持股模式，与开润股份类似，并且信托受托人与上市

---

① 盛通股份.北京盛通印刷股份有限公司关于持股 5%以上股东的一致行动人减持股份超过 1%的公告[EB/OL]．（2023-03-25）[2024-04-08]https://static.stockstar.com/announcement/stock/2023-03-25/1216218845.PDF；盛通股份.2023年三季度报告[EB/OL]．（2023-10-31）[2024-04-08]https://vip.stock.finance.sina.com.cn/corp/view/vCB_AllBulletinDetail.php?stockid=002599&id=9618590；盛通股份. 2023 年一季度报告[EB/OL]．（2023-04-29）[2024-04-08]https://vip.stock.finance.sina.com.cn/corp/view/vCB_AllBulletinDetail.php?stockid=002599&id=9179505；盛通股份.2022 年年度报告[EB/OL]．（2023-04-25）[2024-04-08] https://vip.stock.finance.sina.com.cn/corp/view/vCB_AllBulletinDetail.php?stockid=002599&id=9067456.

转让发生前，金晟信康持有公司1.17%的股份。上述转让完成后，金晟信康持股比例变成17.48%。[①]

金晟信康的有限合伙人为西藏信托有限公司（以下简称西藏信托）（代表"西藏信托-善水传承家族信托2号"），普通合伙人为广东圣硕嘉融投资发展有限公司，家族信托通过此次转让间接持股7.866%。该信托持股的结构可以由图2-12概括。

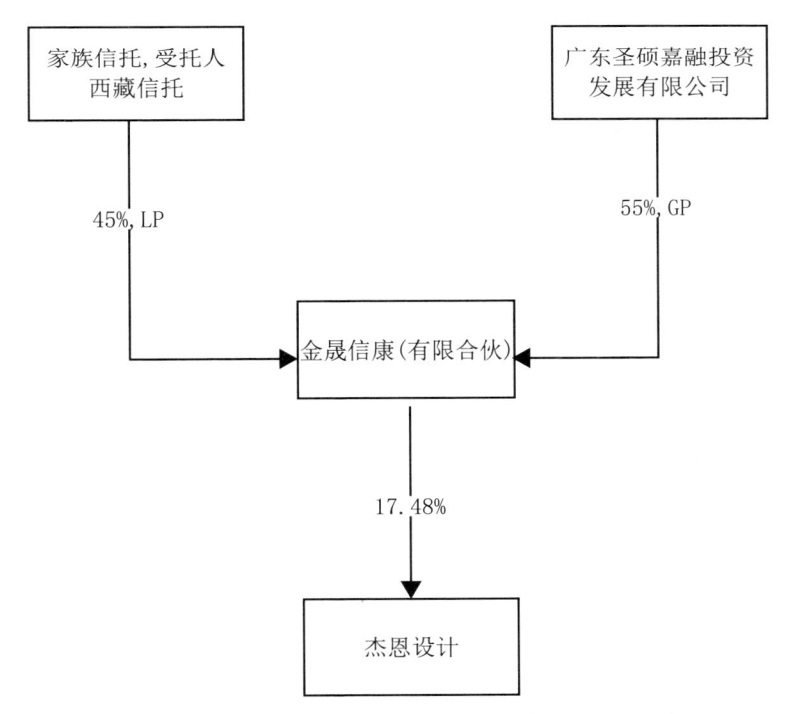

图2-12 杰恩科技股权结构（截至2022年12月26日）

---

① 杰恩设计.简式权益变动报告书[EB/OL].（2022-01-21）[2024-04-08]https://q.stock.sohu.com/cn8443233066.shtml.

3）分析

公开信息没有披露信托的委托人。但是，据 2022 年 12 月 15 日杰恩设计发布的《杰恩设计：简式权益变动报告书》（信息披露义务人为姜峰）"第三节 持股目的"透露，此次股权转让的目的是"更好地落实公司未来的发展战略，抓住未来大健康业务广阔的发展空间和良好的发展前景"，而受让方就是公司大健康新业务的团队，金晟信康就是该团队为股权投资而设立的有限合伙企业。因此，家族信托很可能是团队的领导人物设立的，而受益人则可能是其自身和家族成员。

【案例】新易盛

1）公司简介

新易盛全称为成都新易盛通信技术股份有限公司，于 2004 年成立，并于 2010 年被认证为国家高新技术企业，是一家领先的光模块解决方案与服务提供商。新易盛一直专注于研发、生产和销售多种类的高性能光模块和光器件，产品可广泛应用于数据中心、电信网络（FTTx[①]、LTE[②]和传输）、安全监控以及智能电网等 ICT[③] 行业。公司拥有 3000 多种产品，严格遵从 TUV[④]、CE[⑤]、UL[⑥]、

---

① FTTx（Fiber To The x），光纤接入。
② LTE（Long Term Evolution），长期演进技术。
③ ICT（Information and Communication Technologies），信息通信技术。
④ TUV（Technischer Überwachungsverein），德国技术监督协会。
⑤ CE（Conformite Europeenne），CE 认证。
⑥ UL（Underwrites Laboratories Inc.），UL 标志。

FCC[①]、FDA[②]、RoHS[③]、REACH[④]和EMC[⑤]等国际标准，产品服务于来自全球60多个国家和地区的超过300个客户。2016年3月3日，新易盛在深交所上市，证券代码300502。

2）信托搭建

查阅东方财富网股东信息可知，2022年12月31日，新易盛十大股东中包含建信信托有限责任公司－建信信托－金源家族信托单一信托2号（以下简称家族信托2号），彼时持股占总流通股比例为0.75%。2022年年报显示，建信信托持股比例为0.75%。

查阅信息可知，2021年12月27日，新易盛十大股东仅包含实控人高光荣、黄晓雷。2021年12月31日，家族信托2号进入十大股东之列，持股比例为0.75%。由此我们得知，家族信托2号在整个2022年的持股数量和持股比例均未发生变化。相对应地，新易盛实控人高光荣、黄晓雷和黄晓雷的一致行动人韩玉兰在2021年进行了多次减持，他们减持股份的买方没有披露。建信信托代表的家族信托很可能在2021年新易盛实控人减持过程中多次买入了该公司股份。建信信托持股的结构可以由图2-13概括。

---

① FCC（Federal Communications Commission），美国联邦通信委员会认证。
② FDA（Food and Drug Administration），美国食品药品管理局认证。
③ RoHS（Restriction of Hazardous Substances），即《关于限制在电子电气设备中使用某些有害成分的指令》。
④ REACH（Registration, Evaluation, Authorisation and Restriction of Chemicals），化学品注册、评估、授权和限制。
⑤ EMC（Electromagnetic Compatibility），电磁兼容性。

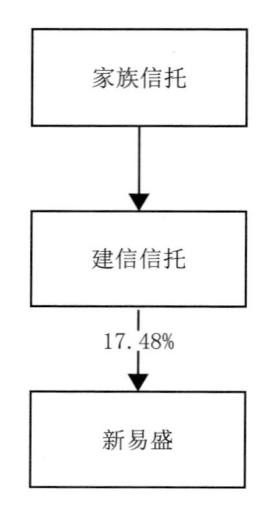

```
┌──────────┐
│  家族信托  │
└─────┬────┘
      │
      ▼
┌──────────┐
│  建信信托  │
└─────┬────┘
    17.48%
      │
      ▼
┌──────────┐
│   新易盛   │
└──────────┘
```

图 2–13　新易盛股权结构（截至 2021 年 12 月 31 日）

3）分析

查阅公开信息可知，建信信托是中国建设银行控股子公司。建信信托设立于 2010 年，家族信托是其"明星产品"之一。因此，作为国有五大行之一的子公司，其提供的信托业务有值得信赖的国资大银行背书，这对于试图设立信托的投资者、企业家来说至关重要。建信信托官方网站显示，截至 2022 年底，建信信托受托管理资产总规模达 1.5 万亿元，为委托人和投资者创造了丰厚回报。建信信托曾获国际权威媒体《亚洲银行家》财富与社会奖项计划评选中的"中国最佳信托公司"与"中国年度家族信托"两项大奖。建信信托于 2012 年开始探索家族信托业务，截至 2021 年末，财富管理规模达 800 余亿元，为行业领先水平。

建信信托提供专业的信托管理产品，产品分类丰富、全面。建信信托提供标准化家族信托（5000 万至 1 亿元，包括保险金信托、家庭财产保护信托、婚姻风险防范信托、家庭成员保障信托、未成年子女保障信托等）、定制化家族信托（1亿元至5亿元，包括母子家族信托、家族慈善信托、股票股权家族信托、永续型家族信托和外籍人士家族信托等）、家族办公室（5亿元以上，包括家族治理、家族授信、家族财富架构设计、家族基金和家族投行等）。

建信信托的家族信托执行标准非常专业，与国际一流信托产品接轨。在设立信托、处理受托人财产时，对于受托人信息严格保密。并且，信托财产管理和运用都以受托人的名义进行，除特殊情况外，受托人无权向外界披露信托财产的运营情况。此外，家族信托的所有权与收益权严格区分，信托财产独立。

【案例】美畅股份

1）公司简介

美畅股份全称为杨凌美畅新材料股份有限公司，2020年8月24日，美畅股份在深交所上市，证券代码为300861。

2）信托

2023年4月26日，美畅股份发布2023年第一季度报告。报告显示，"中信证券－中信信托·中信恒赢 家族信托2022223期－中信证券丰仪1号单一资产管理计划"名列公司前十名股东，持有股份比例为0.7%。查阅数据可知，截至2023年6月30日，该信托持股的比例维持不变。

3）分析

中信信托有限责任公司（以下简称中信信托）成立于1988年3月5日，其前身为中信兴业信托投资公司，隶属中信控股有限责任公司，拥有雄厚背景和良好信用。中信信托的信托产品优势在于，中信信托的境外布局处于行业领先水平，这为投资者、企业家提供了更多元的资产配置选择。2020年初，中信信托首单境外家族信托在中国香港地区成功落地，受托人为中信信托全资子公司——中信信惠国际信托有限公司，这也是首例国内信托公司设立境外家族信托。[①]

【案例】欣天科技

1）公司简介

欣天科技全称为深圳市欣天科技股份有限公司，成立于 2005 年，是一家主要从事移动通信行业中精密射频金属元器件的研发、生产和销售的国家级高新技术企业。欣天科技总部设在深圳，拥有深圳和苏州两个研发、生产基地，并在深圳、苏州、香港等多个城市设立了机构，形成完善的生产、销售和服务网络。2017 年 2 月 15 日，欣天科技在深交所上市，证券代码为 300615。

2）信托

2023 年 10 月 27 日，欣天科技发布 2023 年第三季度报告。报告显示，建信信托有限责任公司－建信信托－私人银行家族信托单一信托 6888 号（以下简称信托 6888 号）名列前十名持股股东，持股比例为 1.82%。查阅数据可知，信托 6888 号产品自 2020 年 12 月 31 日进入公司十大股东之列后，持股数量保持不变，一直为 349.3 万股，占公司总股本比例一直维持稳定。由于该产品持股比例较小，公开信息未显示任何与该信托产品受托人、其买入股份的卖方的信息。但是，2020 年欣天科技实控人曾多次少量减持，该信托产品所受让的股份中的一部分很可能来自欣天科技实控人或者其他大股东。

3）分析

建信信托产品的优势在之前案例中提到过，在此不赘述。本案例值得注意的

[①] 吴芳.家族信托存续规模近 5000 亿元 产品服务日益丰富[EB/OL]．（2023-12-07）[2023-12-28].http：//money.rednet.cn/content/646756/99/13335245.html.

是，信托产品中具有"单一信托"字样。单一资金信托，也称为个别资金信托，是指信托公司接受单个委托人的资金委托，依据委托人确定的管理方式（指定用途），或由信托公司代为确定的管理方式（非指定用途），单独管理和运用货币资金的信托。

与单一资金信托相对的是集合资金信托。两类信托的交易主体一样，都是作为受托人的信托公司。但在资金运用方面，单一资金信托往往只用于一个项目的投资，对各个受益人的受益权也不作区分。此外，由于单一资金信托只用于单个的项目，所以这类信托往往不会用于投资，而更多地被用于对象非常确定的贷款。

03 港股上市公司的家族信托

1. 概况

截至 2023 年 11 月底，在香港交易及结算所有限公司（简称港交所）上市的中国内地企业已经达到 1439 家，数量占了港股市场企业数量约 55.28%。[①] 其中，截至 2023 年底，港交所上市的中国内地企业的股东层面含有家族信托的企业数量为 81 家。本章第二节将介绍这 81 个案例。为了作为对比，第二节附有一些非中国境内企业（如金朝阳集团、金利来等）的家族信托案例。港股上市的中国内地公司中，多数设立了家族信托的公司将开曼专业信托公司［如知名的 TMF（Cayman）Ltd.］作为受托人，并且按照开曼群岛法律设立。在信托结构方面，多数家族信托案例采用了信托受托人下设两层 BVI 有限公司的结构，如图 3-1 所示。

[①] 闫立良. 年内 56 家内地企业赴港上市 新经济企业占比增加 [EB/OL]. (2023-12-13) [2024-04-18] http://www.zqrb.cn/gscy/gongsi/2023-12-13/A1702445866348.html.

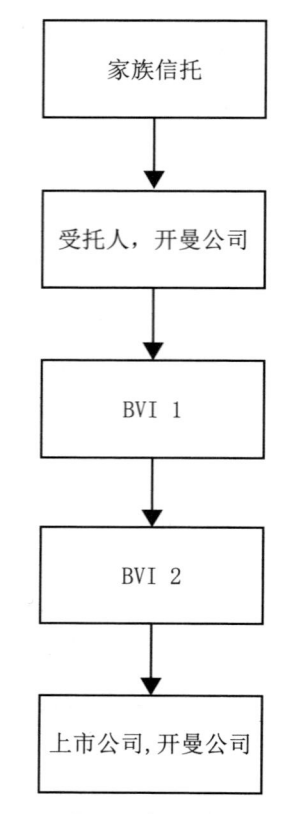

```
         家族信托
            │
            ▼
     受托人，开曼公司
            │
            ▼
         BVI 1
            │
            ▼
         BVI 2
            │
            ▼
     上市公司，开曼公司
```

图 3-1　两层 BVI 有限公司的信托结构

2. 案例拆解

在分析企业家族信托案例时，需要重点关注的操作细节与分析依据主要包括以下几个方面：首先，家族信托的设立需遵循特定司法管辖区的法律框架，如开曼群岛、英属维尔京群岛或萨摩亚等地的法律，这些地区因提供资产保护、税务优化及隐私保护等优势而广受欢迎。其次，信托结构的设计需围绕集中控制与财富传承的核心目标，通过多层次的控股公司与信托安排，确保创始人及其家族成员能够长期持有并影响公司决策，同时实现财产的有序传承。最后，税务规划也是信托架构设计的关键考量，合理的架构可以帮助家族减少税负，优化资产配置。

在具体操作中，信托架构的稳定性、透明度与合规性至关重要。稳定性关乎上市规则要求的控制权维持不变，以及在面对婚变等突发事件时的应对能力；透明度则关系到满足上市地的监管要求，保障投资者信心；合规性则要求信托结构和操作流程必须严格遵守各相关国家和地区的法律法规。分析时，还需注意信托变动情况，比如股权比例的调整、受托人更换等动态，这些变化可能反映出企业对市场环境、家族需求或合规要求的响应。

【案例】名创优品——开曼信托下设两层BVI公司，创始人和配偶分别设信托

1）公司介绍

名创优品全称为名创优品集团控股有限公司，是一家经营高性价比生活用品、玩具的零售公司，由中国青年企业家叶国富于2013年开始经营，总部位于广州市海珠区。2022年7月13日，创始人叶国富等人控制的名创优品集团控股有限公司（开曼）在香港联合交易所有限公司（简称香港联交所）上市交易，证券代码为09896。在名创优品（开曼）在香港上市前，创始人叶国富、其配偶杨云云、创始伙伴李敏信均依据开曼群岛法律分别设置了各自的家族信托。

2）信托搭建过程和现状

根据招股书公开的信息，名创优品在上市时的架构如图3-2所示。

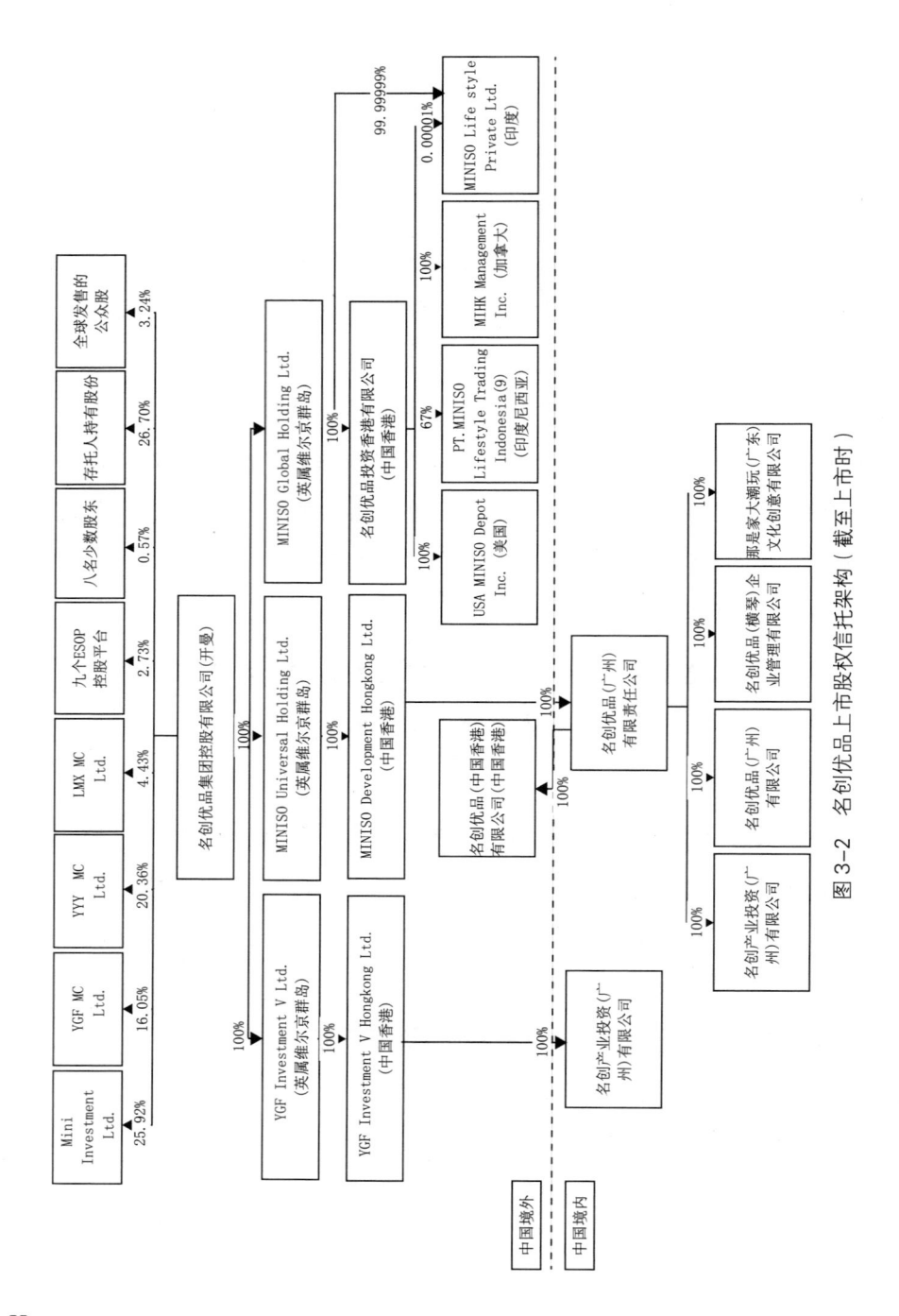

股权信托实务：实现家族事业与财富的有序传承

图 3-2 名创优品上市股权信托架构（截至上市时）

86

创始人叶国富和配偶杨云云分别设立了家族信托，分别为YGF Trust、YYY Trust。信托设在开曼群岛，并分别设有两个BVI子公司，即YGF MC Ltd.和YYY MC Ltd.，作为信托的法定代表人。

YGF MC Ltd.由受托公司TMF（Cayman）Ltd.全资拥有，TMF（Cayman）Ltd.是YGF Trust的受托人，叶国富及其家庭成员为受益人。同样，YYY MC Ltd.由受托公司TMF（Cayman）Ltd.全资拥有，TMF（Cayman）Ltd.是YYY Trust的受托人，杨云云及其家庭成员为受益人。叶国富是YGF Trust的委托人、保护人，并被视为YGF Trust的控制人。杨云云是YYY Trust的委托人、保护人，并被视为YYY Trust的控制人。

此外，LMX MC Ltd.为一家BVI公司。LMX MC Ltd.的所有股份由TMF（Cayman）Ltd.代表LMX Trust持有，TMF（Cayman）Ltd.为受托人，李敏信及其家庭成员为受益人。创始伙伴李敏信为LMX Trust的委托人和保护人，并被视为LMX Trust的控制人。

上市一年多后，除李敏信辞任董事且其名下信托脱售名创优品股权外，上述信托安排没有发生变化。2023年年报显示，叶国富通过YGF MC Ltd.持有名创优品（开曼）16.1%的股权，加上由TMF（Cayman）Ltd.代表YGF Trust持有的26%股权，实际控制名创优品（开曼）52.3%的投票权。杨云云通过YYY MC Ltd.持有名创优品（开曼）8,800,000股A类普通股。家族信托结构经过一年多的上市运作，稳定且未发生变化。目前，名创优品的家族信托结构如图3-3所示。

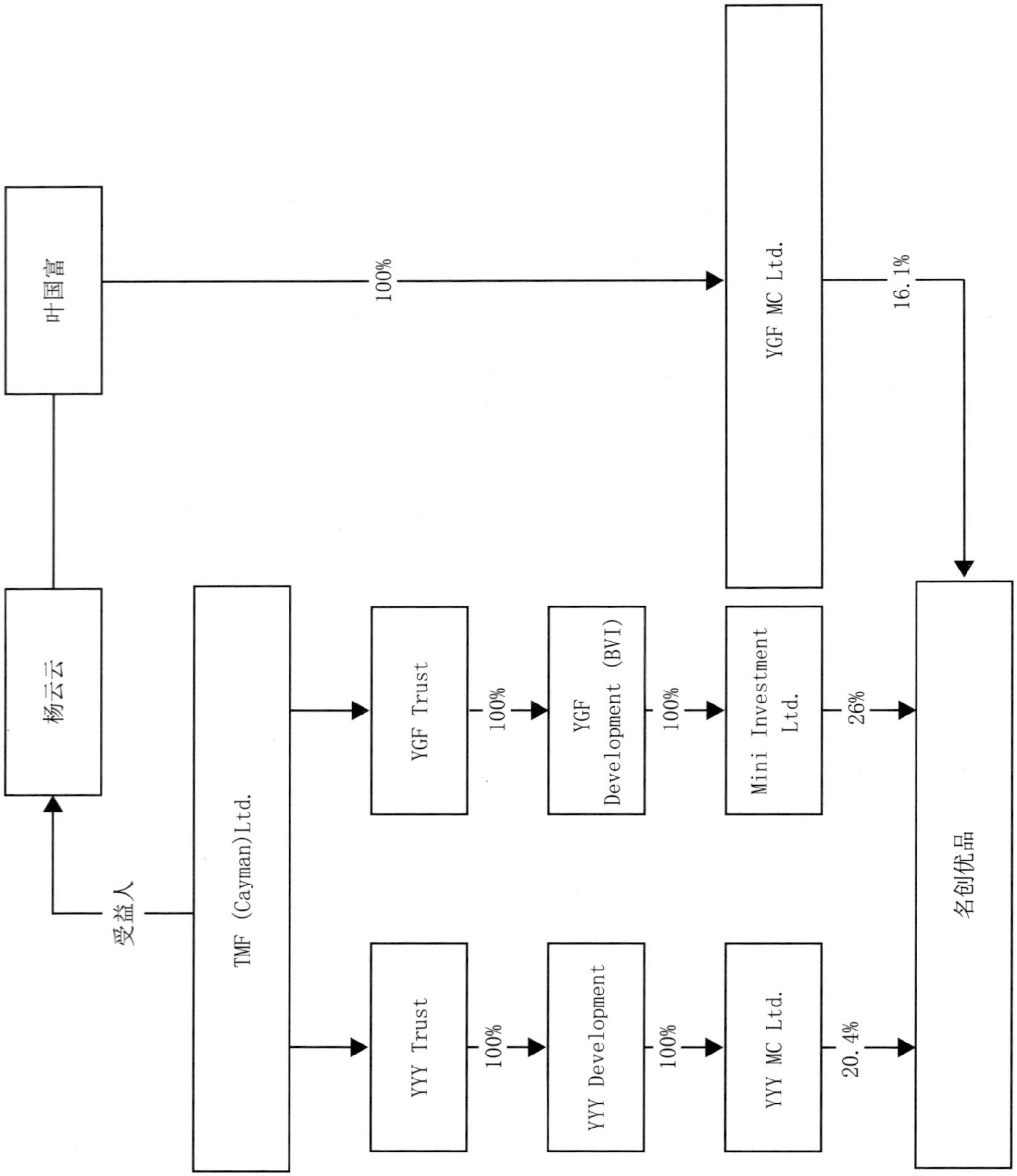

图 3-3 变化后的名创优品家族信托结构（截至 2023 年）

3）分析

叶国富、杨云云夫妇一直保持着家族信托架构的稳定。叶国富与杨云云的持股不同之处在于，叶国富以个人名义直接控制一家BVI公司（YGF MC Ltd.），通过受控法团权益持有16.1%股权，加上TMF（Cayman）Ltd.为其持有的26%股权，叶国富保证自己是名创优品（开曼）的实控人。

最值得关注的特点是，叶国富、杨云云夫妇分别设立了家族信托。在其他的丈夫或妻子为公司创始人/实控人并设立家族信托的案例中，另一种常见做法是仅创始人/实控人本人设立家族信托，且该信托的受益人为其本人和包括配偶、子女在内的家族成员。这样设计的好处是节省公司设立、管理等费用，且使得公司的控制权更简单明了。由于在港股上市时对于控股股东的披露义务更少、更简洁，上市的成本低、成功率更高。例如，港股主板、创业板都要求上市申请人的拥有权及控制权维持不变，这一要求的主要目的是确保上市申请人在上市前的控制和管理稳定。[1]因此，拟上市公司的控股股东结构越简单越好。按照港股上市规则，叶国富、杨云云都是控股股东。[2]所以，他们分别搭建信托存在一定的弊端。

然而，对叶国富、杨云云夫妇来说，分别搭建信托的好处体现在两点。第一，叶国富、杨云云都参与公司的实质经营，这意味着公司一部分控制权在杨云云手中：叶国富上一直担任公司执行董事，而杨云云则自2020年2月起担任公司副总裁，自2009年8月起一直担任名创优品股份有限公司的董事，自2018年12月到2020年3月担任名创广州的董事。所以，分别搭建信托更匹配控制权的分布。这使公司的控制权和装入信托的所有权更匹配，满足《主板上市规则》第8.05条

---

[1] 《主板上市规则》第8.05（1）（c）条/《创业上市板规则》第11.12A（2）条。
[2] 《主板上市规则》第1.01条。

的要求。

第二，分别搭建信托可以防止婚变风险。在涉及婚变的情形中，以吴亚军的龙湖地产的家族信托为例，在2009年龙湖地产上市时，与叶、杨夫妇的安排类似，吴亚军夫妇的股份通过分别设立家族信托实现了使用权合一、所有权分离的状态。在2012年11月20日正式公布离婚消息前，根据港交所公开的资料，吴亚军将此前和蔡奎共同持有的75.6%的龙湖股份，分割为吴亚军持有45.36%、蔡奎持有30.24%。蔡奎签署协议书由吴亚军暂代其持有28%的股权，吴亚军与蔡奎作为大股东，在未来会继续保持一致行动共同维护公司权益。[1]在正式离婚后，龙湖地产的股权并未经历变动，其公司股价亦未受到婚变影响。

简言之，叶、杨夫妇分别设立家族信托是契合公司运营现状的选择，能保证公司控制权完整地纳入信托持股结构中，且能防范婚变风险。

【案例】金朝阳集团——傅金珠晚年设立家族信托

1）公司介绍

金朝阳集团全称为金朝阳集团有限公司，从事房地产业务，为香港著名上市地产发展商，集团于1997年在港交所上市，证券代码为00878。集团的商业角色为物业投资者、地产发展商及旧区重建者，还有中国地产开发等。核心业务为发展各类优质物业，旗下物业投资组合一直为集团带来长期而稳定的收益。凭借多年来建立的稳健基础，集团业务范围已扩展至物业管理。金朝阳集团的注册地为百慕大，写字楼总部在铜锣湾罗素街金朝阳中心。

2）信托搭建过程和现状

2018年4月9日，金朝阳集团发布公告，集团主席傅金珠设立家族信托并

---

[1] 鲍乐东.解码股权战略：一体两翼三步法[M].北京：法律出版社，2022.

注入2.07亿股金朝阳股权，委托人为傅金珠夫妇，受益人为傅金珠夫妇及其子女。[①]该家族信托在公司上市后，依据BVI法律设立。当时傅金珠已74岁。此次信托搭建之前，傅金珠持有集团73.19%股权（207,364,130股），其中96,602股由傅金珠直接持有，204,881,528股由傅金珠当时全资拥有之公司Ko Bee Ltd.（BVI公司）持有，2,386,000股股份由Full Match（即福顺朝阳公司，一家BVI公司，由Ko Bee Ltd.全资拥有的公司）拥有。值得注意的是，傅金珠并不是直接将其名下对于Ko Bee Ltd.的全部股权转让给信托的受托人，而是先将其名下对于Ko Bee Ltd.的50%股权转让给其丈夫陈明德，然后再由傅金珠、陈明德共同作为财产授予人、信托设立人，以夫妇二人和他们的子女（包括金朝阳集团执行董事陈慧苓）为受益人，设立了一个全权信托，将他们分别持有的股权无偿馈赠给信托的受托人Century Pine (PTC) Ltd.。信托设立完成后，傅金珠直接持有的96,602股不变。

该信托自2018年设立至本书撰写之时未发生明显变化。金朝阳集团2023年半年报显示，傅金珠个人持有96,602股，而Ko Bee Ltd.由傅金珠设置的家族信托全资拥有。Ko Bee Ltd.同时全资拥有福顺朝阳公司，而福顺朝阳公司又持有金朝阳集团2,386,000股。傅金珠家族信托的受托人为Century Pine（PTC）Ltd.（BVI公司），受益人为傅金珠、其丈夫和子女（包括陈慧苓和陈庆达）。比较该半年报和2018年信托搭建时的股权结构，可以发现傅金珠本人直接持股的数量未发生变化，信托通过Ko Bee Ltd.持有的股份占比略有上升。2023年半年报披露的家族信托结构如图3-4所示。

[①] 金朝阳集团（00878）重组公司的股权[EB/OL].（2018-04-09）[2024-04-08]https://finance.sina.com.cn/stock/hkstock/ggscyd/2018-04-09/doc-ifyteqtq6858244.shtml.

股权信托实务：实现家族事业与财富的有序传承

```
                    ┌─────────────┐
                    │   傅金珠    │────────────────┐
                    └──────┬──────┘                │
                           │                       │
                           ▼                       │
        ┌──────────────────────────────────────┐   │
        │ 家族信托,受托人Century Pine(PTC)Ltd. │   │
        └──────────────────┬───────────────────┘   │
                           │ 100%         直接持有96,602股
                           ▼                       │
        ┌──────────────────────────────────────┐   │
        │          Ko Bee Ltd. (BVI)           │   │
        └──────────────────┬───────────────────┘   │
                           │ 100%                  │
                           ▼                       │
              ┌────────────────────┐               │
              │    福顺朝阳公司    │               │
              └──────────┬─────────┘               │
                         │                         │
                    ┌─────────┐                    │
                    │合计74.29%│                   │
                    └─────────┘                    │
                         ▼                         │
              ┌────────────────────┐               │
              │    金朝阳集团      │◄──────────────┘
              └────────────────────┘
```

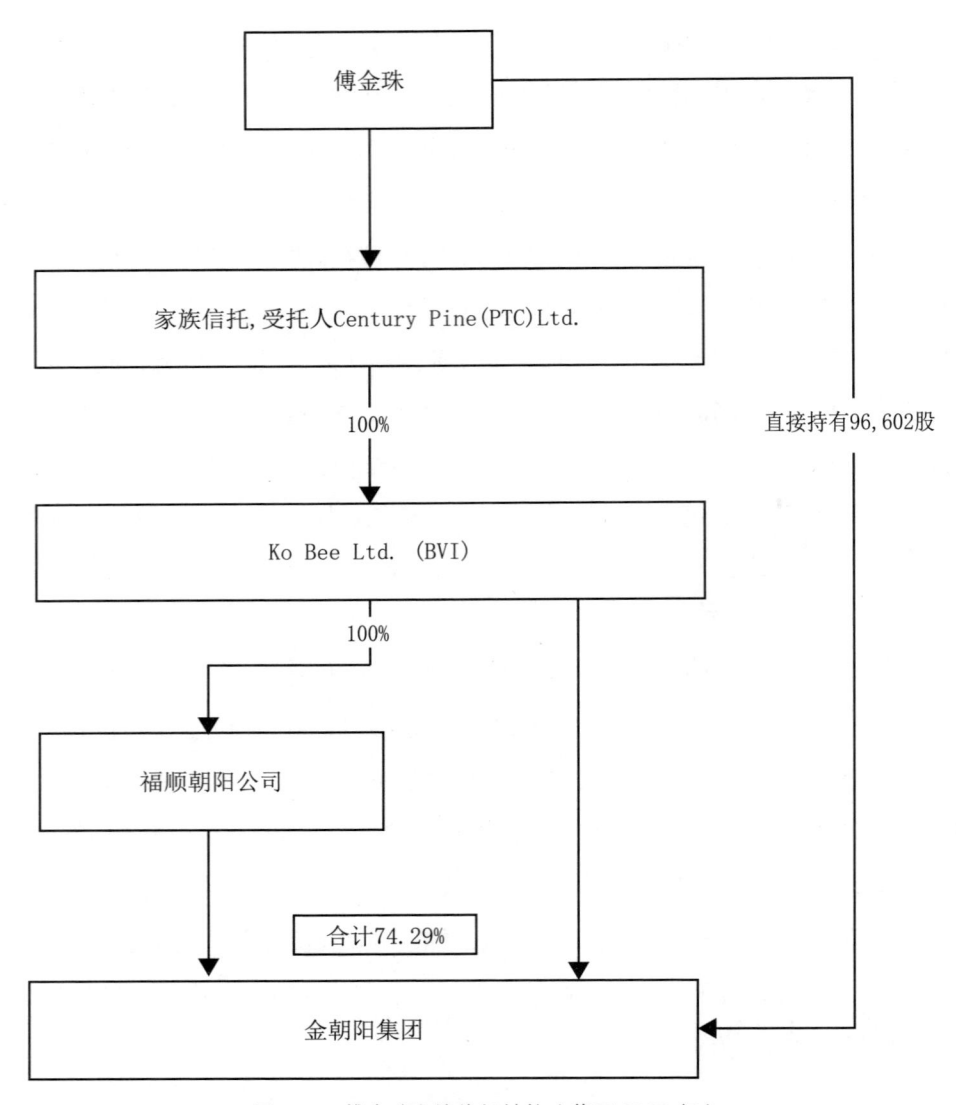

图 3-4　傅金珠家族信托结构（截至 2023 年）

3）分析

本案例中值得关注的是，傅金珠在其晚年才设立家族信托，而不是像很多公司那样在上市前或者在创始人壮年时设立。这可能是出于家族财富稳定的考虑。首先，晚年时子女都已经成年，家庭成员结构更为明确，这有助于更精准地确定信托受益人和管理方式。其次，在晚年时，傅金珠可能更关注家族财富的税务规划。信托结构在合规的情况下可以为家族提供更为灵活的税务优势，因此在这个阶段设立信托可能更有利。并且，上市前设立信托会使得企业面临更多的上市合规问题。

值得注意的是，尽管傅金珠在设立信托前将其通过Ko Bee持有的一半金朝阳股权转移给了丈夫，但夫妇二人并没有分别设立名下的信托，而是共同作为财产授予人将财产无偿转移给受托人。在前面名创优品案例中曾提到，夫妇分别设信托可以有效降低婚变的不利影响，因为这样的话，离婚后夫妇各自将对方从其信托的受益人中除名就可以了。傅金珠夫妇未采取这种方式的原因，大概是二人已经步入晚年，婚变的概率非常低。在此基础上，为了家族的传承而共同作为财产授予人设立信托，也更有利于树立正面的企业形象，避免一些流言蜚语以及这些言论对公司股价的影响。

【案例】融创中国——孙宏斌新设美国信托下设一层BVI公司

1）公司简介

融创中国全称为融创中国控股有限公司（Sunac China Holdings Ltd.），港交所证券代码为01918，是中国一家以房地产开发为核心主业的企业，按2019年销售额计为中国第四大地产开发商。融创中国的地产发展项目分布于天津、上海、北京、重庆、无锡、苏州等城市，产品包括多层大厦、住宅、别墅、商品房、酒店式公寓、写字楼等物业。2023年9月19日，融创中国在美国申请破产保护，依据美国《破产法》第十五章，向纽约法院申请破产保护，以获得美国法庭对该公司在中国香港法庭有关协议安排重组的认可。

2）信托搭建

孙宏斌于2018年12月设立了融创中国的股权家族信托，现任董事会主席、执行董事兼行政总裁，也是公司实控人。2019年1月，融创中国董事长孙宏斌在中国香港提交的文件里披露，其已在2018年12月31日将约20.43亿股股权转让给离岸家族信托基金，其为位于美国的信托公司South Dakota Trust（作为信托受托人），孙宏斌及其若干家族成员为家族信托的受益人。

这一布局至今仍未改变。截至本书撰写之时，根据香港披露易公开信息，融创中国的三大股东为孙宏斌、South Dakota Trust和融创国际投资控股有限公司（Sunac International Investment Holdings Ltd.，BVI公司，以下简称融创国际）。孙宏斌家族信托持有Sunac Holdings LLC的100%股份，而Sunac Holdings LLC持有融创国际的70%股份。孙宏斌仍然为融创国际的唯一董事，仍然通过融创国际投资拥有融创中国的46.36%投票权。根据《证券及期货条例》，孙宏斌被视为拥有前述股份的权益。此外，孙宏斌于2016年11月2日通过融创国际持有的1,589,549,451股融创中国股票质押给平安银行，该质押于2019年4月11日已解除。

2023年半年报为我们提供了更详细的信息。该半年报发布之时，孙宏斌通过其受控法团的权益，掌握融创中国38.75%的股权（2,091,329,884股）。2,091,329,884股中的2,042,623,884股由融创国际所持有，其余48,706,000股股份由天津标的企业管理有限公司（以下简称天津标的）所持有。融创国际全部已发行股份由孙氏家族信托所持有，其中70%由新家族信托持有，剩余30%

由两个原家族信托持有。新家族信托于 2018 年 12 月设立，孙宏斌为设立人，South Dakota Trust 为新家族信托的受托人，受益人为孙宏斌及其若干家族成员。两个原家族信托分别于 2018 年的 5 月和 6 月设立，受益人为孙宏斌的家族成员。天津标的全部股份由孙宏斌所持有。根据《证券及期货条例》，孙宏斌被视为拥有前述所有股份的权益。

到本书撰写之时，孙宏斌家族信托的情况可以由图 3-5 概括。可见，孙宏斌自 2018 年接连设立家族信托之后，其名下家族信托的情况没有发生改变。

3）分析

在 2018 年 12 月的新家族信托设立前，孙宏斌本人直接持有融创国际 70% 的股权，融创国际 30% 的股权由原家族信托持有。而在原信托设立前，孙宏斌直接全资拥有融创国际（彼时持有融创中国 46.46% 的股权）。在短短的一年间，孙宏斌就从相对直接的持股，转变为将全部名下股权都装入了家族信托。孙宏斌设立家族信托的时间点耐人寻味，因为 2018 年下半年被认为是中国房市的转折点。尽管孙宏斌本人彼时没有相关言论，但友商的言论足以说明问题——万科的著名"活下去"言论正是发布在 2018 年。万科董事会主席郁亮在南方区域 2018 年 9 月的月度例会上讲话表示，房地产行业的"转折点实实在在到来了"，万科要做的第一件事情就是进行战略检讨，落实到具体的业务操作是"收敛"和"聚焦"，以"活下去"为最终目标。①

因此，孙宏斌在 2018 年迅速搭建信托、将股权装入信托操作的第一出发点很可能是隔离风险。设立信托要未雨绸缪，债务危机已初现端倪时不是不能设立信托，而是更要周密筹划。近年来的案例说明，在公司债务纠纷激烈的时候，为

---

① 万科郁亮：房地产行业转折点到来，以"活下去"为最终目标 [EB/OL]．(2018-09-21) [2024-04-08]https://www.guancha.cn/ChanJing/2018_09_21_472986.shtml?s=syyldbkx?web.

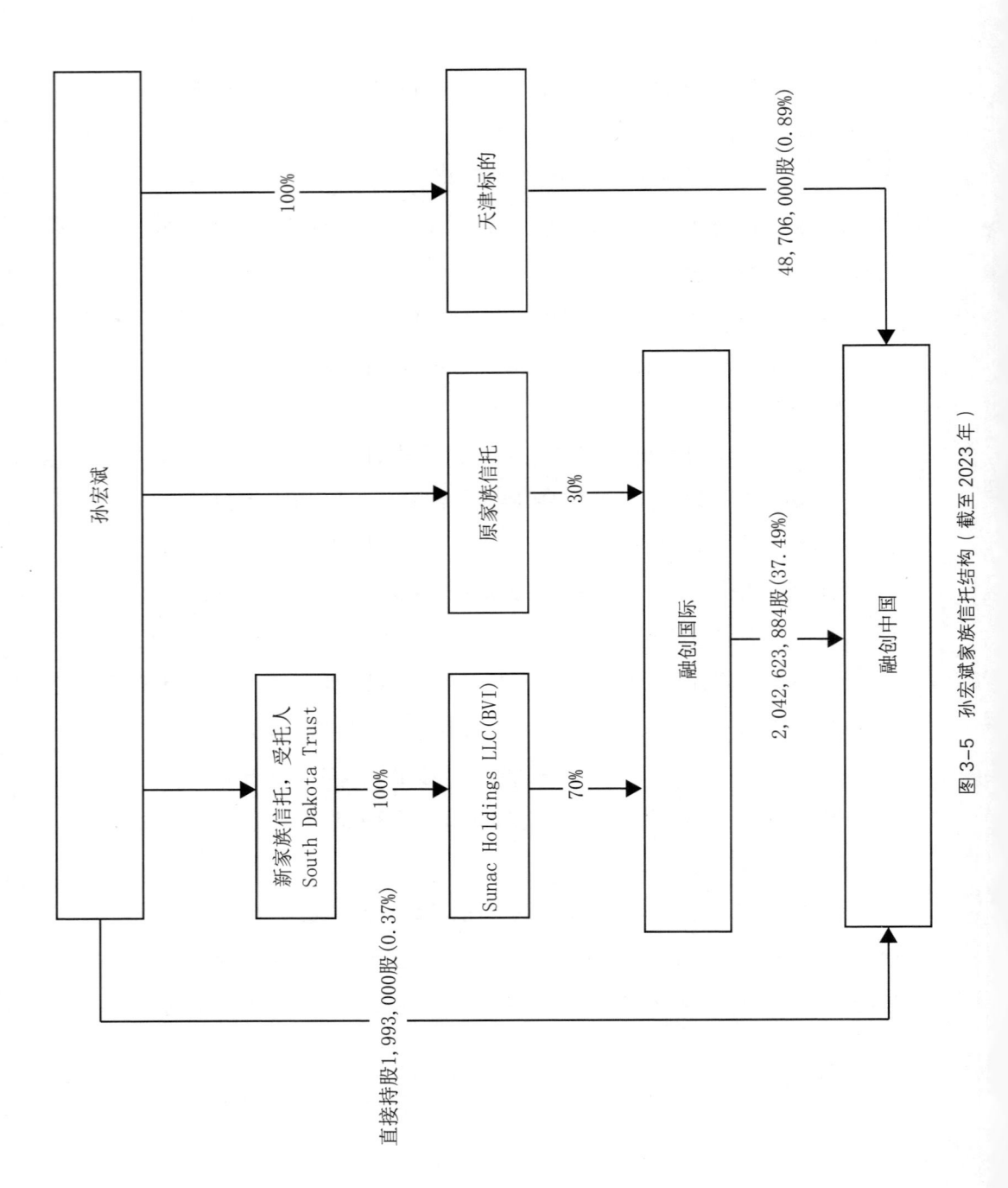

图 3-5 孙宏斌家族信托结构（截至 2023 年）

债权人服务的有经验的律师能够追踪到设立人名下的信托中的财产。例如，张兰信托被"击穿"一事中，新加坡高等法院于 2022 年 11 月 2 日公布的判决显示，法院同意张兰的债权人甜蜜生活美食有限公司（La Dolce Vita Fine Dining Company Ltd.）提出的向张兰设立的家族信托项下银行账户任命接管人的申请，而这个甜蜜生活公司实际上是某欧洲私募股权公司曾经为了收购俏江南而设立的。法院在上述判决中明确了张兰所设立家族信托（受益人为张兰和其家人，包括儿子汪小菲）项下资金的实际权利人为张兰，甜蜜生活公司作为张兰的债权人有权对该等资金进行追索。

孙宏斌也许是预料到了融创中国未来的风波，在融创中国的生意和整个中国的房地产市场尚红火的时候设立家族股权信托。相比公司处于风口浪尖之时，2018 年设立家族信托、转移股权可以最大化降低"转移财产"对公司股价带来的负面舆情影响。简言之，设立家族股权信托一定要提早准备，不要等到公司债务问题趋于严重的时候再开始求助于信托。

【案例】周黑鸭——股权架构设两层 BVI 公司（规避 10 号文上市）

1）公司简介

周黑鸭全称为周黑鸭国际控股有限公司，港交所证券代码为 01458，注册地为开曼群岛，董事长为周富裕。周黑鸭在中国的业务公司在 1995 年成立于湖北武汉，1997 年以"周记怪味鸭"之名开始零售，2005 年申请注册"周黑鸭"商标，2006 年注册公司，主要产品为使用"周黑鸭"品牌的鸭肉加工食品，目前在湖北省内，以及北京、天津、上海、广东、江苏、浙江、山东、湖南、江西、福建、安徽、河南、陕西、四川、重庆、河北等地有售。2011 年，武汉地铁 2 号线江汉路站被"周黑鸭"冠名。2012 年，"周黑鸭"被国家工商行政管理总局（现

"国家市场监督管理总局")认定为"中国驰名商标"。

2)信托搭建过程和现状

2018年12月18日,周黑鸭实控人唐建芳(董事长周富裕的妻子)以零代价分别将ZHY Holdings Ⅱ(BVI)及健源(BVI)的全部已发行股本转让予ZHY X Holdings,而ZHY X Holdings的全部股权由富裕家族信托的受托人Cantrust(Far East)Ltd.(BVI)持有。转让完成后,ZHY Holdings Ⅱ 与健源一共51.34%的股权通过ZHY X Holdings归属于家族信托。彼时唐建芳家族信托结构如图3-6所示。

2023年半年报显示,唐建芳以个人持股、家族信托和控股公司的方式总共控制周黑鸭57.54%的股份(1,371,457,951股)。其中,唐建芳个人持有5,571,500股,健源持有1,210,879,011股,ZHY Holdings Ⅱ持有32,480,300股股份,ZHY Holdings Ⅳ持有122,527,140股股份。具体而言,唐建芳个人全资控股ZHY Holdings Ⅳ,健源和ZHY Holdings Ⅱ都由ZHY X Holdings全资拥有。比较2023年半年报和股权变动公告内容,唐建芳对ZHY Holdings Ⅳ的控制从绝对控股变成了全资拥有,其家族信托持有的股份略有上升(从51.34%上升到52.17%)。唐建芳的股权家族信托的现状如图3-7所示。

03 港股上市公司的家族信托

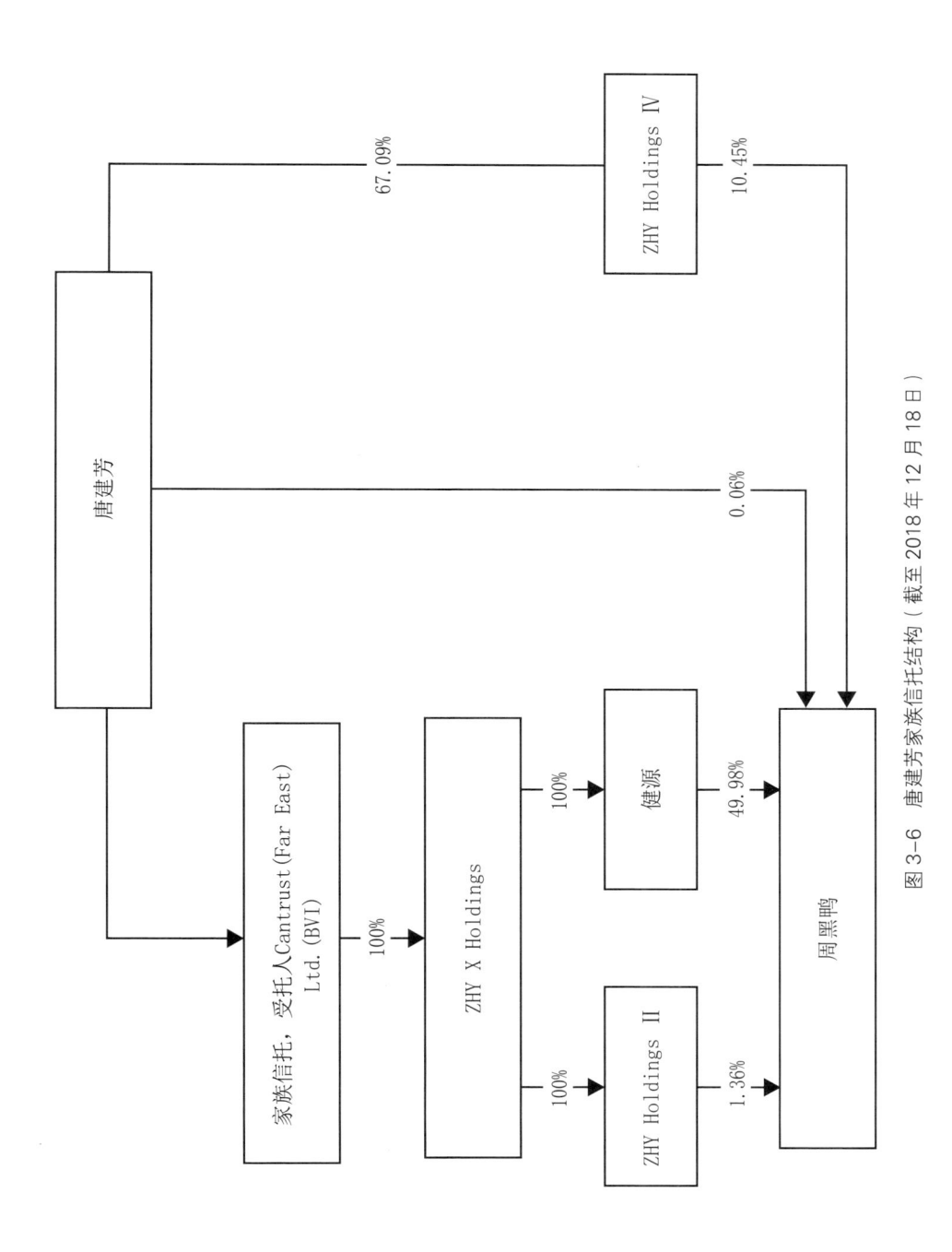

图 3-6 唐建芳家族信托结构（截至 2018 年 12 月 18 日）

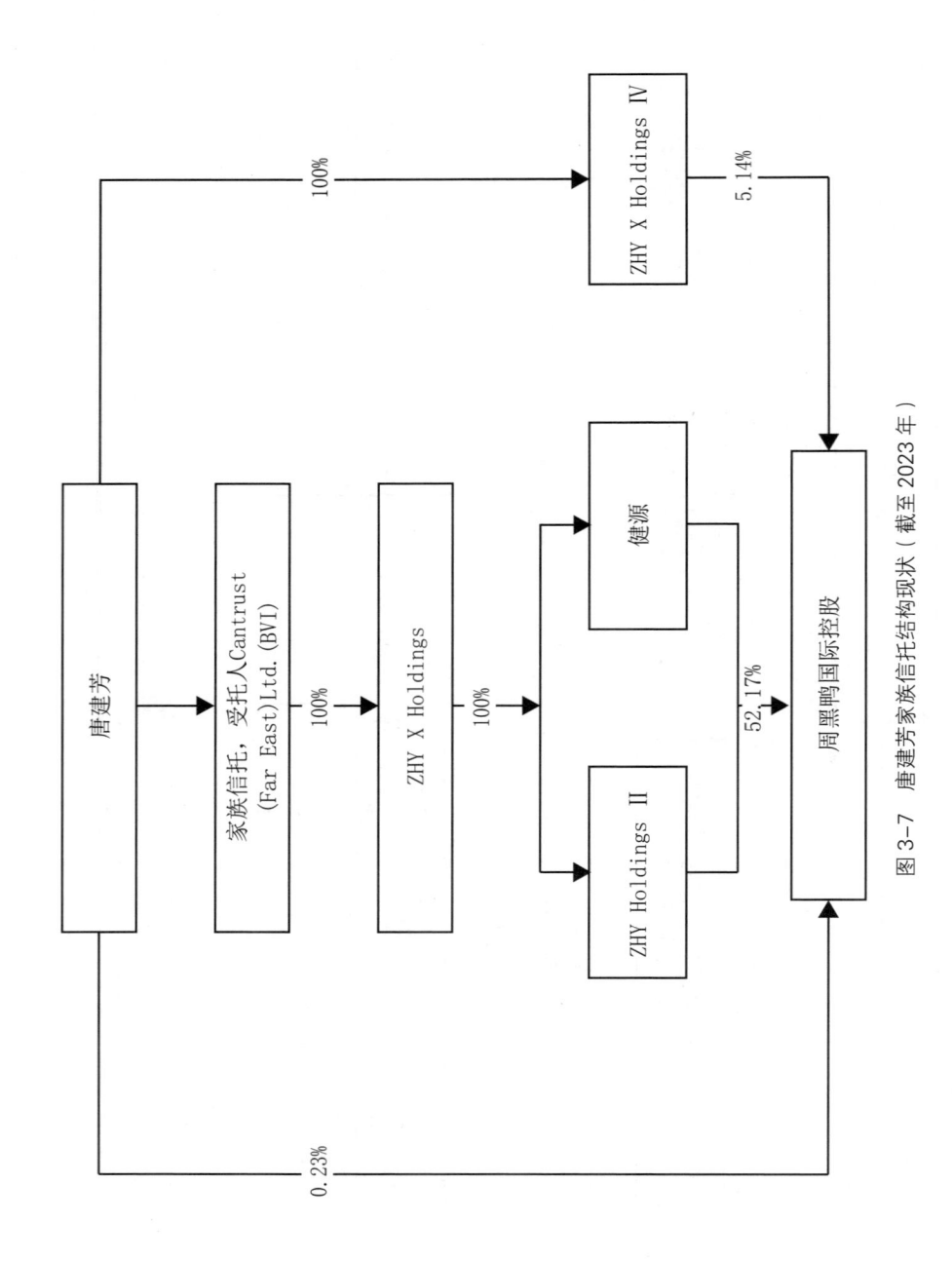

图 3-7 唐建芳家族信托结构现状（截至 2023 年）

3)分析

读者肯定已经发出这样的疑问：周黑鸭国际控股的董事长一直是周富裕，为何实控人是唐建芳，且后续股权装入家族信托全过程的主角也是唐建芳？解答这个问题，我们首先需要关注 2006 年商务部等六部委发布的《关于外国投资者并购境内企业的规定》（以下简称商务部 10 号文）。商务部 10 号文第十一条规定："境内公司、企业或自然人以其在境外合法设立或控制的公司名义并购与其有关联关系的境内的公司，应报商务部审批。当事人不得以外商投资企业境内投资或其他方式规避前述要求。"该条文约束的对象是境内自然人，而规避 10 号文第十一条的一个常见做法就是实控人变更国籍。其他两个规避该条文的做法：一是采用境内实控人控制的外国投资者在境内新设外商投资企业，再由该外商投资企业与境内实控人控制的内资企业签订 VIE[①] 协议；二是用一个与境内内资公司无关联的第三方投资者并购内资企业，使其变更成外商投资企业后，再由该境内实控人控制的外国投资者并购该外商投资企业。

周富裕决定采用变更国籍的方式规避商务部审查。唐建芳在 2015 年 1 月成了瓦努阿图共和国的永久居民，并且在 2015 年 1 月注销了中国国籍。为了实现港股上市目的，周黑鸭采用的是红筹架构，即中国境内的公司在境外设立离岸公司，然后将境内公司的资产注入或转移至境外公司，以实现境外控股公司在海外上市融资目的的结构。通过"外国人"唐建芳实控周黑鸭（开曼），境内的周黑鸭便实现了不经过商务部审查，快速在中国香港上市的目的。

[①] VIE（Variable Interest Entity），即可变利益实体，又称"协议控制"，是指外国投资者通过一系列协议安排控制境内运营实体，无须收购境内运营实体股权而取得境内运营实体经济利益的一种投资结构。

【案例】龙湖集团——吴亚军、蔡奎夫妇家族信托

1）公司简介

龙湖集团全称为龙湖集团控股有限公司，是一家中国的房地产开发公司，于 1993 年在重庆成立，后迁至北京，主要业务是在中国各地发展高端住宅及商业物业，以营造豪宅和别墅见长，港交所代码为 00960。

2）信托搭建

吴亚军（公司创办人、实际控制人）、蔡奎夫妇的龙湖股权家族信托是在 2008 年海外上市之前搭建的。吴亚军与蔡奎先在开曼群岛上注册了龙湖地产的空壳公司，龙湖地产的股权由两家 BVI 公司持有，分别为 Charm Talent 以及 Precious Full International Ltd.（后改名为 Junson Development International Ltd.，即嘉逊发展）。之后，吴亚军与蔡奎在 BVI 又注册了一个名为龙湖投资有限公司（Longfor Investment）的公司，该公司股权由龙湖地产 100% 控股。龙湖投资有限公司收购了嘉逊发展的全部已发行股本。这一部分正是吴亚军打算拿来上市的资产。龙湖投资有限公司紧接着又将股权分别以 19.2 亿港币和 12.8 亿港币的价格转让给 Charm Talent 和 Precious Full International Ltd.。至此，信托架构已经到了收尾阶段。吴亚军和蔡奎将汇丰国际信托有限公司（HSBC International Trustee，简称汇丰国际信托）列为受托人之后，着手将各自的股权转让给汇丰国际信托的全资子公司。

汇丰国际信托的分支机构几乎遍布世界，尤其是在泽西岛、开曼群岛、BVI 等离岸金融中心上。吴亚军将 Charm Talent 所持有的所有嘉逊发展的股份全部转让给汇丰国际信托在 BVI 注册的全资子公司 Silver Sea。而蔡奎也将 Precious Full International Ltd. 所持有的全部嘉逊发展股份转让给汇丰国际信托在英属维

尔京群岛注册的全资子公司 Silver Land。这两次转让都以零代价的馈赠方式进行。信托成立之后,吴亚军和蔡奎都不再直接控制龙湖集团的股权。

吴亚军和蔡奎于 2012 年离婚,由于夫妇二人分别设立了信托,且二人对龙湖集团的股权均分别装入信托中,所以离婚不涉及任何关于龙湖集团的股权分割。二人的信托至今仍保持着刚上市时的架构。根据 2023 年龙湖集团的半年报,现在吴亚军、蔡奎的家族信托结构如图 3-8 所示。

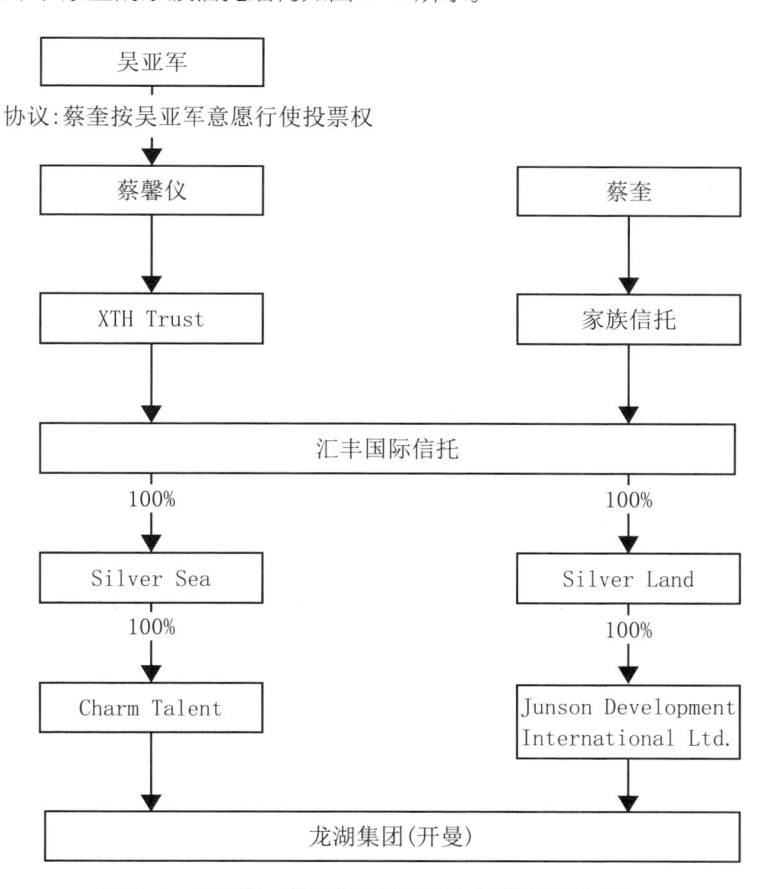

图 3-8 吴亚军、蔡奎家族信托结构(截至 2023 年)

3）分析

龙湖集团的股权家族信托现状有两个值得关注的点。第一是吴亚军和女儿蔡馨仪之间的关于投票权的协议，第二是两层BVI公司结构的稳定性。

2018年11月22日，龙湖集团发布公告称，控股股东吴亚军将其"母亲信托"掌握的股权转移至"女儿信托"（即图中XTH Trust），转移前后的受托人都是汇丰国际信托，且女儿蔡馨仪无条件承诺将促使龙湖的直接股东Charm Talent按照吴亚军的意愿行使投票权。对于有家族传承需求且子女不多的富豪而言，像吴亚军一样在壮年就急流勇退、选定一个子女作为信托设立人和明面上的信托控制人是一个好的选择。第一，这可以保证家族财富在未来不会因为子女争斗而贬损；第二，吴亚军与女儿的协议保证了吴亚军在隐退后仍然把持着龙湖的控制权。

此外，吴亚军、蔡奎设立的BVI公司持股的架构在十多年里一直保持稳定，该模式也为众多其他公司借鉴，其中必然有多个层面的合理性。由于BVI公司在绝大多数情况下都是不开展实质经营的持股工具，因此资金进出方便、手续简单、保密性好。

那么，为何吴亚军和蔡奎要分别设立BVI公司？这是因为他们各自在处理股权的时候可以互不干扰。第一，由于像吴亚军、蔡奎这类设立BVI公司的自然人都是要用BVI公司对境内进行返程投资的，而境外公司进行返程投资必须依据国家外汇管理局发布的《国家外汇管理局关于境内居民通过特殊目的公司境外融资及返程投资外汇管理有关问题的通知》（汇发〔2014〕37号，简称"外管局37号文"）进行外汇登记，登记完毕后，相应的境外公司的股权变动都要进行变更登记。第二，上市公司股东的股权变动必定需要公示、办理手续，那么股东分别设立信托就可以使在他们处理股权的时候分别办理手续，避免打扰其他股东，这一点对于股东众多的上市公司来说尤其重要。根据外管局37号文，中国居民须向国家外汇管理局地方分支机构登记后方可向中国居民以投融资为目的直接设立或间接控制的境外特殊目的公司以资产或权益出资；该中国居民在初步登记后，若境外特殊目的公司发生（其中包括）境外特殊目的公司的中国居民股东变动，境外特殊目的公司名称、经营期限等任何重大变更，或境外特殊目的公司增资、减资、股权转让或置换、合并或分立等重要事项变更，中国居民亦应及时到国家外汇管理局地方分支机构办理变更登记手续。根据外管局37号文，未能遵照该等登记程序的，可能面临罚款。

我们还注意到，在吴亚军、蔡奎搭建信托时，他们注册了一个BVI公司——龙湖投资有限公司，由龙湖集团（开曼）全资拥有，而这个龙湖投资有限公司又收购了香港公司嘉逊发展的全部股权，嘉逊发展持有实质上经营的资产，也就是用于上市的资产。为什么要用一个BVI公司收购香港的嘉逊发展？这是因为香港虽然对股息分配征税实施属地原则，但是对转让香港公司的股权征收千分之一的税，这对于大公司来说是一个不小的数目。因此，用BVI公司持股香港公司，再转让这个上层的BVI股权就可以避开千分之一的转让税率。此外，龙湖投资有限公司不直接掌握上市资产，而是由嘉逊发展来持有，是因为在境内开展业务必然要考虑境内的股息分配到境外的问题，股息分配税率是关键点。香港作为和内地签订双边税收协定（见《内地和香港特别行政区关于对所得避免双重征税和防止偷漏税的安排》）的地区，满足一定条件（香港公司为境内公司受益所有人；且持股25%以上，且过去12个月内任何时候都至少25%；取得境外公司所在地政府主管部门签发的有效期内的税收居民身份证明）可以享受股息税收5%的优惠。因此，接纳境内公司的股息分配用香港的公司最合适。

【案例】阳光 100——易小迪、范小冲、范晓华家族信托

1）公司简介

阳光 100 全称为阳光 100 中国控股有限公司（SunShine 100 China Holdings Ltd.），注册于开曼群岛，联交所证券代码为 02608。该公司由易小迪（董事长）于 1992 年在广西壮族自治区成立，前身是"广西万通企业有限公司"，1999 年转移到北京（总部）。该集团主要经营各类房地产，以及物业和土地开发、物业投资、物业及酒店管理等业务。该集团在 2014 年 3 月 13 日于联交所主板上市。招股价为 4~4.8 港元，全球发售 500,000,000 股，集资额为 23.4 亿港元。

2）信托搭建过程和现状

根据 2022 年年报，目前阳光 100 前三大股东为易小迪、范小冲和范晓华，都通过其名下子公司（即"受控法团权益"）和信托持股控制阳光 100 的 67.12% 的股权。这三位的家族信托都是在上市前设立的。根据阳光 100 招股书中"历史、重组及集团架构"一节，2014 年 2 月 21 日，易小迪、范小冲、范晓华家族信托均成立，受益人分别为其本人和家族成员。三位都将其持有的明辉、汉威的股权（明辉和汉威都是彼时阳光 100 的控股股东）转移到新设的巴哈马公司。其中，易小迪无偿将其名下二公司的 10% 股权转让予于巴哈马注册成立的有限公司 Fantastic Magician Ltd.。范小冲无偿将所持明辉及汉威 3% 的股权转让予于巴哈马注册成立的有限公司 True Passion Ltd.。范晓华无偿将所持明辉及汉威的 2% 股权转让予于巴哈马注册成立的有限公司 Glorious Glory Ltd.。此外，三位之外的四个大股东（靳翔飞、田丰、刘朝晖、李明强）也都像上述那样成立了新巴哈马公司，并将其名下的汉威和明辉股权转让到了各自的巴哈马公司。上述全部家族信托的受托人均为 Cititrust Private Trust（Cayman）Ltd.。此外，易小

迪、范小冲和范晓华签订了一致行动人协议。

查阅联交所数据库可知，直到本书撰写之时，阳光100的前七大股东仍为上述的易小迪、范小冲、范晓华，以及靳翔飞、田丰、刘朝晖、李明强。在阳光100的直接股东（即实益拥有人）中，持股比例最大的是乐升（Joywise Holding Ltd.，BVI公司），其持有64.86%的股权，包括9.21%的衍生权益。乐升仅有的两个股东为汉威（60%）和明辉（40%），这两家公司均为BVI公司。紧接着，Fantasy Races Ltd.（巴哈马公司）持有明辉与汉威各91.18%的股权。最后，受托人Cititrust Private Trust（Cayman）Ltd.持有Fantasy Races Ltd.的全部股权。上述家族信托持股架构可以概括为如图3-9所示。

阳光100的股权家族信托结构自2014年搭建到10年后的今天，没有发生任何变动。此外，在上市前后，阳光100（开曼）借道BVI公司，通过BVI持股香港的6家公司，再通过香港公司持股内地的实质运营公司。

3）分析

在之前龙湖的案例中已经提到，股东分别设立信托的好处是他们只需要分别按照外管局37号文的要求办理外汇登记，在自己处置股权时，也只需为自己和名下的信托、境外公司办理相关的变更登记。上市公司的股东变动披露义务也是分别进行的。这一好处在阳光100的案例中尤其重要，因为该公司的大股东多达7人，如果他们共同出资设立一个信托，那么7个人处理股权的频繁程度会导致在中国内地和港交所的合规义务、披露义务加倍。

此外，这7个股东都选择先分别在巴哈马成立公司，再将其股权转移到这些公司，然后由开曼信托受托人持有巴哈马公司分别容纳的股权。巴哈马的公司法例受《国际商业公司法》（The International Business Companies Act·1984，以下简称IBC）规管，该法例以英属维尔京群岛IBC为依据，于1990年被引入，

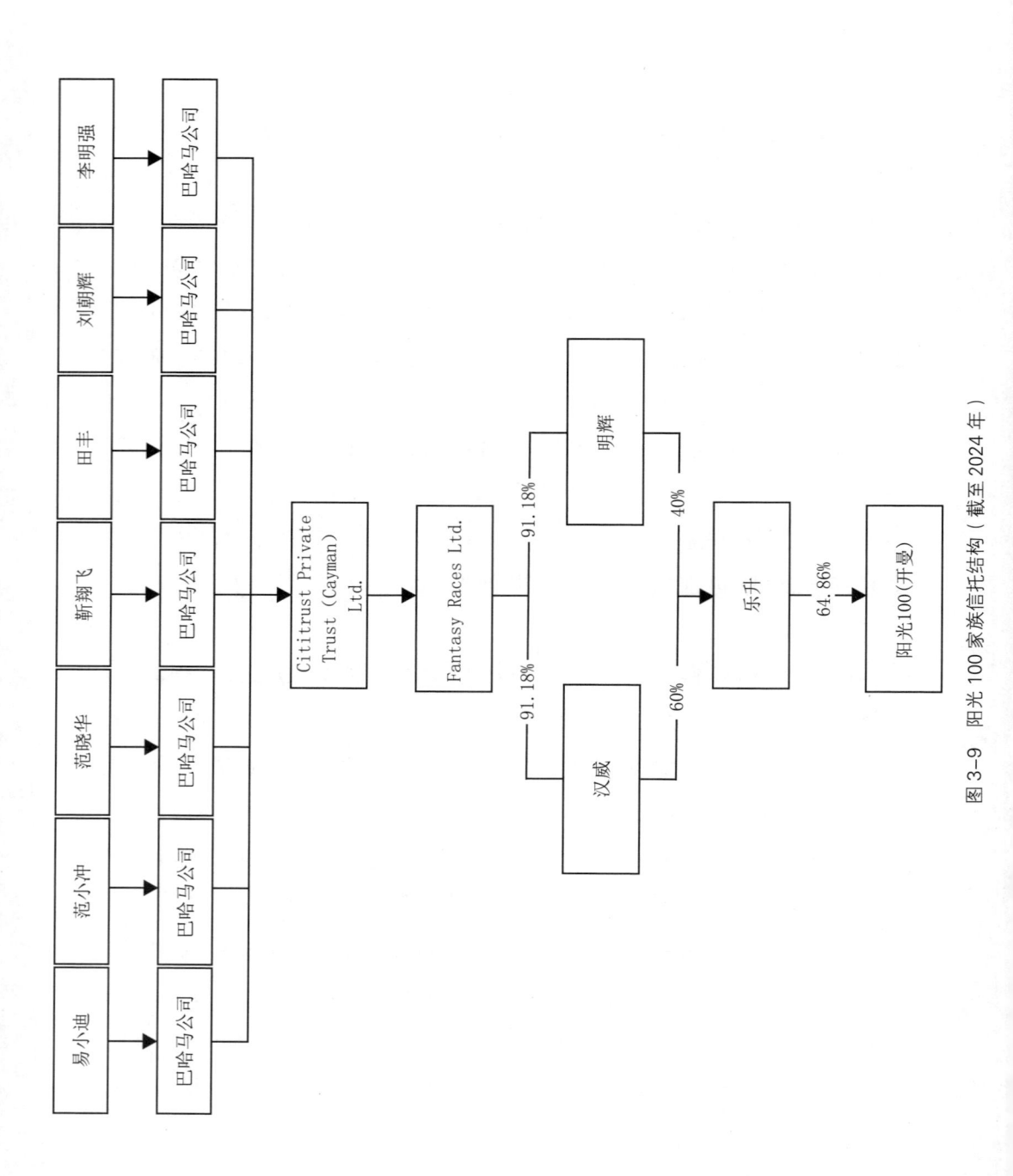

图 3-9 阳光 100 家族信托结构（截至 2024 年）

后经过多次修订。IBC规定公司须把董事和高级职员名册存放在公司注册处，并供公众查阅。法定股本为5万美元或以下的公司，政府年费为350美元，而法定股本超过5万美元的公司，政府年费则为1000美元。巴哈马公司的优点是完全保密和无须申报受益者，且赋予了公司章程极大的权利。

香港公司使用BVI架构控股境内经营实体的好处已经在龙湖案例中解释过，即充分利用了香港与内地的双边税务优惠，可以在分股息时节省税费。

【案例】阿里巴巴——马云家族信托

1）公司简介

2019年11月，阿里巴巴集团（开曼）在港交所二次上市（证券代码为09988），总市值超4兆港币，成为港股"新股王"。2020年8月，阿里巴巴集团港股总市值首次超过6万亿港币。阿里巴巴拆分出去的蚂蚁集团上市前，网络金融服务整体遭遇强力监管，阿里巴巴同样受到影响，2021年4月10日，阿里巴巴集团因垄断被市场监管总局罚款182.28亿元。

2）信托搭建

创始人马云的家族信托在阿里巴巴赴中国香港上市前搭建。根据招股书，上市前后，根据马云的股票表决权、处置决定权和股票经济利益的获取权合计（三项合称"实益所有权"，按照美国证交会的规则和条例认定），马云的实益所有权占阿里巴巴（开曼）股权的6%，共计1,277,691,248股。其中，马云直接持有3,160,000股，马云直接持股70%的APN Ltd.（开曼）持有的280,000,000股股份。Yun Capital Ltd.（BVI）和Ying Capital Ltd.（BVI）分别持有88,591,368股股份，这两家公司均由马云慈善基金会（The Jack Ma Philanthropic Foundation）全资拥有，且都向马云做出了可撤销的投票权委托。JC Properties Ltd.和JSP Investment Ltd.分别持有418,943,904股股份和398,404,608股股份，这两家BVI公司都为马云家族信托（受益人为马云及其家族成员）全资拥有。上述操作完成后，马云对阿里巴巴（开曼）的持股结构如图3-10所示。

2020年9月，马云卸任阿里巴巴董事，且不再担任董事会成员和管理团队职务，但保留阿里巴巴合伙人委员会成员的身份。该委员会有权提名董事会成员。在2023年年报中，阿里巴巴认为虽然公司只发行了一种股权（因此基于股权的投票权也只有一种），但由于合伙人委员会的特殊地位和权力，按照香港上市公司规则，公司实质上拥有多种投票权结构。此外，合伙人委员会中，仅马云和蔡崇信可以长期担任合伙人，其余成员都是60岁退休和5年任期（尽管可以连选连任）。

马云的名字最后一次出现在公开文件中是在港交所2020年年报中作为阿里巴巴的主要股东出现，他通过一系列方式持有阿里巴巴4.8%的股权。经历历次减持，马云已经不再是阿里巴巴的主要股东，因此年报以及一切公开文件中已经不再披露马云对阿里的持股或任何控制方式。最后一次相关信息发生在2023年11月，美国证券交易委员会（SEC）披露144文件，马云家族信托掌控的两家BVI公司JC Properties Ltd.和JSP Investment Ltd.分别将500万股的ADS（American Depositary Shares，美国存托股票）转换为自由流通股票，涉及股票市值共8.707亿美元（折合人民币62.81亿元），拟于11月21日出售。关于马云家族信托的设立地和管辖法律，公开文件中找不到任何线索。对此，业内人士透露，马云家族信托是VISTA架构，这样做的好处是委托人既能享受传统信

03 港股上市公司的家族信托

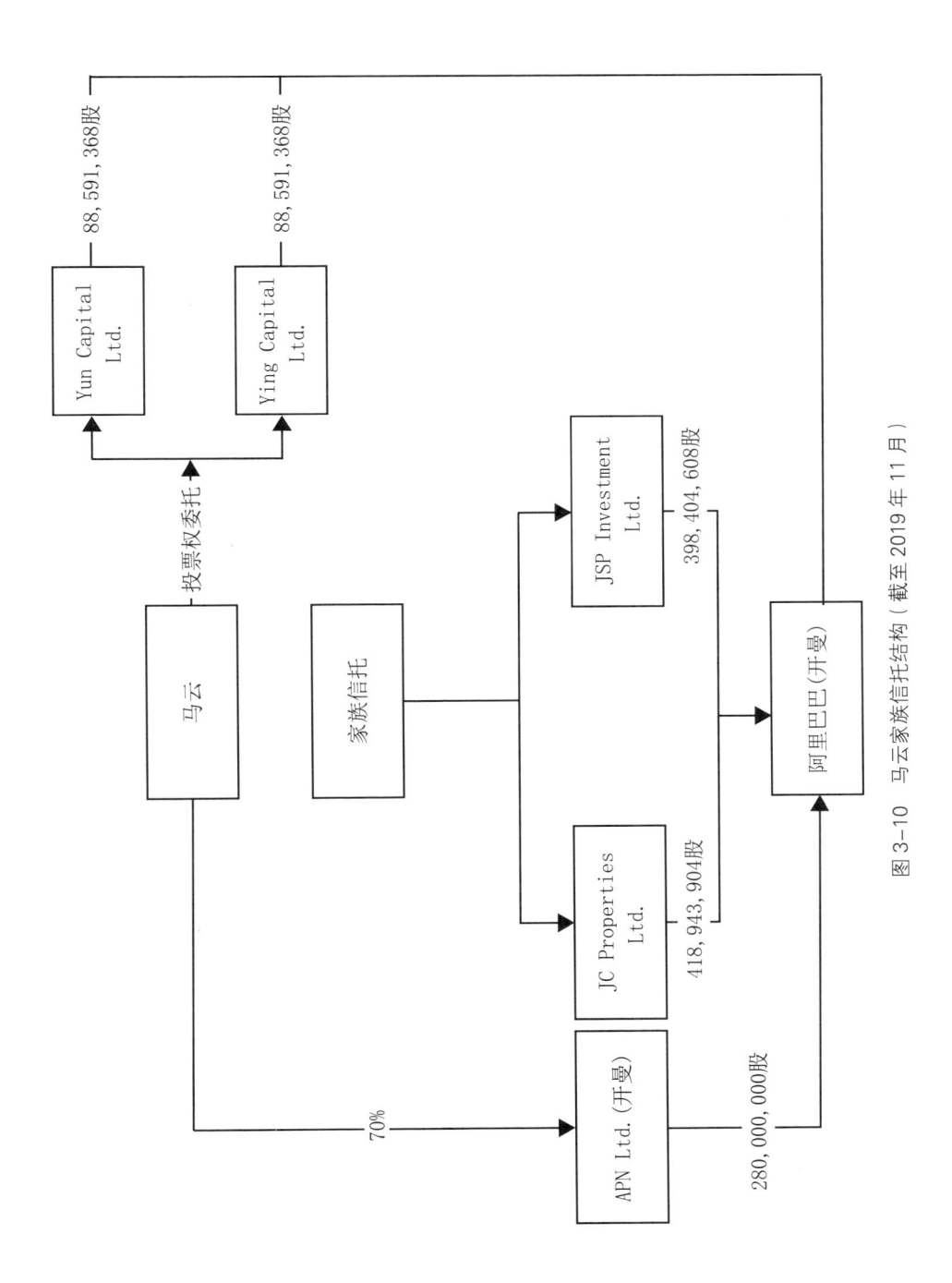

图 3-10 马云家族信托结构（截至 2019 年 11 月）

111

托的优势，如继承规划、避免遗嘱认证等，又能保留对公司决策的实际控制权。[①]

3）VISTA 信托架构

马云可能采用的 VISTA 信托是 BVI 信托的一种类型，最初由《英属维尔京群岛特别信托法案》（Virgin Islands Special Trusts Act，以下简称 VISTA 法案）确立。该法案于 2003 年首次颁布，2004 年正式生效，后于 2013 年对部分条款进行修订。它们解决了英国信托法规则（"商业规则的谨慎人"[②]）在以下情况下可能出现的问题：以信托方式持有较高投资风险的企业或其他资产，传统信托方式不足以使财产所有者将高风险投资事务完全交代给受托人。VISTA 信托的受托人对相关公司的资产或事务处理不承担信托责任或注意义务，除非根据"干预请求"（intervention call）。相应地，VISTA 信托的委托人对信托资产保留较大的控制权。

VISTA 信托的受托人必须为 BVI 信托许可证持有者，或是在 BVI 注册的私人信托公司。VISTA 信托可以有保护人。VISTA 法案仅适用于 BVI 公司的股份，也就是说只有持有 BVI 公司的股份才能设立 VISTA 信托，而且必须是信托文书中指定的股份。此限制一方面是为了避免管辖和法律适用的争议，另一方面是基于英属维尔京群岛公司法固有的灵活性，能更好地与 VISTA 信托相结合。

通过 VISTA 信托，尽管马云已经卸任一切在阿里巴巴（开曼）和阿里巴巴旗下公司的管理职务，且不再是主要股东，但仍保留着对阿里巴巴的一定控制权。当然，马云能够实现如此控制和隐秘地进行家族财富传承的根本原因，仅仅

---

① 张欣. 马云家族信托拟套现超 8 亿美元 "秘密花园" 隐现！[EB/OL].[2023-11-18](2024-04-18). https://www.21jingji.com/article/20231118/herald/4a717276aaecbfe16ac91c6aba910e27.html.

② 商业规则的谨慎人（the prudent person rule）：受托人应当根据受益人的要求谨慎管理投资信托财产。

凭借VISTA家族信托是不够的，可能还是马云在整个创业、奋斗的过程中将个人魅力和价值观植根到了阿里巴巴的企业文化中。这些个人魅力结合巧妙的信托设计，使得马云拥有了超越金钱、股权的控制权。

【案例】小米集团——雷军、林斌家族信托

1）公司简介

2010年4月，小米集团在北京市成立。2011年8月，小米集团发布小米手机从而进军手机市场。据全球市场调研机构Canalys的统计，在2021年第二季度，小米智能手机市场占有率位居全球第二，占比17%。小米还是继苹果、三星、华为之后第四家拥有手机芯片自研能力的手机厂商。小米集团于2018年7月9日在港交所主板挂牌上市，证券代码为01810。香港财经界把阿里巴巴、腾讯、美团点评、小米四只在港上市的内地科技股的英文名称首个字母合并，称之为"ATMX"股份。

2）信托搭建

小米集团的创始人雷军、林斌都在小米赴港上市前分别设立了家族信托。根据小米集团招股书，公司采用基于两类股份的两种投票权结构：A类股权股东每股可投10票，B类股份股东每股可投1票。小米上市前，林斌（作为林斌信托的受托人）代表林斌及其家庭成员持有2,400,000,000股A类股份及300,000,000股B类股份。其中，A类股份和A类优先股全部由林斌以其家族成员为受益人设立的家族信托持有，B类股份由其本人直接持有。上市前后，林斌通过上述方式总共持有小米集团约12.47%的股份。

执行董事、创始人和董事长兼首席执行官雷军通过两家BVI公司持有小米集团的股权——Smart Mobile Holdings Ltd.、Smart Player Ltd.。这两家BVI

公司的股权都由雷军设立的、以雷军家族成员为受益人的家族信托全部掌握。而招股书没有披露这两家BVI公司是如何被家族信托掌握的，这一点在小米集团之后的年报中得以呈现。根据2022年年报，上述两家公司均由Sunrise Vision Holdings Ltd.全资拥有，而Sunrise Vision Holdings Ltd.（BVI）由Parkway Global Holdings Ltd.（BVI）全资拥有。Team Guide Ltd.（雷军通过这家公司持有B类股份，约0.45%）由Techno Frontier Investments Ltd.全资拥有。Parkway Global Holdings Ltd.及Techno Frontier Investments Ltd.的全部权益由方舟信托（香港）有限公司［ARK Trust（HK）］以受托人身份由雷军（作为委托人）成立，并以雷军及其家族为受益人。由此，雷军的小米股权家族信托结构如图3-11所示。

2022年年报也披露了更多关于林斌家族信托结构的信息。截至2022年12月31日，林斌直接持有30,347,523股B类股份。Apex Star FT LLC由林斌家族信托控制，拥有93,438,272股B类股份。Bin Lin and Daisy Liu Family Foundation由林斌控制，拥有60,686,600股B类股份。Apex Star LLC由Bin Lin 2021 Trust控制。因此，根据《证券及期货条例》，林斌作为Bin Lin 2021 Trust的受托人而被视为拥有Apex Star LLC所持1,699,360,643股B类股份的权益。Apex Star LLC亦由Bin Lin 2021 A Trust控制。因此，根据《证券及期货条例》，林斌作为Bin Lin 2021 A Trust的受托人而被视为拥有456,087,172股A类股份的权益。以上公司中，Apex Star LLC和Apex Star FT LLC在美国特拉华州注册，Bin Lin 2021 Trust和Bin Lin 2021 A Trust的地址没有披露，Bin Lin and Daisy Liu Family Foundation注册于美国加州。林斌家族股权信托的结构可以概括为如图3-12所示。

03 港股上市公司的家族信托

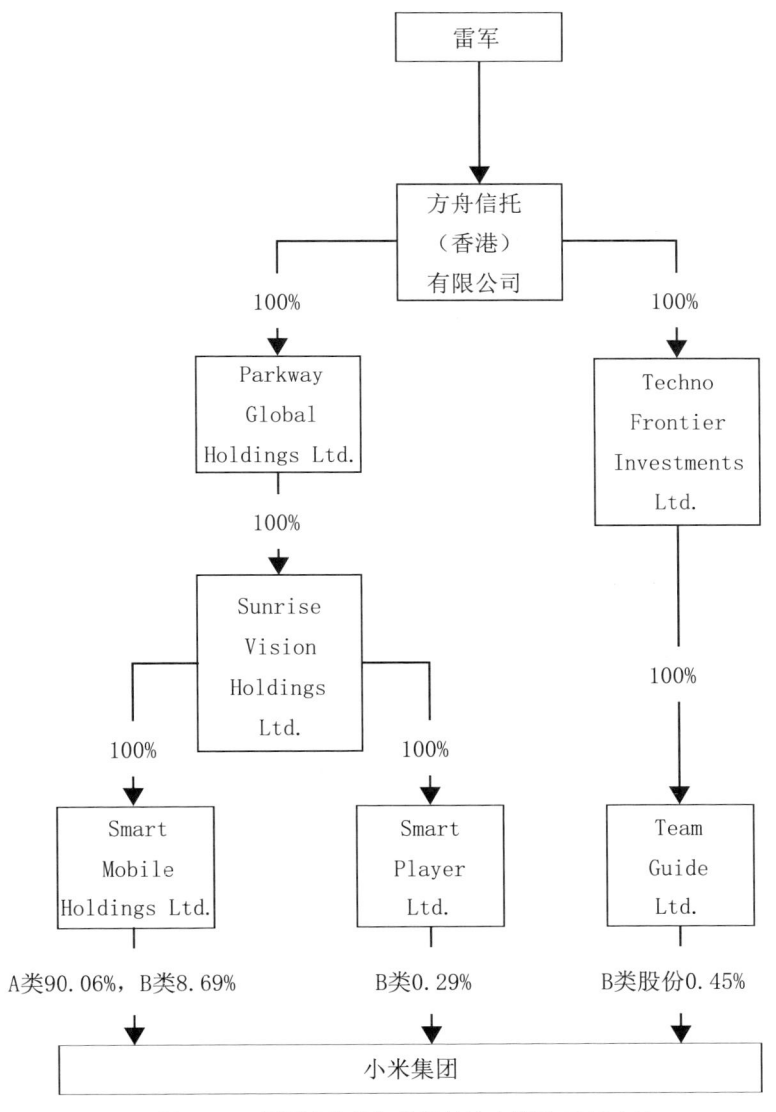

图 3-11 雷军家族股权信托结构（截至 2022 年）

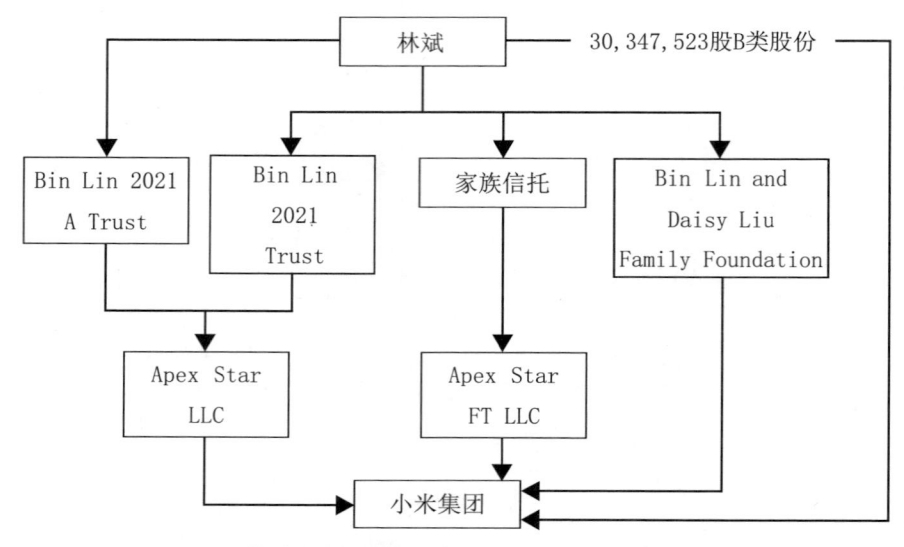

```
                            林斌 ─── 30,347,523股B类股份 ───┐
              ┌──────────┬──────┴──────┬──────────┐            │
         Bin Lin 2021   Bin Lin      家族信托    Bin Lin and     │
          A Trust       2021                    Daisy Liu       │
                        Trust                   Family          │
                                                Foundation      │
              │             │             │             │       │
         Apex Star          │        Apex Star          │       │
           LLC              │         FT LLC            │       │
              │             │             │             │       │
              └─────────────┴──── 小米集团 ──────────────┴───────┘
```

图 3-12 林斌家族股权信托结构（截至 2022 年 12 月 31 日）

3）分析

关于林斌的信托，值得关注的点是他在美国特拉华州设立了两家公司（Apex Star LLC 和 Apex Star FT LLC）。由于这些公司都是持股平台，不开展实质经营，因此治理公司内部事务的法律非常重要。根据美国公司法的"内部事务原则"，美国公司即使在多个州开展业务，对于其内部事务，依然适用其注册地的法律。因此，特拉华州公司即使在其他州开展业务，也几乎只受特拉华州公司法的约束。此外，特拉华州公司法对于公司内部治理提供了极大的便利和自由。例如，美国大多数州要求营利性公司至少拥有一名董事和两名高级管理人员，但特拉华州法律没有此限制。[1]公司所有职位都可以由同一个人担任，此人也可以是唯一的股东。该人不需要是美国公民或居民。如该人可以通过代理人注册，甚至可以匿名注册。

雷军的信托并未选择传统的信托设立地开曼群岛或BVI，而是设立在了香港，选定方舟信托（香港）有限公司作为受托人。该公司是诺亚控股集团旗下境外全资子公司，成立于2014年12月。香港并非传统的信托设立地，原因之一是香港地区的信托法律不如其他地区的普通法完善。但是，随着2013年12月1日《2013年信托法律（修订）条例草案》在香港颁布，香港地区的信托法正在逐步完善，香港信托曾经的缺陷是延续性不足，这无疑给家族信托和家族财富传承带来隐患。而在新的信托法下，香港可设立永续信托，信托也可以设立保护人，如果信托设立人已经离世，保护人可以代表其罢免某些受益人，保护信托的持续性。

此外，雷军家族信托和小米集团之间存在多达三层BVI公司，这是少见的。尽管没有公开信息，但是可以合理推测雷军及其家属极有可能是Sunrise Vision Holdings Ltd.及Parkway Global Holdings Ltd.这两家公司的董事，从而在层层的公司经营决策中发挥更大的灵活性。

【案例】海底捞——张勇夫妇在上市前分别搭建家族信托

1）公司简介

海底捞全称为海底捞国际控股有限公司，注册地为开曼群岛，证券代码为

---

[1] 参见《特拉华州普通公司法》第四分章第141节。《特拉华州普通公司法》作为美国特拉华州公司法的主要渊源，被收录于《特拉华州法典》（Delaware Code）的第八编"公司"中的第一章。

06862，是一家火锅餐饮公司，由张勇于 1994 年在四川省简阳市成立，是中国规模最大的连锁经营火锅店，以"服务周到"为特色。截至 2020 年，海底捞在全球开设 935 家直营餐厅，其中 868 家位于中国境内的 164 个城市，67 家位于境外。

2）信托搭建过程和现状

2018 年 9 月，海底捞赴港上市。上市前，海底捞创始人张勇夫妇于 2018 年 8 月分别设立了他们的家族信托。2018 年 8 月 22 日，张勇作为设立人、财产授予人和保护人设立 Apple Trust，UBS Trustees Ltd.（BVI）则担任其受托人。2018 年 8 月 24 日，张勇以馈赠方式向 UBS Nominees Ltd.［作为 UBS Trustees Ltd.（BVI）的代理人］转让 ZY NP Ltd. 全部股权。根据 Apple Trust，UBS Trustees Ltd.（BVI）以信托方式为张勇及舒萍的利益持有 ZY NP Ltd. 全部股权。类似地，舒萍（作为授予人及保护人）成立 Rose Trust，UBS Trustees Ltd.（BVI）担任其受托人。于 2018 年 8 月 24 日，舒萍以馈赠方式向 UBS Nominees Ltd.［作为 UBS Trustees Ltd.（BVI）代理人］转让 SP NP Ltd. 全部股权。根据 Rose Trust，UBS Trustees Ltd.（BVI）以信托方式为舒萍及张勇的利益持有 SP NP Ltd. 全部股权。

上述两个信托分别设立后，海底捞于港交所顺利上市。上市后，上述两个家族信托的架构可由图 3-13 概括。

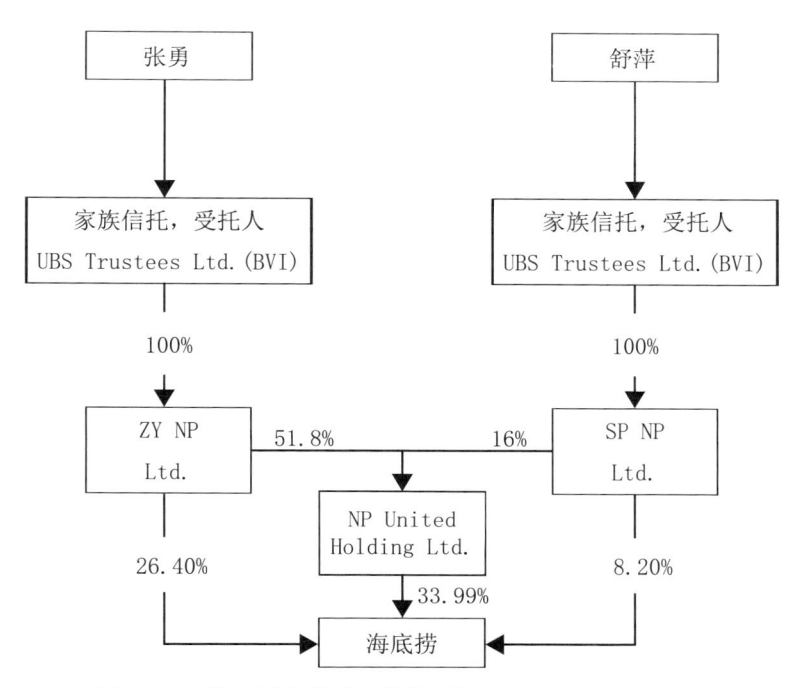

图 3-13　张勇夫妇家族信托结构（截至 2018 年 8 月 24 日）

NP United Holding Ltd.是 2016 年设立的 BVI 有限公司。ZY NP Ltd.和 SP NP Ltd.均为在 BVI 设立的有限公司。海底捞上市后，张勇（透过 ZY NP Ltd.）及舒萍（透过 SP NP Ltd.）将共同拥有海底捞已发行股本总额约 57.67% 的权益，而 NP United Holding Ltd.将拥有已发行股本总额约 34.00% 权益。

根据 2023 年半年报，张勇、舒萍夫妇的家族信托架构保持稳定。夫妇通过信托持有海底捞 60.35% 的股权。主要股东中，持股比例相对较小的施永宏、李海燕夫妇与张勇、舒萍夫妇是好友，他们与张勇、舒萍夫妇在 1994 年一起出资创办了海底捞。施永宏、李海燕夫妇亦于 2018 年以 UBS Trustees Ltd.（BVI）

为受托人，通过NP United Holding Ltd.持股和其名下BVI公司对NP United Holding Ltd.持股的方式，搭建了类似的家族信托架构，且该架构也保存到了今天。

3）分析

2022年3月，根据新闻报道，张勇卸任海底捞CEO职务，让位给杨丽娟。杨丽娟被媒体称为"最牛打工妹"，她于1994年作为一名服务员加入海底捞，并于2001年作为创始员工在四川海底捞注册登记为十大原始出资人之一，成为海底捞董事之一。尽管让位于年轻人，张勇、舒萍夫妇和施永宏、李海燕夫妇通过家族信托，在公司上市前牢牢把握住了公司控制权，直到今天。

他们四人分别设立信托的好处，已经在龙湖集团和名创优品的案例中讨论过。假如遭遇婚变，那么各人名下的家族信托中装入的股权无须进行分割，只需要在受益人名单中去掉对方的名字即可。

【案例】京东集团——刘强东在港股上市前设立BVI信托

1）公司简介

京东集团是一家总部位于北京的中国电子商务公司，也是一家以B2C模式为主要经营方式的购物网站。2014年，京东集团在美国纳斯达克证券交易所上市。2020年6月18日，京东集团（全称京东集团股份有限公司）在港交所挂牌上市，证券代码为09618。

2）信托搭建过程和现状

京东设立了不同结构的投票权（公司发行A类股和B类股，每份A类股可投1票，每份B类股可投20票）。紧随2020年港交所上市后，刘强东合计控制的投票权占公司总投票权的78.4%。Max Smart Ltd.（BVI）是公司最大的直接股东，拥有公司73.3%的投票权。刘强东控制的股权由下列股权组成：Max Smart Ltd.（BVI）直接持有的421,507,423股B类普通股，Max Smart Ltd.拥有的7,000,000股限制性美国存托股（相当于14,000,000股A类普通股），刘强东在最后实际可行日期后60天内归属的股票期权行使后，有权购买13,000,000股A类普通股，以及Fortune Rising Holdings Ltd.（BVI）持有的29,373,658股B类普通股的投票权。刘强东为Fortune Rising Holdings Ltd.的唯一股东兼唯一董事。刘强东通过其设立的信托控制Max Smart Ltd.（BVI）的全部股权，刘强东也是Max Smart Ltd.（BVI）的唯一董事。然而，招股书并未披露刘强东设立的信托的设立地、受托人、受益人等信息。2014年京东集团在美股上市时的招股书（F-1文件）中也没有披露该信托的设立地、受托人、受益人等信息。唯一可以确定的是，该信托早在京东集团2014年在美股上市前就已经设立了。根据京东集团2022年年报，刘强东合计控制的公司投票权比例为73.9%，Max Smart Ltd.（BVI）仍为最大的直接股东。该年报也没有透露更多关于信托的信息。

3）分析

与神秘的马云家族信托类似，公开文件中找不到任何刘强东家族信托的细节，我们只知道刘强东透过一个信托控制Max Smart Ltd.（BVI）。事实上，该信托是否是家族信托都不得而知。

刘强东的案例中值得我们学习的地方是，他在上市前后仅仅掌握公司15.1%的股权，截至2022年时他掌握公司12%的股权，但却通过A、B股投票权架构掌握公司七成到八成的投票权。这使得刘强东的股票收益权和投票权实现了一定程度的分离。此外，刘强东于2015年8月8日结婚。我们可以合理推测，刘强东设立信托和投票权的一部分原因是保证自己的财产不会因为婚姻而成为夫妻双方的共同财产。因此，家族信托有时是杜绝婚变分割财产风波的工具（正如龙湖集团案例中体现的），有时也可以帮助像刘强东一样的创始人、实控人将婚前财产隔离在婚姻之外，这样比通过 A、B 股投票权架构更直接、更安全。

【案例】美团——王兴家族信托

1）公司简介

美团是中国一家以提供生活服务为主的电子商务公司，其自我定位为"科技零售公司"，与大众点评网合并后曾称美团点评，2020 年 9 月起复称美团。美团由经营团购的网站美团网起家，旗下拥有美团网、美团外卖、美团闪购、美团优选、大众点评网、美团单车（原摩拜单车）等互联网平台，业务涉及衣食住行各领域，包括餐饮、外卖、家政、商品配送、出行、住宿、旅游等服务。美团（上市时全称美团点评，注册地为开曼群岛）2018 年在港交所上市，证券代码为 03690。

2）信托搭建

美团上市后，Crown Holdings Ltd. 的股权占比为 8.9%，Shared Patience 的股权占比为 1.522%。Crown Holdings Ltd. 是一家 BVI 有限公司，由美团创始人王兴设立，以其家族成员为受益人，受托人为 TMF（Cayman）Ltd.，而王兴直接全资拥有 Shared Patience。通过这两家公司，美团上市后王兴合计持股 10.4%，掌握 47.3% 的投票权。

上市后，王兴又设立并全资拥有一家 BVI 有限公司 Songtao Ltd.，自此，王兴用 Songtao Ltd. 来持股 Crown Holdings Ltd.。目前，王兴家族信托的结构可以由图 3-14 概括。

03 港股上市公司的家族信托

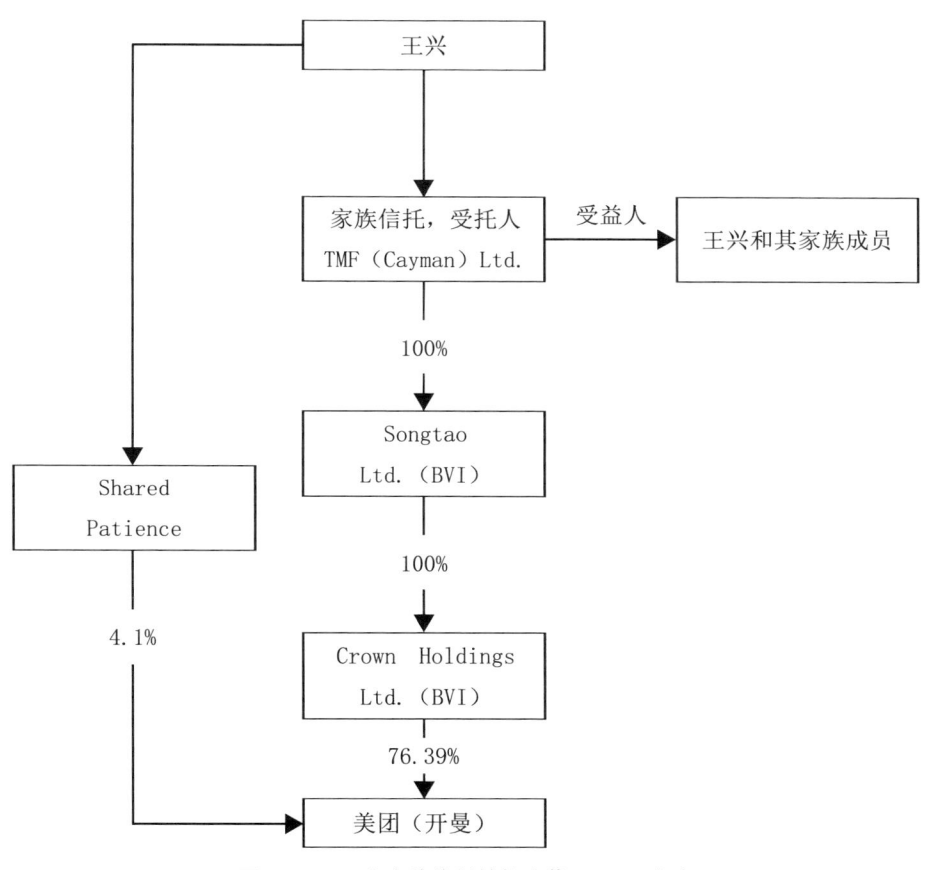

图 3-14 王兴家族信托结构（截至 2024 年）

3）分析

王兴的信托与很多设立在开曼群岛的信托一样，由开曼持牌信托公司 TMF（Cayman）Ltd. 担任受托人。可以合理推测王兴设立的信托类型是 STAR 信托[①]，

[①] STAR 规则是《开曼信托法》(Cayman Islands Trusts Law) 第八部分—特别信托—选择性制度 (PART Ⅷ Special Trusts-Alternative Regime) 规则的缩写，根据该规则成立的信托叫作 STAR 信托。

123

因为STAR信托的受托人必须是（或包括）一家在开曼群岛持牌的或登记为开曼私人信托公司的信托法团（或其控制的附属公司）。关于此类信托的规定可见于《开曼信托法》第八部分。STAR信托的相关制度于1997年生效，优势在于突破了开曼《永续法案》对于信托存续期的限制（上限150年）。此外，相比于BVI信托，开曼信托更能对抗司法判决的强制执行。《开曼信托法》（2018修正案）能够保证信托免受强制继承影响，同时也防止了域外判决的适用与执行对开曼信托产生的影响。

具体而言，除非信托契据中有明确的相反条款，所有与受开曼群岛法律管辖的信托有关的问题，均须根据开曼群岛法律厘定，而无须参考任何其他司法管辖区关于信托或处置的法律，包括与下列事项相关的所有问题：

（a）任何财产授予人的身份；

（b）信托或处置的有效性及其解释或效力的任何方面；

（c）信托的管理（包括关于受托人的权利、义务、责任及其任免的问题）；

（d）变更或撤销信托及委任的权利是否存在及其范围。

受开曼群岛法律管辖的信托以及透过该等信托所持有财产的处置概不会由于下列原因而无效或被撤销：

（a）任何外地司法管辖区的法律禁止或不承认信托的概念；

（b）该信托处置避免或取消外国法律赋予的强制继承权。

【案例】网易——丁磊开曼家族信托

1）公司简介

网易是一家中国大型互联网科技公司，目前提供网络游戏、门户网站、移动新闻客户端、移动财经客户端、电子邮件、电子商务、搜索引擎、博客、相册、社交平台、互联网教育等服务。2020年6月11日,网易成功赴港上市,证券代码为09999。截至2023年12月13日,网易公司的市值为5425亿港元。

2)信托搭建过程和现状

根据网易在港交所上市的招股书,上市后,Shining Globe International Ltd.持有公司42.5%的股权,是公司的控股股东。Shining Globe International Ltd.由Shining Globe Holding Ltd.全资拥有,Shining Globe Holding Ltd.则由Shining Globe Trust全资拥有,而TMF(Cayman)Ltd.是其受托人。创始人、首席执行官兼董事丁磊为Shining Globe International Ltd.的唯一董事以及信托的财产授予人,对信托的资产保留投资及处置权,而信托的受益人为丁磊及其家族。Shining Globe International Ltd.为1,456,000,000股股份(包含1,406,000,000股股份及2,000,000股美国存托股)的在册股东。丁磊信托与网易之间的两层公司均为BVI有限公司。根据2022年年报,除了丁磊的持股比例上升到45%,上述安排没有发生变化。丁磊家族信托的结构可以由图3-15概括。

```
        丁磊
         │
         ▼
   家族信托，受托人
   TMF（Cayman）Ltd.
         │ 100%
         ▼
   Shining Globe Holding
       Ltd.（BVI）
         │ 100%
         ▼
     Shining Globe
   International Ltd.（BVI）
         │ 45%
         ▼
     网易（开曼）
```

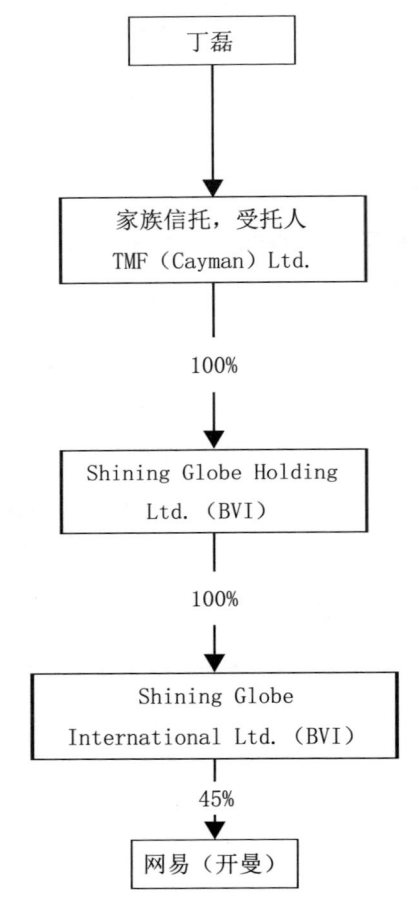

图 3-15　丁磊家族信托结构（截至 2022 年）

3）分析

丁磊和王兴家族信托的架构基本一致，都是一个开曼信托下设两层BVI全资控股公司，且受托人均为TMF（Cayman）Ltd.。

【案例】理想汽车——李想家族信托

1）公司简介

理想汽车2015年7月成立于中国北京市，创始人为李想。2018年10月，公司发布第一款车型理想ONE。2018年12月，理想汽车通过关联子公司收购力帆集团旗下重庆力帆汽车有限公司100%股权，使得理想汽车获得新能源汽车生产资质。2019年11月，理想ONE在江苏常州工厂量产，年产量10万辆。2021年8月3日，理想汽车宣布启动香港公开发售计划及公司A类普通股于香港联交所主板上市计划，证券代码为02015。

2）信托搭建

理想汽车采用不同结构的投票权模式，根据招股书，该模式的受益者是李想。通过各种模式，李想掌握理想汽车约22.63%的股份，就涉及保留事项之外事项的股东决议案而言，约占公司投票权的69.59%；就涉及保留事项的股东决议案而言，约占18.23%。李想通过其全资拥有的Cyric Point Enterprises Ltd.成为控股股东。Cyric Point Enterprises Ltd.全资持有Amp Lee Ltd.，是公司的直接股东。Cyric Point Enterprises Ltd.由李想设立的、以其家族成员为受益人的信托持有。招股书没有透露家族信托的设立地和受托人，但搜索披露易可知，该信托的受托人为Vistra Trust（Singapore）Pte. Ltd.。

王兴的创业伙伴，曾经担任汽车之家联合创始人和副总裁的樊铮担任理想汽车非执行董事。上市后，他也通过名下的控股公司、家族信托，持有理想汽车5.13%的股份。具体而言，BVI有限公司Rainbow Six Ltd.是理想汽车的直接股东，掌握5.13%的股权，该公司由Star Features Developments Ltd.全资拥有。Star Features Developments Ltd.由樊铮为其本人和家族成员利益设立的家族信托持有。招股书、年报、权益披露均未显示该信托的受托人。

值得注意的是，由于美团（开曼）持股理想汽车，之前提到的王兴家族信托也持有理想汽车的股权。王兴家族信托拥有两家知名公司的重要股权，且王兴是理想汽车的非执行董事。在港交所上市前后，BVI有限公司Inspired Elite Investment Ltd.持有理想汽车15.22%的股权，而美团全资拥有Inspired Elite Investment Ltd.。此外，美团案例中提到过的BVI有限公司Songtao Ltd.，即王兴家族信托与美团之间的一家持股公司，也绕过美团本身直接持股理想汽车。BVI有限公司Zijin Global 直接持有理想汽车7.86%的股权。Zijin Global由Songtao Ltd.全资拥有。Songtao Ltd.的全部权益由王兴（作为授予人）通过其为本人及其家人的利益建立的信托持有，受托人为TMF（Cayman）Ltd.。

王兴、李想和樊铮家族信托持股理想汽车的结构可以由图3-16概括。

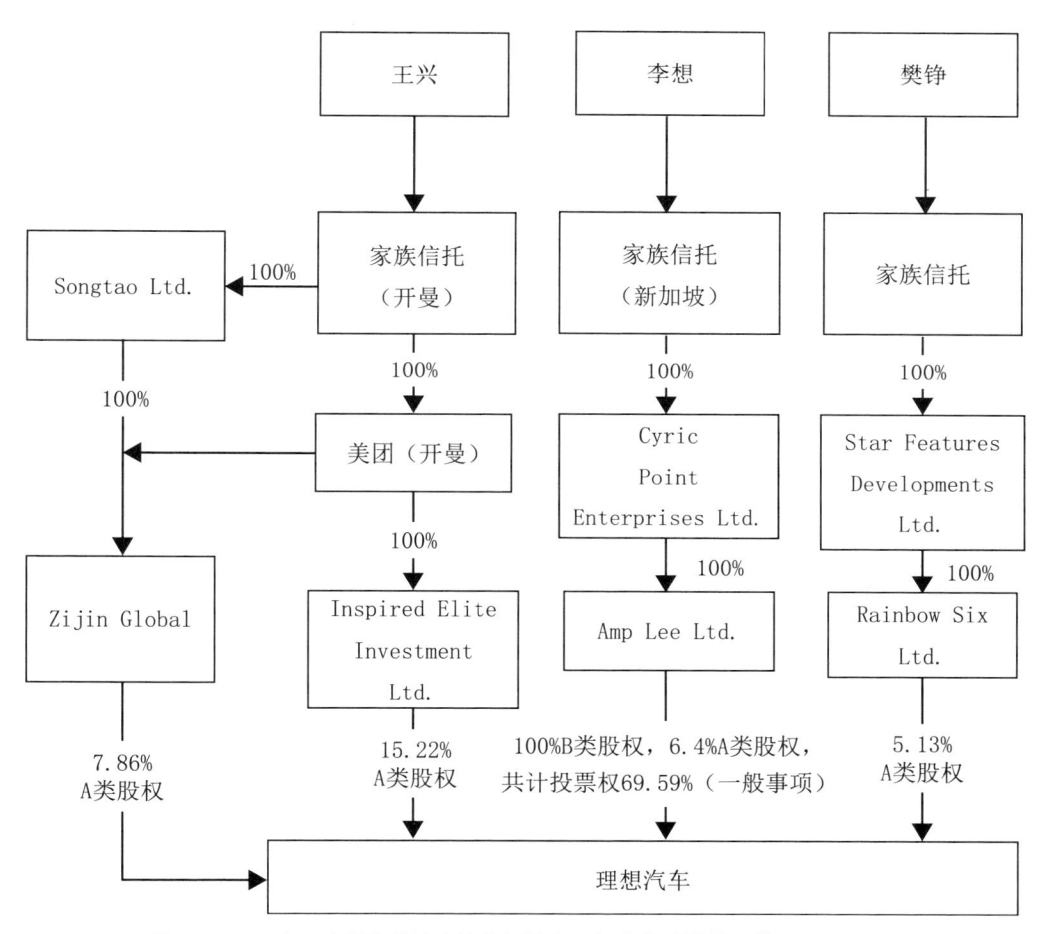

图 3-16　王兴、李想和樊铮家族信托持股理想汽车的结构（截至 2023 年）

3）分析

截至 2023 年中期报告，上述家族信托架构没有发生明显变化。理想汽车的家族信托架构与常见的信托架构并无太大差别，均为受托人下设两层 BVI 全资控股公司。理想汽车案例值得我们关注的地方在于王兴灵活使用 BVI 公司 Songtao

129

Ltd. 持股（而且是可观比例）两个大上市公司，以及李想设立的新加坡信托。

美团案例中提到，王兴家族信托和美团之间有两层BVI公司：Songtao Ltd. 和Crown Holdings Ltd.。两层BVI公司不仅可以隔离法律风险，提供了安全性，同时也为家族信托参股或控股多个公司提供了灵活性。王兴家族信托下设的Songtao Ltd.之下只需再另设一个BVI公司Zijin Global，便不直接牵涉到家族信托受托人本身。王兴的信托参股理想汽车前后，家族信托受托人直接控股的公司没有发生任何改变，这减少了很多文书麻烦，比如外管局37号文规定的外汇登记，因为Songtao Ltd.早在对美团持股的时候就已经履行了相关程序。

在理想汽车案例中，本书首次提供了在新加坡设立的家族信托的典型案例。新加坡的信托法律继承了英国普通法，也包含了普通法中全部的常见信托类型，信托的成立也无须登记。新加坡没有任何可供公共查询的记载受托人、受益人和设立人等信息的名册。简言之，信托的设立在新加坡是完全私密的事情。新加坡作为一个经济发达、法制健全、拥有可观产业规模的普通法国家，为信托设立人、财产授予人提供了很高的资金安全保障，这一点优于BVI信托和开曼信托。

但是，资金安全性高往往意味着灵活性低，这也是为什么新加坡信托不如BVI信托和开曼信托受欢迎。首先，新加坡信托不允许设立人/委托人直接管理信托资金，虽然新加坡也允许设立保护人来负责监督受托人的管理行为。其次，拥有新加坡公司的成本很高，其必须有一个新加坡人充当公司董事，而BVI和开曼对公司董事的身份、人数都没有任何要求。

新加坡的信托虽然没有BVI信托和开曼信托普遍，但是新加坡家族办公室很受欢迎。新加坡家族办公室是一个由两家公司组成的组织：一家公司是基金主体（持有资产），一家公司是家庭办公室（负责运营基金主体持有的资产）。基金主体可以申请新加坡金管局（Monetary Authority of Singapore，简称MAS）的基金税务优惠政策。

众所周知，管理资产的基金公司必须申请一个执照（license），但是新加坡的家族基金主体可以豁免该执照要求，但是需要完成税收优惠计划（Tax Incentive Scheme）之下的13U或者13O申请。这个申请流程刚刚于2023年被更新，更新后的条款适用于2023年7月5日之后设立的家族办公室（家族办公室下的基金主体）。税收优惠计划为家族办公室提供了两种豁免申请渠道：13U（Enhanced Tier Fund Tax Incentive of Section-13U，离岸基金税收激励计划13U）和13O（Singapore Resident Fund Scheme of Section-13O，在岸基金税收激励计划13O）。13O的投资金额门槛是2000万新币，而13U是5000万新币。这两个途径的特征对比概括如表3-1所示。

表3-1 13O与13U的特征比较

特征	13O	13U
资金门槛	2000万新币（在指定投资中，于申请时的数目）	5000万新币（在指定投资中，于申请时的数目）
雇佣人数	最少两人，至少一人为家族成员	最少三人，至少一人为家族成员
许可要求	投资计划、变更需经金管局批准	投资计划、变更需经金管局批准

可以发现，无论试图通过哪种申请设立家族办公室下的基金主体和基金办公室，家族成员中至少一个人要去新加坡工作。而新加坡允许家族成员基于前往家族办公室工作而申请EP（工作许可）。由于新加坡提供了较好的综合居住环境，这一点对一些希望前往新加坡居住生活的家族很有吸引力。

【案例】新东方——俞敏洪和 Tigerstep 家族信托

1）公司简介

新东方，全名新东方教育科技集团有限公司，在开曼群岛注册，总部位于北京市海淀区中关村，于 2006 年 9 月 7 日在美国纽约证券交易所上市，是我国目前规模最大的教育培训机构。2020 年 11 月，新东方于港交所二次上市，证券代码为 09901。

2）信托搭建

根据招股书，BVI 有限公司 Tigerstep Developments Ltd. 为公司第一大股东，也是上市前后唯一的直接持股 5% 及以上的股东，持有公司 12.3% 的股份。招股书仅说明，"透过一项信托安排，俞连同其家族持有 Tigerstep Developments Ltd. 的全部权益"。此外，该公司最终由俞敏洪全资拥有。招股书没有披露其他任何信息。2023 年新东方年报也没有透露其他信息，只显示俞敏洪家族信托通过 Tigerstep Developments Ltd. 持股的架构没有发生变化。

查阅新东方最初于 2006 年在纽交所上市的招股书，我们可以发现，Tigerstep Developments Ltd. 早在 2006 年上市前就设立了，且当时就是新东方的最大股东；在纽交所上市后，持有公司 31.18% 的股份。但是，当时 Tigerstep Developments Ltd. 不处于家族信托结构下，新东方创始人俞敏洪的母亲李八妹全资拥有该公司，而股东信息处的附注处注明，俞敏洪否认就此部分股权拥有受益所有权。

新东方 2015 年的纽交所年报仍显示 Tigerstep Developments Ltd. 由俞敏洪的母亲李八妹全资拥有。进一步查阅 2016 年年报，可以发现李八妹全资拥有 Tigerstep Developments Ltd.，但是家族信托架构已经引入，受益人是俞敏洪的家族成员。因此，该信托设立于 2015 年 9 月 18 日（2015 年年报股东信息说明的截止时间）至 2016 年 9 月 23 日（2016 年年报股东信息说明的截止时间）之间。2019 年 2 月 13 日 Tigerstep Developments Ltd. 提交的 SEC FORM 13G 文件显示，Tigerstep Developments Ltd. 已经由俞敏洪全资拥有，此前一直作为公司唯一股东和唯一董事的李八妹已经退出。对比 2018 年 2 月 13 日的该公司 SEC FORM 13G 文件，彼时李八妹仍然是 Tigerstep Developments Ltd. 的唯一股东和唯一董事。由于 SEC 并不强制披露 Tigerstep Developments Ltd. 上层的股权转让和信托设立，我们无从得知更多细节。我们可以得知的是，俞敏洪的家族信托设立于 2015 年到 2016 年间，而于 2016 到 2017 年间，俞敏洪直接掌握该控股公司。

3）分析

从上述案例中，虽然我们无从得知俞敏洪家族信托的设立人、受托人、设立地等最基本的信息，但是我们可以发现，家族信托下设的控股公司（如 Tigerstep Developments Ltd.）的股东、董事可以由公司创始人 / 实控人信任的家族成员担任。其实，李八妹并非只是其家族信托案例中单纯受益的家族成员，她也是新东方最早的创始人之一。俞敏洪从北京大学毕业后成功成为北京大学的一名老师，但是不久就因为在校外办辅导班而被开除。1993 年，李八妹前往北京，资助儿子开办了新东方。为大众所熟知的新东方联合创始人——王强和徐小平则是 1996 年才加入新东方的。

【案例】小南国——王慧敏家族瑞士信托

1）公司简介

小南国全称上海小南国控股有限公司，注册地为开曼群岛，2012 年 7 月在港交所上市并公开招股，证券代码为 03666。小南国在 1987 年由创办人及董事长王慧敏创立，总部设于上海，是一家经营中国中高端市场餐饮的连锁餐厅之一。餐厅主要特色为具有上海特色的菜肴。旗下品牌包括 Pokka HK、"上海小南国"、"南小馆"及"慧公馆"。

2）信托搭建

王慧敏的信托在 2011 年 8 月 27 日设立，彼时并非一个家族信托，信托的受益人仅仅是王慧敏本人。2012 年的招股书显示，小南国上市前后最大的直接股东是 Value Boost。Value Boost 于 2011 年 4 月 26 日设立，是一家 BVI 有限公司，持有公司 34.57% 的股份，并由王慧敏信托的受托人全资拥有。信托受托人为 Extensive Power Ltd.，是一家于 2010 年 11 月 8 日在香港设立的公司，由王慧敏全资拥有，且王慧敏是该公司的唯一董事。

小南国在香港上市之前，为了优化股权结构、引入投资和为上市做准备，先后经历了复杂的 9 轮重组。王慧敏的信托设立于第 4 次重组前，在第 4 次重组时被引入小南国的股权架构。在该次重组前，王慧敏全资拥有一家 BVI 有限公司 Core Strength，后者持有 BVI 有限公司 China Wealth 51% 的股权，而 China Wealth 彼时是承接全部股东持股的平台，全资拥有小南国（开曼），即后来的上市主体。2011 年上半年，Value Boost 被设立；8 月 27 日，王慧敏设立了信托；同日，信托受托人收购了 Value Boost，同时 Core Strength 将其持有的全部 China Wealth 的股份转让给了 Value Boost。至此，直到第 9 次重组完成和上市完成后，王慧敏信托的架构没有再变化。

王慧敏信托在转变为家族信托的过程中，原设立于 Value Boost 之上的信托的受托人从 Extensive Power Ltd. 变成了 Alpadis Trust（HK）。值得注意的是，与大多数案例不同，Alpadis Trust（HK）作为受托人，其股权进一步由 5 家公司掌握。Alpadis Trust（HK）的股权分别由 AGH Capital、AGH Invest、

Raysor Ltd.、Eastwest Trading 和 Alpadis Group Holding AG 各持有 20%，而 Alpadis Group Holding AG 全资拥有前面 4 家公司。Alain Esseiva 对 Alpadis Group Holding AG 拥有控制权。查阅公开资料可知，Alain Esseiva 就是瑞士信托服务机构 Alpadis Group Holding AG 的董事会主席兼集团首席执行官。Alpadis Group Holding AG 设立于瑞士，但目前非常重视在亚洲市场的拓展，Alain Esseiva 本人也常驻新加坡。

3）分析

在小米的家族信托案例中，雷军选择了香港的信托公司作为他家族信托的受托人，这可以作为香港信托逐渐得到信任的众多例证之一。然而，王慧敏似乎并不完全信任香港的信托。香港信托可以满足她使用信托作为单纯持股工具的需求，但不足以胜任家族传承的角色。尽管王慧敏信托的直接受托人仍然是注册地为香港的 Alpadis Trust（HK），但该受托人是瑞士信托机构的分支机构，我们可以将该信托归入在瑞士设立的信托。

【案例】翰森制药——钟慧娟的母女家族信托

1）公司简介

翰森制药全称为翰森制药集团有限公司。1995 年，钟慧娟（孙飘扬的配偶）于江苏省连云港市创立江苏豪森药业集团有限公司，此公司为翰森制药的前身。翰森制药的业务为经营生产和销售各种类别药物。2019 年 6 月 14 日，翰森制药（开曼）于港交所主板上市，证券代码为 03692。

2）信托搭建过程和现状

根据翰森制药招股书，上市前后，翰森制药的最大直接股东为 BVI 有限公司 Stellar Infinity，持有公司 68.35% 的股权，该 BVI 有限公司由另一个 BVI 有限公司Sunrise Investment全资拥有，而Sunrise Investment则由Sunrise Trust受托人Harmonia Holding Investing（PTC）Ltd.所全资拥有，该受托人为一个设立在英属维尔京群岛的私人信托公司。招股书还披露，Stellar Infinity于2015年12月14日在BVI设立，Sunrise Investment于2016年1月29日在BVI设立，而Sunrise Trust则是由翰森制药创始人钟慧娟和其丈夫孙飘扬的女儿——孙远于2016年1月28日为家族成员利益而设立的。

2016年1月29日，Sunrise Investment成立后即向Sunrise Trust受托人Harmonia Holding Investing（PTC）Ltd.按发行价1美元发行1股股份，而这1股股份就是当时刚成立的Sunrise Investment的全部股份，这使得受托人全资拥有了Sunrise Investment。2016年2月5日，钟慧娟、孙远将Stellar Infinity的全部股权转让给Sunrise Investment，这使得受托人全资拥有了Stellar Infinity。Sunrise Investment则通过Stellar Infinity持有当时公司81%的股权。

值得注意的是翰森制药为上市而搭建的海外架构非常典型和简洁。上述信托是翰森制药海外架构的一部分。此外，钟慧娟于2015年12月2日设立了BVI有限公司Fortune Peak。两周后（12月16日），该公司向翰森制药配发及发行100份普通股，为其全部已经发行股份，使得翰森制药全资拥有该BVI壳公司。2015年12月3日，翰森国际于香港设立，翰森国际紧接着将全部股份发行给Fortune Peak。这个翰森国际（香港）便是连接海外机构和中国境内运营组织的最后一站，翰森国际全资拥有江苏豪森，江苏豪森则拥有中国境内的各个运营公司。

2023年中期报告显示，上述信托架构没有发生变化，Stellar Infinity仍然为翰森的最大直接股东，持股65.73%，孙远透过信托安排持有Stellar Infinity，受托人未发生变化。2023年中期报告还显示，该家族信托的契约包含一项特殊安排：钟慧娟对信托的关键事项拥有同意权，因此，港交所认为钟慧娟、孙远共同享有65.73%的股权。

上述信托架构乃至海外架构可以由图3-17概括。

```
        ┌──────────┐              ┌──────────┐
        │   孙远    │              │  钟慧娟   │
        └────┬─────┘              └────┬─────┘
             │                         │ 同意权
             ▼                         │
    ┌─────────────────────────────┐    │
    │      家族信托，受托人          │◄───┘
    │ Harmonia Holding Investing  │
    │         (PTC) Ltd.          │
    └──────────────┬──────────────┘
                   │ 100%
                   ▼
           ┌───────────────┐
           │   Sunrise     │
           │Investment(BVI)│
           └───────┬───────┘
                   │ 100%
                   ▼
           ┌───────────────┐
           │   Stellar     │
           │ Infinity(BVI) │
           └───────┬───────┘
                   │ 65.73%
                   ▼
           ┌───────────────┐
           │ 翰森制药(开曼)  │
           └───────┬───────┘
                   │ 100%
                   ▼
           ┌───────────────┐
           │   Fortune     │
           │  Peak(BVI)    │
           └───────┬───────┘
                   │ 100%
                   ▼
           ┌───────────────┐
           │ 翰森国际(香港)  │
           └───────┬───────┘
                   │ 100%
                   ▼
           ┌───────────────┐
           │   江苏豪森     │
           └───────────────┘
```

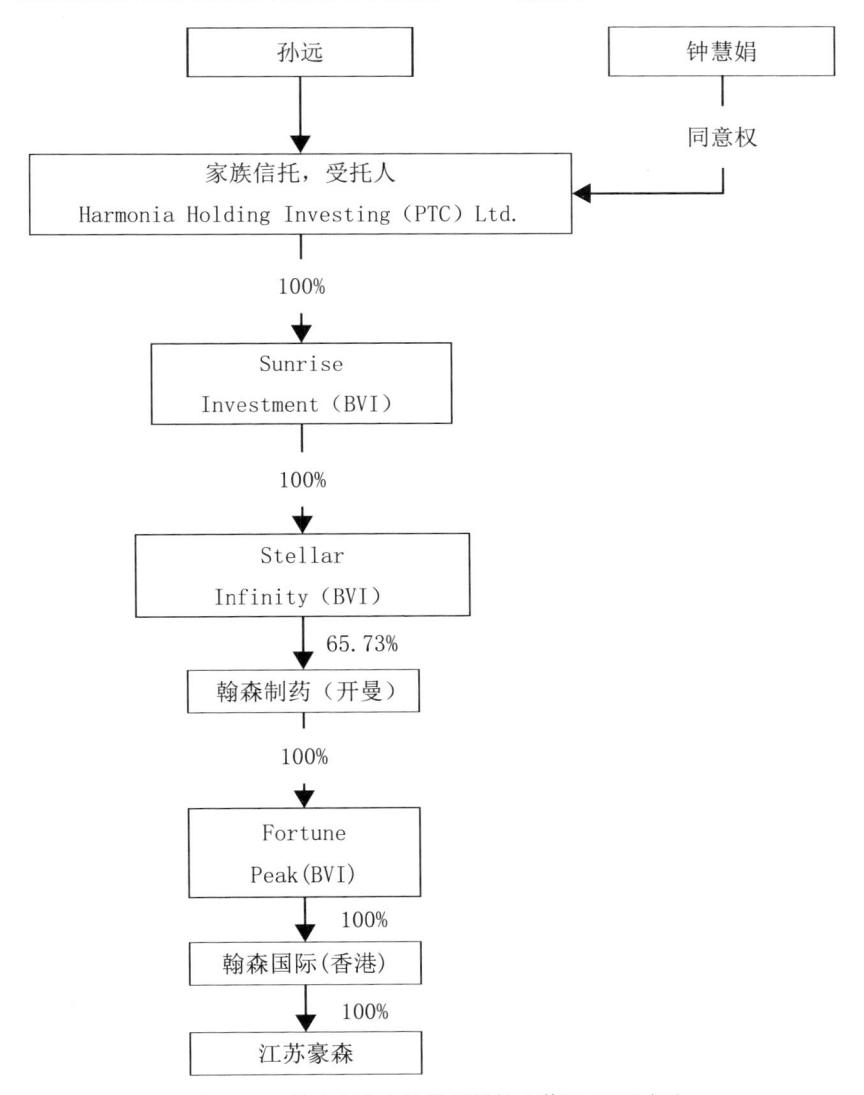

图3-17 翰森制药家族信托结构（截至2023年）

3）分析

该信托架构较为典型，包含了家族信托和开曼上市主体之间的两层BVI架构。该信托的特点是，其受托人为设立于BVI的私人信托公司，且该信托由公司实控人的女儿设立并于形式上控制，实控人钟慧娟通过信托契约设计（规定关键事项同意权）得以站在其女儿的幕后，相当于获得了额外的风险隔离，同时还达到了家族财富传承中选定接班人的目的。

此外，与金朝阳集团案例一样，翰森制药的家族信托的受托人有"PTC"后缀。这表明，受托人为BVI的私人信托公司。一般而言，BVI信托的受托人都是持牌信托公司。但是，根据VISTA法案，私人注册的私人信托公司（非持牌专业信托公司）也可以担任受托人。这种使用私人信托公司的信托就是VISTA信托。这使得BVI信托的搭建具有了更大的灵活度。根据前述法律，BVI的私人信托公司必须为有限公司且在公司名称中注明"PTC"字样。

VISTA信托的好处如下。

第一，委托人往往对PTC具有更高的信任度，毕竟这家公司一般就是委托人为了搭建信托而设立的专门公司，而非代理庞大数量信托的专业信托机构。第二，VISTA信托可以存续360年，而一般的BVI信托只能存续150年。第三，专业信托机构往往就信托服务收取高额费用，而PTC作为私人的信托工具则不存在这种情况。第四，也是最突出的好处，就是VISTA信托允许委托人直接管理信托财产。

然而，VISTA信托也存在劣势，即所有权风险（委托人债务"击穿"信托的风险），这恰恰是由其优点（高度灵活性、允许委托人操纵财产）带来的。由于委托人保留操纵财产的权利，这类信托可能会被域外法院认定为虚假信托，进而被判决允许委托人或受益人的债权人就信托财产受偿。

翰森制药的架构还为我们提供了一个学习降低境内公司向境外分配股息的税负的绝好案例。翰森制药连接境外信托架构和境内实体公司的方法非常典型，是常见的开曼公司下设一个BVI公司和一个中国香港公司的结构。在龙湖集团案例中提到，用香港公司连接（持股）境内公司的原因是《内地和香港特别行政区关于对所得避免双重征税和防止偷漏税的安排》（以下简称"税收协定"）提供的税收优惠。具体而言，只要满足三个条件，境内运营公司向境外架构分配股息就只需要缴纳5%的税；而按照一般规定，香港公司应按股息的10%缴纳预提所得税。这需要满足的三个条件在龙湖集团案例中提到过，本书在此展开分析。

第一个条件是，香港公司持有内地公司股权超过25%，且过去12个月内任何时候都至少为25%。这一点比较容易达到，在此不作赘述。

第二个条件是，取得境外公司所在地政府主管部门签发的有效期内的税收居民身份证明（中国香港特别行政区税务局签发的税收居民身份证明在内地的有效期为3年，即签发的2018年度的香港税收居民身份证明，可以在内地申请享受2018—2020年度的协定待遇）。

第三个条件是，境外公司（在本案例和龙湖集团案例中，即香港公司）符合受益所有人的定义。这一点是最可能导致申请人无法享受优惠的条件。该定义由《国家税务总局关于税收协定中"受益所有人"有关问题的公告》（国家税务总局公告2018年第9号，以下简称9号公告）规定。9号公告第二条、第三条与第四条详细规定了多层控股架构下股息所得"受益所有人"的判定标准。第三条和第四条仅适用股息所得的判定，而不适用于利息和特许权使用费。

在大多数境内公司向境外转移股息的情形下，第二条列举的"不利于"认定受益所有人的情形非常致命。众所周知，该等情形下设立的香港公司基本都是壳公司，即不开展经营和生产，然而，9号公告第二条第二项明确表示"申请人从事的经营活动不构成实质性经营活动",会让监管倾向认为该香港公司不是受益所有人。并且,这些香港公司只是向境外转移股息的中转站,而第二条第一项明确说明"申请人有义务在收到所得的12个月内将所得的50%以上支付给第三国(地区)居民"是不利因素。

但是,在本书着重讨论的上市公司股权家族信托中,上述情形能够被克服,因为9号公告第四条说明,只要这个承接股息的香港公司最终被缔约方(即香港)政府、居民、上市公司持股100%,则自动认定为"受益所有人"。

9号公告第二条、第四条导致如下结果:即使这个承接股息的香港壳公司、BVI公司明显不是一个"受益所有人",但只要他们是香港居民或上市公司全资拥有的,则自动是"受益所有人"。

在翰森制药案例中,翰森国际、BVI公司都被上市公司全资拥有,那么受益持有人的相关规定也就不构成翰森制药的实控人获得股息优惠的障碍了。

设立BVI公司的原因在龙湖集团案例中提到过,即翰森国际作为香港公司,转让其股权会产生较高税率(香港对股息征税实施属地分配原则,因此香港外产生的股息无税负,但对转让香港公司股权征税),所以设立一个BVI公司作为间接转让翰森国际股权(进而转让境内运营实体股权)而不缴税的工具。

【案例】安踏——丁世忠家族信托和汇丰国际信托

1)公司简介

安踏全称为安踏体育用品有限公司,是中国一家品牌运动鞋民营企业,主要设计、开发、制造及销售运动服饰,包括"安踏"品牌的运动鞋类及服装。2020年12月7日成为恒生指数成分股。公司在1994年成立,注册地为开曼群岛,总部设在福建晋江,董事局主席兼CEO为丁世忠。安踏在2007年于港交所上市,证券代码为02020。

2）信托搭建过程和现状

根据安踏招股书，在上市前后，安踏（开曼）的直接股东为四个BVI有限公司，其中安踏国际（持股62.44%）、安达投资（持股5.25%）和安达控股（持股7.31%）这三家BVI有限公司的上层均设立了家族信托。

安踏国际由三个家族信托持股，它们分别委托汇丰国际信托作为受托人。如，丁世忠以家族成员为受益人设立的DSZ Family Trust透过Shine Well（Far East）Ltd.（汇丰信托全资拥有）持有34.06%。汇丰国际信托作为DSJ Family Trust的受托人，通过汇丰国际信托全资拥有的Talent Trend Investment Ltd.持有安踏国际33.52%的股权。类似地，WWM Family Trust通过汇丰国际信托全资拥有的Fair Billion Development Ltd.持有安踏国际9.89%的股权。

安达投资由汇丰国际信托（作为丁和木为其家族成员利益成立的全权信托DHM Family Trust受托人）间接拥有。丁和木为本集团执行董事丁世忠及丁世家的父亲，以及执行董事赖世贤的岳父。安达控股由汇丰国际信托（作为丁雅丽为其后代利益成立的全权信托DYL Family Trust受托人）间接拥有。丁雅丽为本集团执行董事丁世忠及丁世家的胞妹，以及执行董事赖世贤的配偶。

上述庞大的家族信托架构设立于安踏于上市前（2007年前），而这个安踏国际、安达投资、安达控股上设家族信托的架构仍未改变，只是丁和木家族信托掌握的安达投资持股比例下降到了4.08%，年报已经不将其作为主要股东披露该信托的持股细节。截至2023年半年报，安踏的家族信托架构可以由图3-18概括。

```
                  ┌──────────────┬──────────────┬──────────────┐
          DSZ Family    DSJ Family    WWM Family    LSX Family
            Trust         Trust         Trust         Trust
              │             │             │             │
          Shine Well    Talent Trend  Fair Billion   Gain Speed
         (Far East)    investment    Development    Holdings
            Ltd.         Ltd.          Ltd.
           34.06%       33.52%         9.89%         9.89%
                                         │             │
                                      安踏国际
                                    100%      100%
                                 安达投资    安达控股
           0.33%    0.04%   4.08%   42.40%   5.68%
                         安踏（开曼）
```

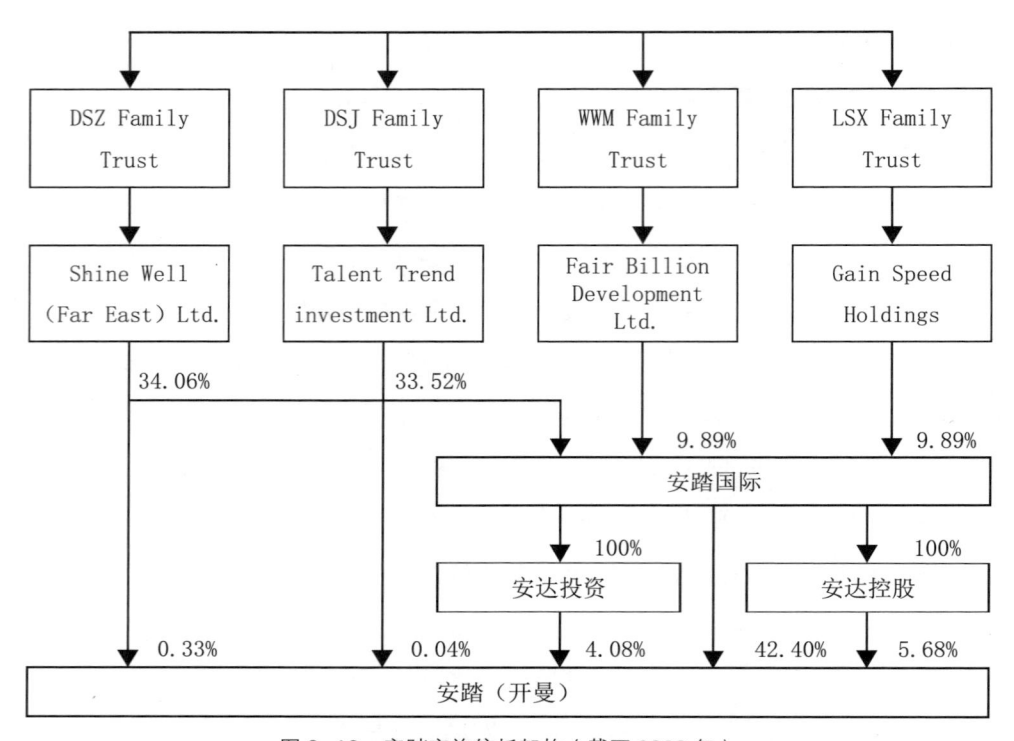

图 3-18　安踏家族信托架构（截至 2023 年）

3）分析

公开文件中，安踏（开曼）容纳了创始人家族（由于安踏最初是家族经营企业，因此也大致是创始人团队）四个成员设立的家族股权信托。这四个家族信托的架构类似，且都委托设立于 BVI 的汇丰国际信托担任受托人。

【案例】粉笔教育——张小龙信托

1）公司简介

粉笔教育的全称为粉笔有限公司，设立于开曼群岛，于 2023 年 1 月 9 日在港交所上市，证券代码为02469，是互联网职教第一股。粉笔教育主营公职类教育培训，在"考公热"的当下赶上了风口，规模不断扩大。

2）信托搭建

上市前，创始人张小龙持有粉笔教育（开曼）12.26%的股份。BVI有限公司Chalk Sky直接持有其12.26%的股份，BVI有限公司Sonata持有Chalk Sky的99.998%的股份，剩余0.002%的股份由张小龙全资拥有的Chalk Star拥有。Sonata由一家名为Ocorian Trust Company的新加坡信托公司全资拥有。这家公司是张小龙作为设立人、保护人的ZXL Family Trust的受托人，该信托的受益人大概率是张小龙及其家族成员。

执行董事、总裁、首席技术官兼控股股东之一魏亮也以Ocorian Trust Company为受托人设立了家族信托WL Family Trust。BVI有限公司Chalk World直接持股2.78%，Chalk World由受托人全资拥有的BVI有限公司Creciendo持有99.998%的股份，剩余0.002%的股份由魏亮全资拥有的BVI有限公司Chalk Wonder持有。

李鑫直接及通过其全资拥有的BVI公司Green Creek Holding和李鑫担任普通合伙人的开曼有限合伙企业Taurus Fund L.P.拥有粉笔教育7.67%的股份。粉笔教育另外一个重要人物——李勇没有设立其家族信托，而是全资拥有BVI有限公司Liang Ma，间接持有12.5%的股份。2021年9月6日，张小龙、魏亮、李鑫及李勇订立一致行动协议，承认及确认他们自2020年12月31日以来与粉笔教育的一致行动关系。通过一致行动协议，直接或间接受张小龙控制的股份比例达到了35.21%。

上述信托架构可以由图3-19概括。

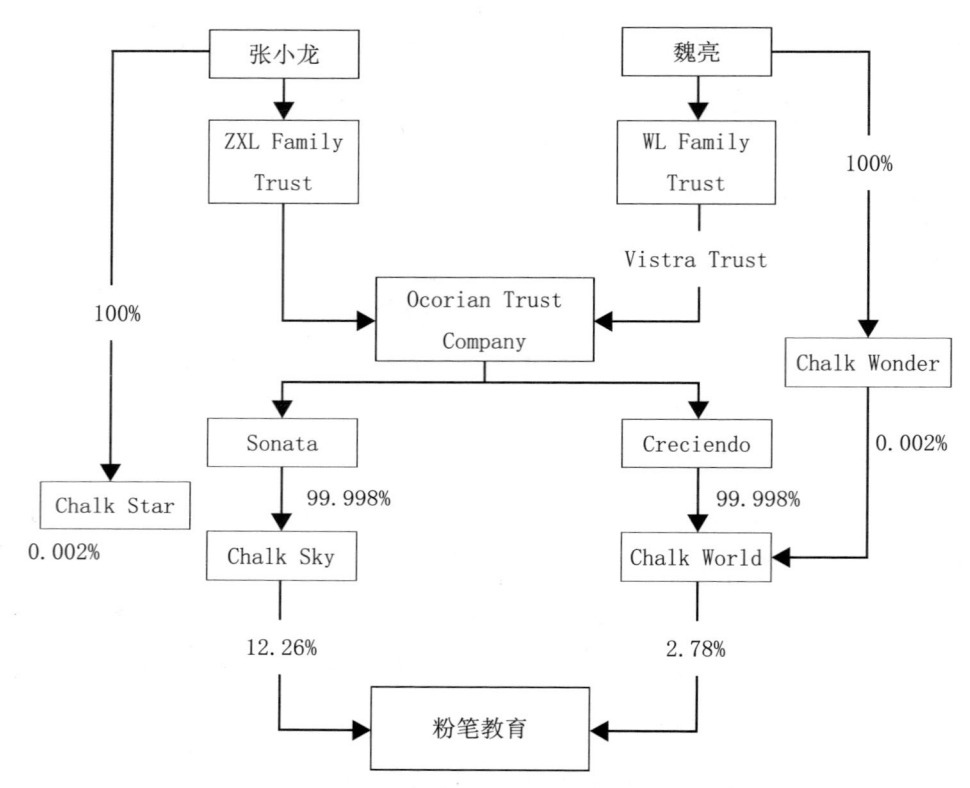

图 3-19　粉笔教育家族信托架构（截至 2022 年 2 月 11 日）

张小龙、魏亮均于 2022 年 2 月 11 日，也就是筹划上市过程中或者之前，设立了他们各自的家族信托。他们设立信托的方式都是使自己控制的 BVI 有限公司向信托公司控制的 BVI 有限公司定向增发股份。扩股之后，受托人控制的公司分别持有了 Chalk Sky 和 Chalk World 99.998% 的股份。

3）分析

Ocorian Trust Company 是设立于泽西岛的资产管理公司，本案例中的受托人为该公司在新加坡的子公司。相较于BVI允许信托存续360年和开曼信托（STAR信托除外）可以存在150年，泽西岛设立的信托可以永久存在。

《泽西岛信托法》继承了英美普通法传统，对设立信托的要求也非常简单。根据《泽西岛信托法》第7条，信托成立没有任何程序事项，信托可以任何方式（即"in any manner"，但是需由言语、行为、书面的一种，包括遗嘱和遗嘱修改附录）成立。此外，与BVI信托允许设立人/委托人参与管理资产类似，《泽西岛信托法》第9A条（Powers reserved by settlor）列举了广泛的允许设立人保留的权利。例如，设立人可以保留分配信托财产收入的权利，可以保留处置（包括购买、质押、抵押、出售等）信托财产的权利，可以保留任命或罢免投资经理的权利。这些可供保留的权利基本使得设立人可以不让渡任何关键权利。

【案例】江南布衣——吴健、李琳夫妇家族信托

1）公司简介

江南布衣的上市主体全称为江南布衣有限公司，设立于开曼群岛，于2016年10月31日在港交所上市，证券代码为03306，是一个位于中国浙江的设计师品牌时尚集团，主要设计、推广及出售成人、儿童及青少年的时尚服装、鞋类、配饰及家居类产品。品牌组合目前包括8个品牌，如JNBY、CROQUIS、jnby by JNBY、less、Pomme de terre及JNBY HOME等。

2）信托搭建

江南布衣的创始人、实控人是吴健、李琳夫妇，他们都担任公司执行董事，吴健是公司董事局主席。他们在江南布衣上市前分别设立了吴氏、李氏家族信托。根据招股书，与这两个家族信托直接关联的直接股东是两家BVI有限公司Ninth Capital和Ninth Investment。Ninth Capital直接持有公司30.1%的股

份，Ahead Global则全资拥有Ninth Capital，Wu Family Ltd.全资拥有Ahead Global，Credit Suisse Trust Ltd.作为吴氏家族信托的受托人（通过其代理人公司Seletar Ltd.及Serangoon Ltd.）持有Wu Family Ltd.。

类似地，Ninth Investment直接持有公司30.1%的股份，Puheng Ltd.则全资拥有Ninth Investment，Li Family Ltd.全资拥有Puheng Ltd.。Credit Suisse Trust Ltd.作为李氏家族信托的受托人（通过其代理人公司Seletar Ltd.及Serangoon Ltd.）持有Li Family Ltd.。招股书披露，吴健、李琳夫妇成立信托的目的是遗产规划，两个信托的受益人是他们自己和家族成员。信托设立于上市前夕的2016年6月6日，吴健、李琳分别将他们在Ninth Capital、Ninth Investment的股份转让给了Ahead Global和Puheng Ltd.。

根据2023年年报，上述结构没有发生变化。查阅权益披露信息可知，Li Family Ltd.和Wu Family Ltd.均为设立在巴哈马的有限公司。

上述信托架构可以由图3-20概括。

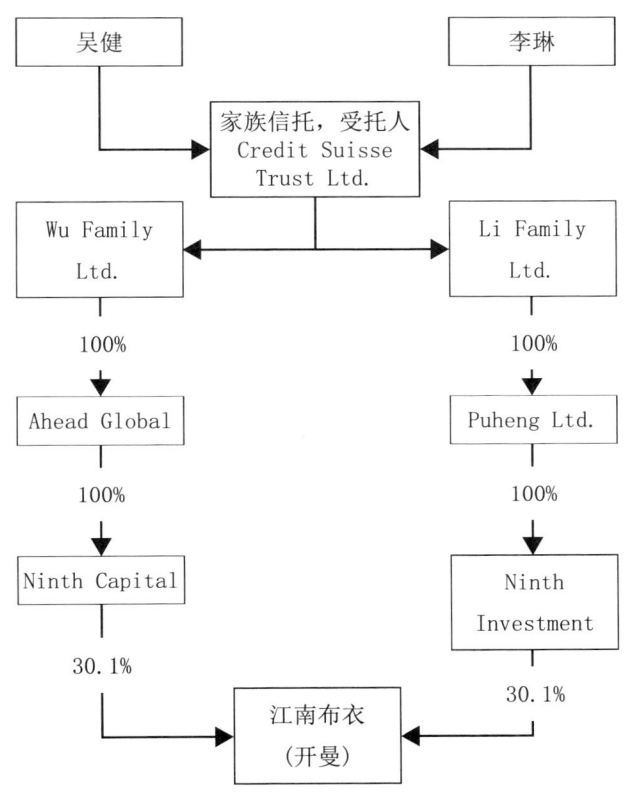

图 3-20　江南布衣家族信托架构（截至 2023 年）

3）分析

江南布衣股权家族信托的特征在于，家族信托受托人和开曼上市主体之间除了包含常见的两层BVI有限公司外，在两层BVI公司之上还设立了一层巴哈马有限公司（Wu Family Ltd.和Li Family Ltd.），这两家公司是吴健、李琳家族信托的家族办公室。夫妻分别设立家族信托的好处，已经在前面龙湖集团、名创优品等案例中充分阐释，现不作赘述。

巴哈马公司在家族信托架构中不常见，这可能是因为巴哈马当地法律对于公司注册成立的程序要求显著高于BVI和开曼等地区。巴哈马没有独立的公司法，主要沿用BVI的《国际商业公司法》（Laws of the Bahamas International Business Companies，巴哈马IBC）。根据巴哈马当地的规定，必须两人及以上才可以注册巴哈马公司。并且，注册巴哈马公司的过程强制要求一个巴哈马居民作为注册代理人。此外，巴哈马公司的注册地必须在巴哈马。

巴哈马IBC同样赋予了公司管理的很大灵活性，比如常见的股东单方协议（规定在巴哈马IBC第41条），即允许股东之间或者股东和非股东之间签订协议，该协议可以限制公司董事的管理权。并且，巴哈马IBC不要求股东名册公开。在常见的海外家族信托案例中，信托受托人往往直接控股两层BVI公司。而多设立一层家族办公室的好处在于，允许信托设立人通过担任家族办公室的董事、唯一股东等方式制约受托人的管理行为。再加上现在流行的信托产品基本包含了许可权利保留的特征，吴健、李琳对他们家族信托的掌控力非常强。

【案例】特步——丁水波、丁美清及丁明忠家族信托

1）公司简介

特步的上市主体全称为特步国际控股有限公司，设立于开曼群岛，于2008年6月3日在港交所上市，证券代码为01368。特步主要从事体育用品的设计、研发、制造、销售、营销及品牌管理。自2001年成立至2023年12月31日，主品牌"特步"拥有超过6500家零售店的庞大分销网络，全面覆盖中国31个省、自治区和直辖市，以及海外地区。

2）信托搭建过程和现状

特步创始人丁水波、丁美清及丁明忠各自的家族信托创立于特步上市之后。

但是，特步上市前也存在家族信托架构。2015年，丁水波、丁美清及丁明忠分别设立了他们的家族信托。2015年中期报告显示，三人的家族信托设立前，公司的直接大股东是BVI有限公司群成。该公司持有公司60.15%的股份，又由BVI有限公司万兴国际全资拥有。通过控制万兴国际，家族三人间接享有对特步的股权。2015年10月15日，特步发布公告，说明丁氏家族三人为自己和各自的家族成员利益，分别设立了信托，信托受托人为BVI有限公司UBS Trustees（BVI）。三人共同将他们通过万兴国际和群成而对特步间接持有的股权全部转让给信托受托人，从而完成信托搭建。此后，丁水波、丁美清及丁明忠分别通过他们的家族信托持股55%、35%、10%。

将特步2015年年报和2022年年报结合起来看，该信托至今的架构没有发生变化。根据2022年年报，UBS Trustees（BVI）通过其代理人UBS Nominees Ltd.担任三个家族信托的受托人。三个家族信托依然控制同一个直接大股东，即群成，该公司对特步（开曼）直接持股46.65%。群成仍由万兴国际全资拥有，而万兴国际则由Ding Wang Fortune Ltd.、Guan Hong Development Ltd.及Ming Zhong Family Ltd.（均为BVI有限公司）分别持股67%、21%及12%。2015年信托刚设立之时，三个家族信托一共掌握了近60%股份，可见创始人处于对公司股权的缓慢减持中。

上述家族信托架构可以由图3-21概括。

```
          丁水波              丁美清              丁明忠
            ↓                 ↓                  ↓
         丁水波家族          丁美清家族          丁明忠家族
          信托               信托               信托
            55%              35%                11%
              ↘              ↓              ↙
                         UBS Trustees
              ↙              ↓              ↘
        Ding Wang       Guan Hong         Ming Zhong
         Fortune        Development         Family
          Ltd.             Ltd.             Ltd.
           67%             21%               12%
              ↘              ↓              ↙
                          万兴国际
                           100%
                            ↓
                           群成
                          46.65%
                            ↓
                         特步（开曼）
```

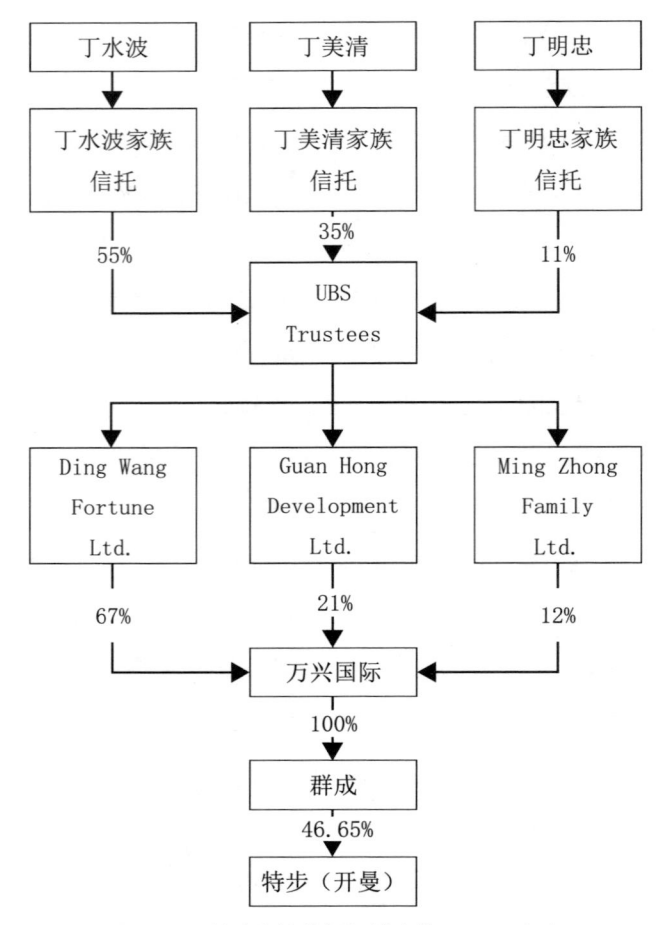

图 3-21 特步家族信托架构（截至 2022 年）

3）分析

丁氏家族信托的特点有两个：兄妹三人分别设立信托，家族共同设立万兴国际并共同持股万兴国际。

第一，之前龙湖集团、名创优品等夫妇作为公司创始人、实控人的案例中已经提到过，夫妇分别设信托的好处是避免将来婚变时分股权的负面影响。而家族成员共同创业，并不存在婚变的隐患，但分别设信托仍然是有好处的，特别是对于丁氏家族这种兄妹三人共同创业的情形。首先，在法律层面，分别设立信托就允许三个人在分别处置其名下股权的时候分别进行外管局 37 号文外汇登记，免于影响他人和被他人影响。其次，在现实层面，兄妹三人分别组建了各自的小家庭，三个家庭的情况各不相同，分别设立信托也是出于现实家庭传承的考量。

第二，万兴国际这类供家族成员直接持股、通过受控公司或者信托持股的公司，通常被称为家族控股公司。成立家族控股公司能够让家族成员在分别处理各自股权、家庭传承事务的同时，将家族成员的股权合并到一个公司中，从而避免股权分散，以强化家族对公司的共同控制力。这是基于家族整体的考量。万兴国际持股一层 BVI 公司，再通过 BVI 公司持股特步（开曼），最终实现家族控制。

【案例】包浩斯——唐书文、黄锐林家族信托

1）公司简介

包浩斯全称为包浩斯国际控股有限公司，设立于开曼群岛，于 2005 年 5 月在港交所上市，证券代码为 00483。包浩斯是由唐书文和黄锐林夫妇在 1991 年创立的香港时装零售集团。2020 年，它开创了员工集资给老板的先河。1991 年，首间 Bauhaus（包浩斯）店铺正式成立，位于尖沙咀弥敦道，当时以专门售卖多国潮流服装品牌，如 Diesel、Levi's、Mandarina Duck、PIERO GUIDI 等为主。开业不久，即成为年轻族群的"朝圣地"。

2）信托搭建过程和现状

唐书文、黄锐林夫妇在包浩斯上市前分别设立了他们的家族信托。根据招股书，上市前后，包浩斯持股比例最大的两个直接股东为 BVI 有限公司 Great

Elite和BVI有限公司Wonder View，分别持股11%和10%，这两家公司分别由唐书文和黄锐林全资拥有。此外，唐书文、黄锐林夫妇创建了两个家族信托The Tong & Wong Family Trust（唐黄家族信托）和The Tong & Wong Unit Trust（唐黄单位信托），唐黄单位信托的全部财产均由唐黄家族信托所掌握。唐黄单位信托的受托人为BVI有限公司Huge Treasure，该公司是一家于2004年8月5日注册的私人公司，其股份由唐书文、黄锐林二人等额拥有。唐黄家族信托的受托人为BVI的持牌受托人East Asia International Trustees Ltd.（EAIT），唐书文、黄锐林夫妇持有51%的股份。

  2022年年报显示，上述信托架构没有发生变化。唐书文、黄锐林分别通过Great Elite和Wonder View持有公司9.27%和8.14%的股份。EAIT仍然为唐黄家族信托的受托人。唐黄家族氏信托架构可以由图3-22概括。

03 港股上市公司的家族信托

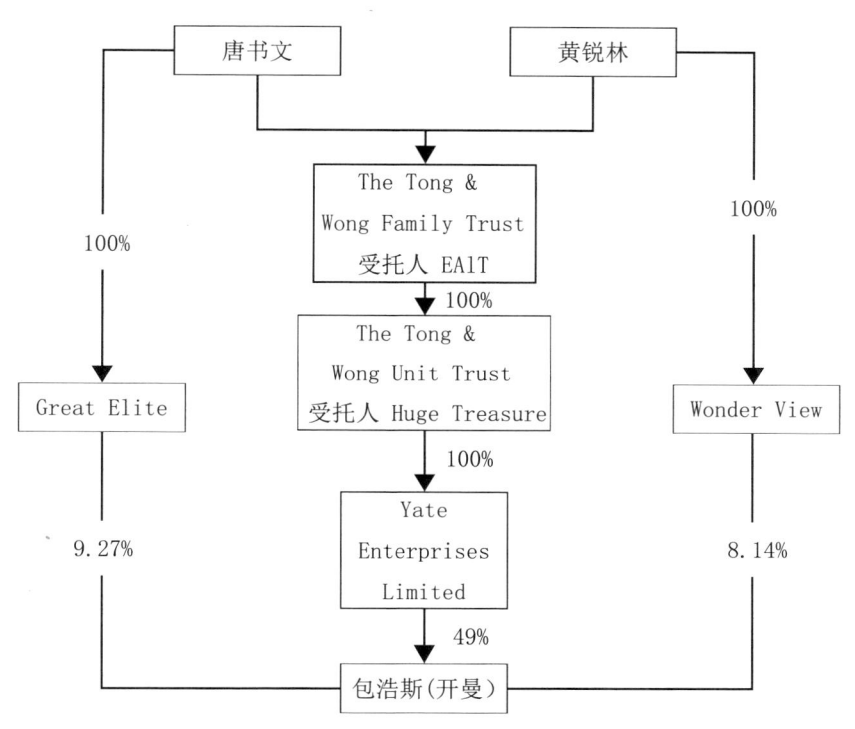

图 3-22 唐黄家族氏信托架构（截至 2022 年）

3）分析

包浩斯股权家族信托的特点有二：创始人共同创立家族信托，以及创始人/实控人通过BVI公司直接持股上市主体。

第一，本书前面的案例罗列了不少创始人、实控人夫妇分别设立家族信托的好处，但这并不意味着夫妇合并创立一个家族信托没有可取之处。首先，在上市合规层面，单独一个信托使得上市主体的股权结构清晰、简洁，这有利于上市时的审查工作，可以避免上市过程中的繁杂过程甚至意外导致上市失败。毕竟，上市审查中牵涉的审查对象越少，出现差错的可能性就越小。这一点对于内地人或者与内地关联的公司尤为重要，因为这类公司往往计划未来试水A股，而内地监管部门对于股权清晰的要求比香港的监管部门更高。其次，从微观个人层面而言，对于关系较好的创业夫妻，共同设立信托也有利于双方在长期的事业奋斗中齐心协力，为家庭稳定奠定基调。

第二，BVI公司持股（或者以香港之外设立的公司持股港交所上市的主体）是港股上市公司的常见做法，因为香港尽管对股息分配实施属地原则（香港对香港属地之外产生的股息不征税），但对转让股权一律征收千分之一的税率。因此，唐书文、黄锐林夫妇分别保留相当部分的股权在信托架构之外的BVI控股公司中，为将来处理股权预留了很大的余地。

【案例】金利来——曾宪梓家族信托

1）公司简介

金利来的上市主体全称为金利来集团有限公司，经营范围包括服装服饰的销售及物业投资与发展，于1992年在港交所上市，证券代码为00533。公司总部位于香港新界。1968年，金利来创始人曾宪梓从家乡梅县迁到香港，创办金利来的前身"金狮领带公司"，但销路不理想，后来发现"狮"与"输"谐音，顾客觉得不吉利，于是改名为"金利来Goldlion"，旋即销量大增。金利来创始人曾宪梓不仅是知名企业家，也是爱国富商。2019年9月20日，曾宪梓在广东梅州逝世，享年85岁。

2）信托搭建

金利来的家族信托架构设立于金利来上市之后。曾宪梓于2006年在香港设立了宪梓家族管理有限公司。曾宪梓于2007年10月4日订立授产安排契约并成立家族信托，其受益人包括其儿子曾智明在内的曾宪梓家族成员。宪梓家族管理有限公司是曾宪梓为2007年的授产安排所指定的信托受托人，其全资拥有BVI有限公司Top Grade Holdings。而Top Grade Holdings则通过其全资子公司银碟（持股16.42%）和自己直接持股，总共持有金利来62.65%的股份，因此，曾宪梓的家族信托控制的股份比例为62.65%。此外，曾宪梓儿子曾智明还控制了曾宪梓慈善（管理）有限公司，该公司是曾宪梓慈善基金的受托人。上述家族信托架构可以概括为如图3-23所示。

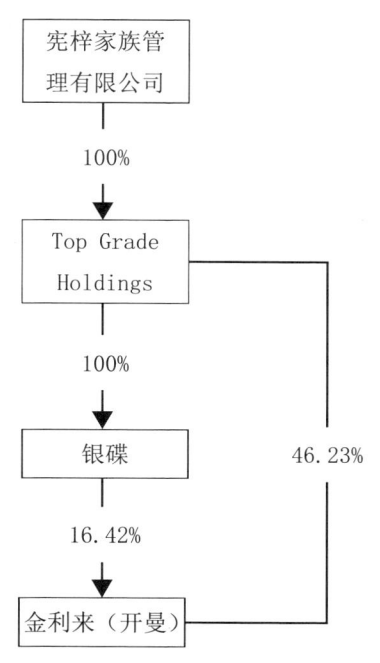

图3-23 金利来家族信托架构（截至2023年4月17日）

3）分析

曾宪梓家族信托的架构并不常见，因为曾宪梓并没有开设太多海外公司。该信托的受托人是设立在香港的家族公司，而受托人和上市主体之间也只是隔了两层BVI有限公司。这也许是因为曾宪梓及其家族深耕中国内地市场，且公司的形象与家族的爱国情怀挂钩，不便将信托设置在开曼或BVI等主流信托设立地，否则有向海外转移财产之嫌。虽然在开曼或BVI设立信托并不违反任何法律，但不利于树立企业的正面形象。此外，曾宪梓还设立了慈善信托，可以在辅助完成一部分财富传承任务的同时，助力树立正面的企业形象。

从这个案例中，我们可以得知，对于影响力较大的企业而言，企业形象是重要的企业财富，因而也是家族财富的一部分。在这种情况下，设立家族股权信托时，适当将一部分架构（比如受托人）设立在中国（比如香港地区），能够兼顾企业形象的维护，避免给舆论"转移财产"的口实，从而达到传承企业形象这一重要家族财富的目的。

【案例】泡泡玛特——王宁信托疑似为BVI家族信托

1）公司简介

泡泡玛特的上市主体全称为泡泡玛特国际集团有限公司，设立于开曼群岛，2020年12月11日在港交所上市，证券代码为09992。泡泡玛特于2010年在北京成立，创始人为王宁，其为公司主席兼首席执行官。泡泡玛特最初是一家潮流杂货店，2015年代理日本角色玩偶Sonny Angel，并逐渐成为一家潮流IP公司，主要产品是玩偶盲盒。泡泡玛特2017年曾在新三板挂牌上市，2019年4月被除牌。

2）信托搭建

王宁在泡泡玛特港交所上市前设立了由其控制的信托，虽然公开资料并未透露该信托是否为受益人为其家庭成员设立的家族信托，但该信托的外部特征非常符合典型的家族信托特征，因此本书将其收纳到案例合集中并进行分析。招股书显示，上市前后，王宁通过信托和其个人全资拥有的子公司，总共控制的股份比例为55.22%。2019年5月6日，王宁设立了BVI有限公司Grant Wang Holding Ltd.（简称GWF Holding），该公司由王宁设立的信托全资拥有。该信托的受益人仅为王宁自己，信托受托人为BVI有限公司UBS Trustees（BVI）。此外，王宁全资拥有一家BVI有限公司Tianjin Paqu Holding Ltd.，通过该公司持有泡泡玛特3,008,222股股份。最后，王宁与其配偶杨涛共同拥有一家BVI有限公司Pop Mart Hehuo Holding Ltd.，该公司持有泡泡玛特6.9%的股份。王宁和杨涛分别持有Pop Mart Hehuo Holding Ltd.全部股份的43.99%及15.11%。上述信托架构可以由图3-24概括。

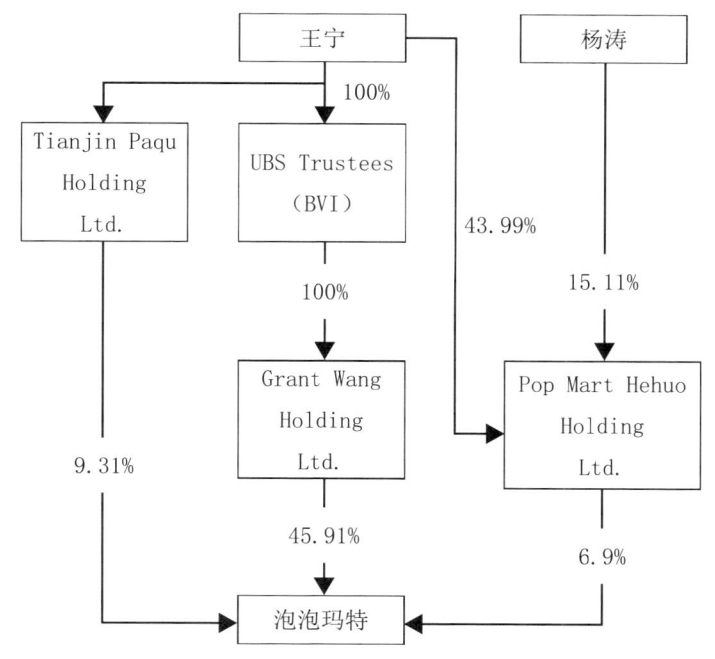

图3-24 泡泡玛特家族信托架构（截至2020年12月11日）

3) 分析

王宁所设信托与上市主体之间只有一层BVI公司，这与本书中大多数家族信托下设两层BVI公司不同。这可能是因为一层BVI公司足够满足风险隔离的需求，而信托的受益人目前仅仅是王宁本人，不存在多设一个BVI公司作为家族控股公司、汇聚家族成员各自的股权的需求。如果王宁的配偶杨涛未来设立家族信托，那么泡泡玛特的股权结构中很可能将多出一个BVI公司作为汇聚王宁、杨涛股权的控股公司，再多出一个王宁自己全资拥有的BVI公司。目前王宁正处于创业生涯的前期，可能还未着重考虑家族财富传承。在不久的将来，我们很可能会看到王宁目前的信托架构通过增加信托契约中的受托人、控股公司股权转让、定向增发股份等方式被改造成家族信托。

【案例】飞鱼科技——毕林家族信托

1) 公司简介

飞鱼科技组建于2008年7月，前身为厦门光环信息科技有限公司，创始人为姚剑军。2013年12月，光环信息与全民休闲手游《保卫萝卜》开发公司——北京凯罗天下正式合并，成立新公司——飞鱼科技。2014年12月，飞鱼科技成功在港交所上市，上市主体为飞鱼科技国际有限公司，设立于开曼群岛，证券代码为01022，成为厦门地区首家在香港上市的游戏公司。

2) 信托搭建

飞鱼科技的股权家族信托设立于其上市之前。根据招股书，TMF（Cayman）Ltd.乃姚剑军家族信托、毕林家族信托、陈剑瑜家族信托、孙志炎家族信托、林氏家族信托及志氏家族信托合共六项信托的受托人。上述六人是飞鱼科技的原始股东。

03 港股上市公司的家族信托

根据招股书，姚剑军家族信托控制的直接大股东为BVI有限公司YAO Holdings。上市前后，该公司持有飞鱼科技30.47%的股份。YAO Holdings 由Jolly Spring International 全资拥有。姚剑军设立的家族信托受托人为TMF（Cayman）Ltd.，而BVI有限公司Jolly Spring International 是TMF（Cayman）Ltd.的代理人。类似地，毕林家族信托控制的直接大股东为BVI有限公司BILIN Holdings，该公司持股8.448%，由TMF（Cayman）Ltd.的另一个代理人BVI有限公司Rayoon全资拥有。其他几个家族信托的架构与前述完全一致，都于2014年8月13日设立，都以TMF（Cayman）Ltd.作为受托人，通过其代理人全资拥有一个BVI公司，以该BVI公司作为上市主体的直接股东。根据2023年中期报告和查询港交所数据库的结果，上述信托架构至今未发生改变，姚剑军、毕林家族信托的结构可以由图3-25概括。

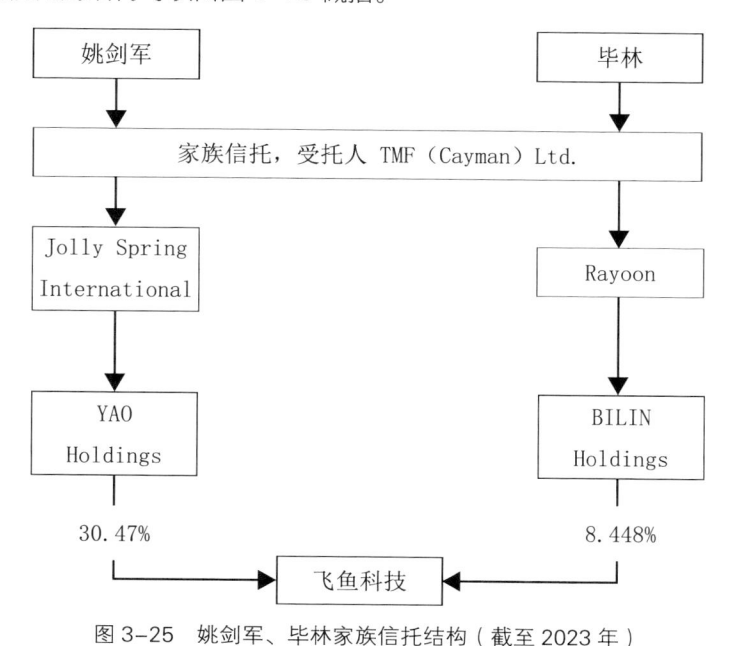

图3-25 姚剑军、毕林家族信托结构（截至2023年）

3）分析

飞鱼家族信托体现了开曼家族信托的高度保密性。第一，TMF（Cayman）Ltd.在为多个家族信托的利益行事时，分别使用了不同的代理人。之前的海底捞和特步案例中，受托人UBS Trustees（BVI）使用了代理人UBS Nominees Ltd.作为表面的受托人，在招股书、年报等官方公开文件中，UBS Nominees Ltd.被称为UBS Trustees（BVI）的"代理人"。飞鱼科技案例的不同点在于TMF（Cayman）Ltd.在管理不同的家族信托时，会设立一个不同的BVI公司作为代理人。在港交所数据库中，TMF（Cayman）Ltd.不持股任何一个代理人，但是每一个代理人都按照TMF（Cayman）Ltd.的指示行事，这额外提供了一层风险隔离，因为每个代理人和TMF（Cayman）Ltd.之间不是子公司与母公司的关系。并且，每个家族信托代理人行事所依据的指示也是完全保密的。

第二，与其他主流信托设立地相同，开曼群岛设立的家族信托的名称完全保密，当事人有权选择是否在公开文件中披露。港交所数据库只显示受托人所关联的设立人姓名，但外界无从得知信托的名称，因此，外界在与具体的信托产生交易时，也只知道TMF（Cayman）Ltd.而不知道其背后的信托。

【案例】A8新媒体——刘晓松家族信托

1）公司简介

A8新媒体的上市主体全称为A8新媒体集团有限公司，设立于开曼群岛。A8新媒体最早创立于2000年5月，前身是深圳市华动飞天网络技术开发有限公司，创始人是刘晓松。2008年6月12日，A8新媒体成功在港交所上市，证券代码为00800。这家公司是网络多媒体内容供应商，主营B2C服务，总部在广东省深圳市。

2）信托搭建

刘晓松的家族信托搭建于 A8 新媒体上市之前。根据招股书，刘晓松家族信托所控制的直接大股东为 BVI 有限公司 Prime Century，该公司持股 40.78%。BVI 有限公司 Ever Novel 有权于 Prime Century 的股东大会上行使或控制三分之一或以上的投票权，因此，港交所规则认为 Ever Novel 控制 Prime Century，而 Ever Novel 由刘晓松家族信托全资拥有。招股书释义部分显示，Prime Century 由 Ever Novel、王钢、BVI 有限公司 Join Reach（由一名前雇员全资拥有）及 20 名股东（这些股东为公司现有或前雇员，他们各自的控股公司以及他们作为独立第三方，各自在 Prime Century 中持有的股份均不足 5%）分别拥有 52.61%、18.50%、8.80% 及 20.09% 股份。2023 年中期报告显示，刘晓松的家族信托架构从上市至今发生了较大变化，该信托的受托人是 HSBC International Trustee Ltd.。刘晓松家族通过一系列信托和控股公司控制了 69.08% 的股份。

具体而言，截至 2024 年 11 月，Ever Novel 和 Prime Century 为刘晓松家族信托直接控制的大股东，分别直接持股 50.59% 和 15.32%。Ever Novel 控制了 Prime Century 80% 的股份。然后，BVI 有限公司 Knight Bridge 全资拥有 Ever Novel，BVI 有限公司 River Road 全资拥有 Knight Bridge，HSBC International Trustee Ltd. 全资拥有 River Road。此外，River Road 还全资拥有 Congenial Holdings，Congenial Holdings 全资拥有 BVI 有限公司 Grand Idea。值得注意的是，招股书显示，Grand Idea 原为刘晓松母亲设立，曾经是刘晓松母亲设立的家族信托所关联的公司之一。因此，在信托变更过程中，刘晓松设立的家族信托吸收合并了刘晓松和其母亲分别设立的信托。刘晓松当今的家族信托结构可以由图 3-26 概括。

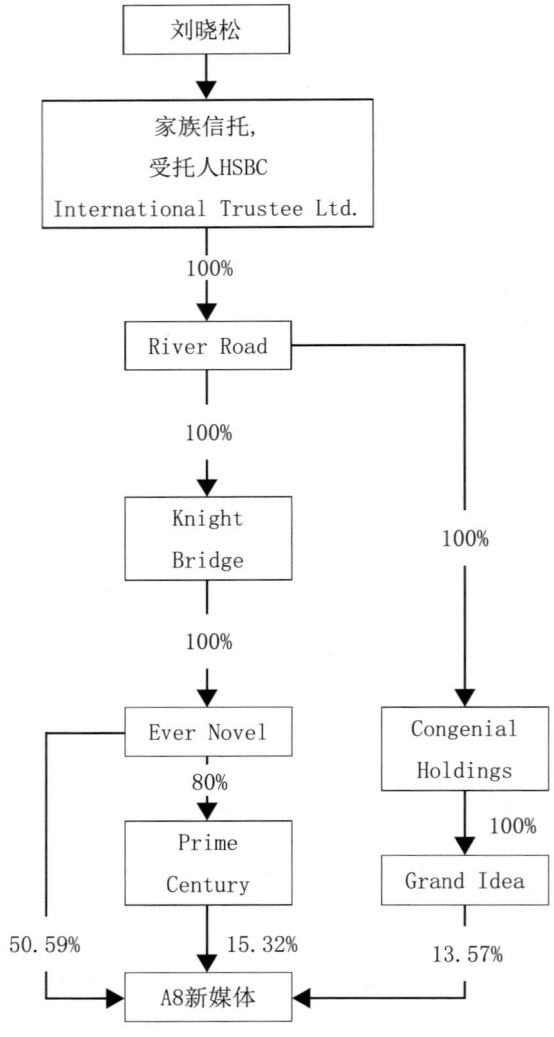

图 3-26 刘晓松家族信托架构（截至 2024 年 11 月）

3）分析

刘晓松家族信托的架构较为常见，包含了信托受托人通过两层BVI有限公司来持有股份。该案例值得关注的地方在于，刘晓松和其母亲曾经分别设立了家族信托，后来这两个信托合并了。上述结构如图3-26所示，受托人和上市主体之间存在多达四层BVI公司，因为River Road-Knight Bridge是后来两个信托合并时设立的。在公司刚上市时，刘晓松和其母亲的信托分别通过Ever Novel-Prime Century和Congenial Holdings-Grand Idea控制上市主体，而这两家公司最后合并到了River Road-Knight Bridge之下，使得公司的持股结构较复杂，不像大多数港股家族信托案例那样结构清晰，这使得该公司的披露义务成倍增加。

刘晓松曾经让母亲设立信托的初衷可能是分散财富传承中的风险，基于"鸡蛋不能放在一个篮子里"的考量。实际上，即使是为了分散风险，刘晓松也完全可以像新东方案例中的俞敏洪那样，指定自己的母亲成立一个单一的信托，受益人为自己、母亲以及其他家族成员，信托直接控股的BVI公司的董事也可以由母亲（也可以是其他信任的家属）担任。这并不意味着创始人的家属将要因为家族传承的任务而承担管理公司的责任，因为BVI和开曼群岛等法域的公司法给予了公司治理极大的灵活性，这个台前担任董事的家属完全可以不操心公司治理。俞敏洪的家族信托案例中，家族信托控制的公司Tigerstep的董事长为俞敏洪母亲李八妹，且在公开文件中，Tigerstep的最终所有人也是李八妹。直到李八妹年老、去世前夕，公开文件才将Tigerstep的最终所有人变更为俞敏洪。我们可以合理推测出，俞敏洪只是将信托文件中的信托保护人变更为自己，就完成了信托控制权的最终变更。与此相比，刘晓松合并两个信托使公司股权结构变得复杂，可能导致实际控制人或实际受益人难以辨认。

【案例】奥威控股——李艳军、李子威父子信托

1）公司简介

奥威控股上市主体全称为奥威控股有限公司，注册地为开曼群岛，原名恒实矿业投资有限公司，创始人为李艳军。奥威控股主要从事铁矿石勘探、开采、选矿及销售业务。该公司主营铁矿石开采和洗选，主要产品包括铁矿石、富矿粉及铁精矿。该公司也通过其子公司从事投资控股活动。该公司拥有并营运孤坟矿场、旺儿沟矿场、拴马桩矿场及支家庄矿场，这四个铁矿场均位于河北省涞源县。2013年11月28日，该公司于港交所上市，证券代码为01370。

2）信托搭建

根据招股书，李艳军的儿子李子威于公司上市前夕的2013年8月13日设立了家族信托，以根西岛的信托公司Credit Suisse Trust Ltd.为受托人，受益人为李子威和其子女。2013年6月19日，有限公司Chak Ltd.于根西岛设立。上市前后，公司的股权高度集中，唯一的大股东为BVI有限公司恒实投资，持股比例高达97%，该公司由BVI有限公司恒实控股全资拥有，而恒实控股由Chak Ltd.全资拥有。受托人Credit Suisse Trust Ltd.则为家族信托受益人的利益全资拥有Chak Ltd.。此外，李子威还设立了一个"管理信托"（招股书表述），同样以瑞信为受托人，通过根西岛有限公司Seven Ltd.持有一部分股份，这些股份据称用于高管股权激励。2022年年报显示，关于管理信托的表述已经消失，但该报告没有说明Seven Ltd.仍然持有的少量股权的用途。上述信托架构基本没有发生变化，可以概括为如图3-27所示。

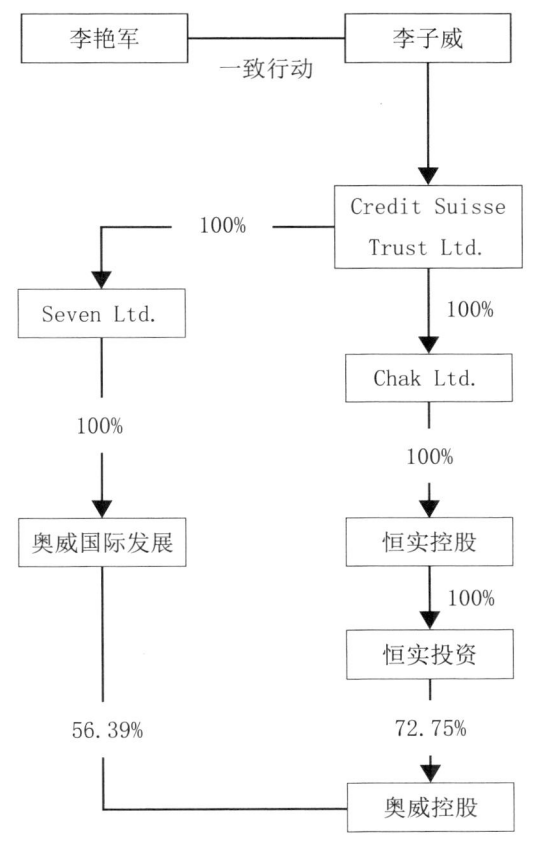

```
                    李艳军 ──一致行动── 李子威
                                          │
                                          ▼
                   100%      Credit Suisse Trust Ltd.
            ┌─────────────────────┤
            │                     │ 100%
            ▼                     ▼
        Seven Ltd.            Chak Ltd.
            │                     │
            │ 100%                │ 100%
            ▼                     ▼
       奥威国际发展             恒实控股
                                  │ 100%
                                  ▼
                               恒实投资
            │ 56.39%              │ 72.75%
            └──────── 奥威控股 ────┘
```

图 3-27 李艳军、李子威家族信托架构（截至 2022 年）

根据 2022 年年报和招股书，李艳军和李子威一直就信托下设的全部控股公司、上市公司本身与运营有关的决策做出一致决定。因此，尽管李艳军于公司上市时就不再拥有公司的任何股权，但仍通过其儿子保留了对公司决策的影响力。招股书还透露，家族信托成立的原因是李艳军一直有意将家族生意移交后人。为正式落实此安排，他将公司全部权益转让给唯一的儿子李子威。

3）分析

奥威控股家族信托的特点有二。一是该信托引入了根西岛信托，本书将首次介绍根西岛家族信托。二是该信托的顶层是父子之间的一致行动关系。

根西岛和泽西岛位于英法之间的英吉利海峡，是世界领先的国际金融中心，是一个管理英国、欧洲和世界其他地区之间资本流入和流出的税收中立、高效和稳定的中心。根西岛设立的信托具有一些优点。与泽西岛设立的信托一样，根西岛的各种信托都没有存续期限的限制，可以永久存续。《根西岛信托法》第15条规定，信托设立人可以保留若干权利。这些权利包括但不限于：撤销和修改信托契约文件条款，处置信托财产和信托财产产生的收入，任命或者罢免特定人员，包括但不限于信托控股子公司（全资或部分控股都可以）的董事或其他管理人员、信托公司本身的管理人员。[①]奥威控股的信托顶层是父子之间的一致行动协议，在独生子女比例颇高的当下中国，这为许多希望培养自己的子女并让子女接手自己的事业的企业家提供了很好的学习案例。招股书中明确提到，李氏家族信托设立的直接目的就是培养家族事业接班人，而李子威是李艳军的独子。企业家们可以借鉴李艳军的做法，与自己的子女签订一致行动协议。这样的做法有三点好处。

第一，一致行动协议允许自己退居幕后。企业家甚至可以像李艳军一样将自己的全部股权转让给信托公司，这可以管控企业和个人混同所带来的债务风险。第二，这使自己的子女在管理企业方面具有一定独立性，因为子女毕竟已经成为公司形式上的实控人。通过培养子女管理企业的能力，实现家族财富传承的可能。第三，企业家通过一致行动协议可以灵活地参与对企业的管理，保证自己对

---

① 参见2007年版《根西岛信托法》第15节（The Trusts (Guernsey) Law 2007, section 15）。

家族财富的最终控制权。

【案例】康宁制药——徐霆家族信托

1）公司简介

康宁制药全称为康宁杰瑞生物制药有限公司，设立于开曼群岛，是一家投资控股公司，主要从事生物制药业务。是专注于研发、生产和商业化创新肿瘤免疫生物大分子靶向药物的全产业链企业。该公司的创始人是徐霆。公司拥有生物创新药开发技术平台，包括蛋白质工程平台、多功能抗体开发平台和抗体筛选平台。该公司在海内外市场开展业务。2019年12月12日，康宁杰瑞制药在港交所上市，证券代码为09966。

2）信托搭建

创始人、实控人徐霆的家族信托设立于公司上市的过程中，受益人为徐霆的家属。徐霆家族信托的受托人为South Dakota Trust Company LLC，信托控制的直接大股东为BVI有限公司Rubymab，于2018年3月22日设立。上市前后，Rubymab持股比例为36.62%。受托人South Dakota Trust Company LLC全资持有Rubymab。

2023年4月21日，康宁制药发布公告，披露了徐霆家族信托的重组。本次重组的核心"新徐霆家族信托"于2023年4月10日成立，委托人是徐霆的妻子刘阳，受托人仍然为South Dakota Trust Company LLC。此外，信托架构没有发生任何变化，信托受托人的控股公司仍然为Rubymab，且信托控制的公司股权比例没有发生变化。在信托重组的过程中，2023年4月20日，原徐霆家族信托的分配顾问行使权力，向刘阳授予信托基金指定权。4月21日，刘阳行使该指定权，将Rubymab的100%股权自原徐霆家族信托的信托基金指定予受托人

（仍然为South Dakota Trust Company LLC，但以新家族信托受托人的名义）。2023年中期报告显示，新徐霆家族信托的保护人也是刘阳，且徐霆家族成员作为投资顾问。简言之，整个信托架构没有发生任何变化，如图3-28所示。

```
         徐霆
          │
          ▼
   South Dakota
  Trust Company LLC
          │ 100%
          ▼
       Rubymab
          │ 33.41%
          ▼
       康宁制药
```

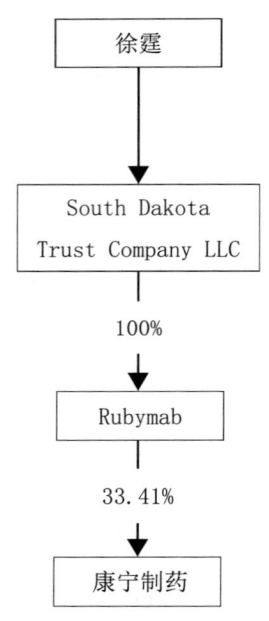

图3-28　徐霆家族信托架构（截至2023年）

3）分析

徐霆家族信托重组的公告说明，此次重组的目的是为实施家族财富传承计划。实际上，重组的目的是将信托委托人和保护人由徐霆变成刘阳。虽然没有透露更多信息，但是可以合理推测，徐霆和刘阳之间存在非公开、非正式（因而也无须披露）的一致行动关系。这允许徐霆进一步退居幕后，隔离潜在的家企混同风险，强化其本人受到的公司有限责任保护。

该家族信托的受托人与上市主体之间只有一个BVI公司，而不是常见的两层BVI公司结构。这可能是因为徐霆的家族信托设立于上市筹备、审查过程中（招股书明确提及这一点），为了加快进度和简化公司股权结构，最终家族信托只设立了一个BVI公司。虽然这不影响实现家族信托分配财富的目的，但这使得架构中少了一层隔离风险的屏障。因此，家族信托的这次重组，其合理性还体现在为徐霆本人增设了一层风险防范的保障。

【案例】当代置业——张雷家族信托

1）公司简介

当代置业的上市主体全称为当代置业（中国）有限公司，设立于开曼群岛，2013年7月12日于港交所主板上市，证券代码为01107。当代置业主营业务范围为中国境内商用和住用房地产物业的经营，总部位于北京。

2）信托搭建

创始人、实际控制人张雷的当代置业股权家族信托设立于当代置业上市之前，由其弟弟Salum Zheng Lee完成。根据招股书，张雷弟弟于2012年9月7日设立了家族信托，受托人为Cititrust Private Trust（Cayman）Ltd.。张雷、张雷的弟弟和他们的家族成员为该信托的受益人，张雷为保护人和财产授予人。家族信托控制的直接股东为BVI有限公司极地控股，在上市前后持有当代置业73.57%的股份。极地控股由巴哈马有限公司Fantastic Energy全资拥有，而Fantastic Energy由家族信托的受托人全资拥有。2023年中期报告显示，该家族信托的架构基本没有发生变化，但是信托受托人从Cititrust Private Trust（Cayman）Ltd.变成TMF（Cayman）Ltd.。家族信托通过极地控股控制的股份比例略微下降，为65.38%。上述家族信托的现状可以由图3-29概括。

```
          张雷
           │
           ▼
    家族信托，
    受托人 TMF      ◄──  张雷弟弟
    (Cayman) Ltd.
           │ 100%
           ▼
      Fantastic
       Energy
           │ 100%
           ▼
       极地控股
           │ 65.38%
           ▼
       当代置业
```

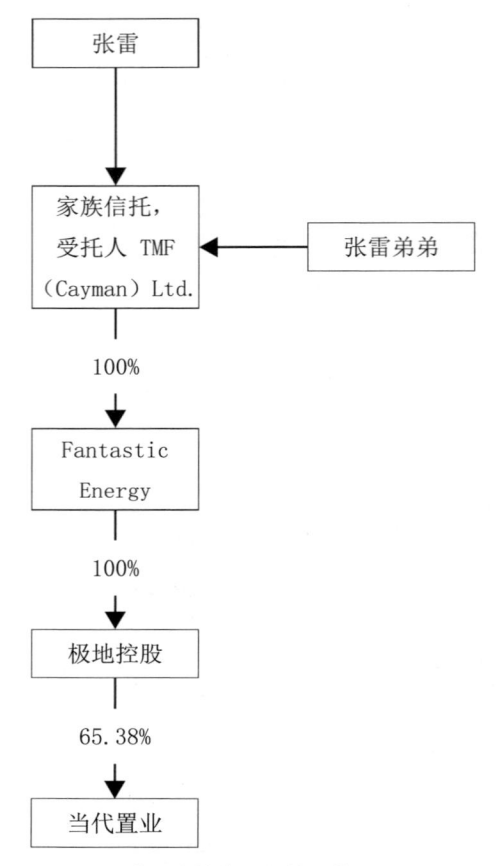

图 3-29　张雷家族信托架构（截至 2023 年）

2020 年 10 月 30 日，当代置业发布的一则公告披露了张雷家族信托的一项重组。此次重组不改变家族信托的持股比例和受托人、委托人、受益人等关键事项，仅仅将持股链条中的巴哈马公司 Fantastic Energy 变更为了同名的 BVI 有限公司 Fantastic Energy Holdings。重组的过程大致为原家族信托将其对巴哈马 Fantastic Energy 的全部股权转让给新设的信托。新家族信托的受托人（仍然为TMF（Cayman）Ltd.新设立了BVI公司Fantastic Energy Holdings，此后，Fantastic Energy Holdings通过向受托人增发新股的方式收购了原巴哈马公司的全部股权。

3）分析

信托搭建之时，张雷家族信托并没有采用常用的两层BVI有限公司作为持股工具，而是采用了一家巴哈马公司和一家BVI公司的结构。2020年，该信托的重组使得其架构回归了常见的两层BVI模式。可见，尽管在巴哈马注册公司作为持股公司具有一些优点（之前的阳光100等案例讨论过巴哈马公司的优缺点），但当代置业此次重组信托架构可能说明，实践中常见的两层BVI公司模式成为最受欢迎的模式并非企业家们因循守旧，而是因为该模式确实具有无可比拟的优越性，特别是对于家族财富传承而言。这一点可以由2020年10月30日当代置业关于重组的公告印证：该公告明确说明该重组的目的是实施家族财富传承计划和简化股权结构。这也说明家族信托受托人和上市主体之间的若干层持股公司最好为设立在同一个法域的公司。

巴哈马作为受欢迎的离岸公司设立地，其公司设立的程序非常简单。例如，《巴哈马公司法》（Panama's Corporation Law 1927）第1条规定，至少两个人（任何国籍都可以）即可以注册成立巴哈马公司，第3条规定公司成立的章程可以在任何世界地方订立。第41条规定，公司章程可以约定股东大会在巴哈马以外的地方召开。此外，巴哈马公司的信息完全保密。

【案例】雅居乐——陈卓林家族信托

1）公司简介

雅居乐的上市实体全称为雅居乐地产控股有限公司，注册地为开曼群岛。创立人陈卓林最初于 1985 年创办了时代家具有限公司,后于 1992 年在中山市成立全资子公司雅居乐地产有限公司。2005 年 12 月 15 日,雅居乐集团在香港证券交易所挂牌上市,证券代码为 03383。公司的主营业务涵盖房地产开发、物业管理、室内设计与装修以及酒店经营,总部位于广东省广州市,业务遍及中山、广州、佛山以及香港、澳门等多个城市。

2)信托搭建

陈卓林的家族信托设立于雅居乐上市之前,信托控制的大股东为 Top Coast,且该公司同时是信托的受托人。Top Coast 为一家于雅居乐上市前夕(2005 年 5 月 17 日)设立的 BVI 有限公司,该公司在上市前后持有雅居乐 71.25% 的股份。2023 年中期报告显示,该家族信托的受托人变更为富丰投资有限公司。该公司全资拥有 Top Coast,家族信托持股的比例下降到了 52.19%。陈卓林家族信托的受益人为陈卓林、陈卓贤、陆倩芳、陈卓雄、陈卓喜及陈卓南,他们均为陈卓林的家族成员。上述家族信托架构可以由图 3-30 概括。

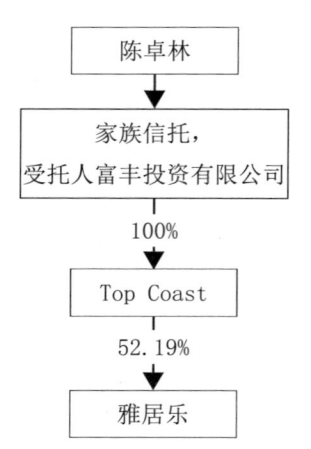

图 3-30 陈卓林家族信托架构(截至 2023 年)

3）分析

根据新闻报道，陈卓林、陈卓贤、陈卓喜、陈卓南、陈卓雄五兄弟共同参与雅居乐的日常经营，且五兄弟分工明确。上市前设立的 Top Coast 起到了汇聚家族成员持股、防止股权分散的目的，能够加固家族成员对上市主体的控制权，维护家族财富安全。此外，陈氏家族信托的架构可谓极简。上市之初，受托人 BVI 有限公司直接持有上市主体主权，后来该公司上层也仅仅加入了一层受托人，重组后的家族信托只包含一层 BVI 有限公司。以 Top Coast 股权为信托财产成立陈氏家族信托，陈氏五兄弟和陆倩芳作为受益人，富丰投资有限公司作为受托人，持有 Top Coast 公司全部股权。结合之前案例的探讨，联系地产业不景气的现状，该架构提供的风险隔离功能不能满足实际需要，在不久的将来，我们也许可以看到雅居乐股权家族信托再次重组，引入更多的风险隔离工具。

【案例】百奥家庭互动——吴立立、李冲、王晓东、戴坚家族信托

1）公司简介

百奥家庭互动的上市主体为百奥家庭互动有限公司，由吴立立、李冲、王晓东、戴坚联合创立。公司设立于开曼群岛，于 2014 年 4 月 10 日在港交所上市，证券代码为 02100。百奥家庭互动是国内优秀的互联网内容及服务提供商。公司专注于发展三大游戏细分领域，包括女性向、宠物收集以及养成游戏和二次元游戏，在国内的游戏细分市场处于领先地位，是深受 Z 世代用户喜爱的游戏文化品牌。

2）信托搭建

百奥家庭互动包含的多个家族信托架构设立于其上市之前。根据招股书，该公司在上市前已经包含了 DAE Trust、WHZ Trust、The Zhen Family Trust、

Tigercat SunShine Trust及WSW Family Trust五个家族信托，受托人均为TMF（Cayman）Ltd.。其中，DAE Trust、WHZ Trust、The Zhen Family Trust为百奥家庭互动上市前后最终的主要股东，这三个家族信托均创立于2013年12月27日，且受托人均为TMF（Cayman）Ltd.。DAE Trust由戴坚作为委托人创立，信托控制的直接大股东Stmoritz Investment Ltd.（彼时持股26.18%）由DAE Holding Ltd.全资拥有，后者由受托人全资拥有。WHZ Trust由吴立立作为委托人创立，信托的直接大股东Bright Stream Holding Ltd.（彼时持股15.83%）由WHEZ Holding Ltd.全资拥有，后者由受托人全资拥有。The Zhen Family Trust由李冲作为委托人创立，信托控制的直接大股东LNZ Holdings Ltd.（彼时持股7.2%）由Golden Water Management Ltd.全资拥有。上述各个持股公司均为BVI有限公司。2023年中期报告显示，上述信托架构没有发生变化，戴坚、吴立立、李冲通过信托控制的股份比例分别为24.37%、12.95%和4.07%。上述三个家族信托的架构可以由图3-31概括。

03 港股上市公司的家族信托

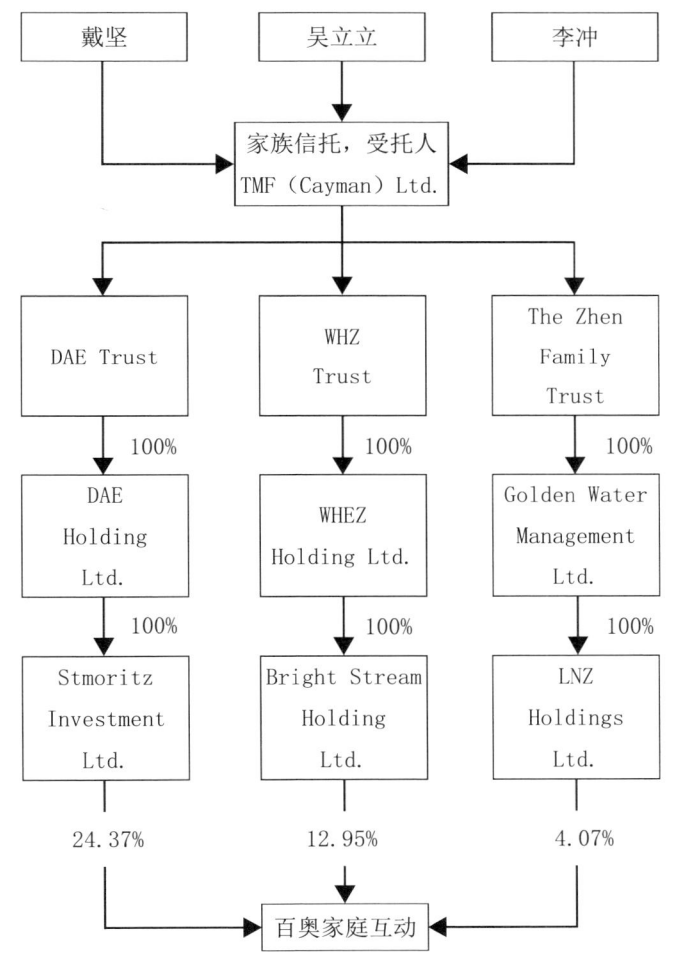

图 3-31 百奥家庭互动家族信托架构（截至 2023 年）

3）分析

上述的家族信托架构较为典型，为开曼信托下设两层BVI有限公司，由BVI有限公司最终持股开曼上市主体。除上图显示之外，百奥家庭互动还存在两个家族信托架构，均采用了与上图一致的结构和同一个受托人。这些家族信托的创办人、委托人均为百奥家庭互动的共同创始人。多个创始人/实控人分别设立家族信托的好处，在前面阳光 100 等案例中已经分析过：避免股东处理自己名下股权时打扰他人，因为若同一个家族信托包含多个实控人的持股链条，则每个实控人变动股权的时候，所有信托下的股东都需要一起办理外管局 37 号文外汇登记。同时分别设立信托但选定同一个受托人的好处是避免公司股权结构过于复杂，因为同一个受托人意味着公司形式上的实控人是同一家信托公司/受托人，这一点对于上市之前搭建信托架构的公司来说尤为重要。这是因为更简明的股权架构能够减少上市审查时出现差错的概率。

【案例】龙光集团——纪海鹏家族信托

1）公司简介

龙光集团上市主体全称为龙光集团有限公司，设立于开曼群岛，于 2013 年 12 月 20 日在港交所上市，证券代码为 03380。龙光集团创立于 1996 年，总部位于中国深圳，是以健康人居服务为核心业务的城市综合服务商。集团员工近 1.3 万人，位居 2020 年《财富》中国 500 强企业排行榜第 184 位、《福布斯》全球上市公司 1000 强。

2）信托搭建过程和现状

创始人、实际控制人纪海鹏的家族信托搭建于龙光集团上市之前。根据招股书，家族信托由纪海鹏的女儿纪凯婷作为委托人创立，受益人为纪凯婷的家族成员。然而，公开信息中，上市之时该家族信托的受益人并不包括纪海鹏。家族信托直接控制的大股东为 2013 年 4 月 16 日成立的 BVI 有限公司 Junxi Investments，持股 68%。该公司由根西岛有限公司 Kei Family United 全资拥

03 港股上市公司的家族信托

有。Kei Family United 由 Brock Nominees Ltd. 及 Tenby Nominees Ltd. 各自持有 50% 的股份。Brock Nominees Ltd. 及 Tenby Nominees Ltd. 代表根西岛的 Credit Suisse Trust Ltd. 的分公司作为家族信托的受托人。根据 2023 年中期报告，纪海鹏本人已经加入了公开信息中的受益人列表，并且上述家族信托的结构没有发生变化，除了信托持股的比例从 68% 下降到了 59.83%。上述信托架构可以由图 3-32 概括。

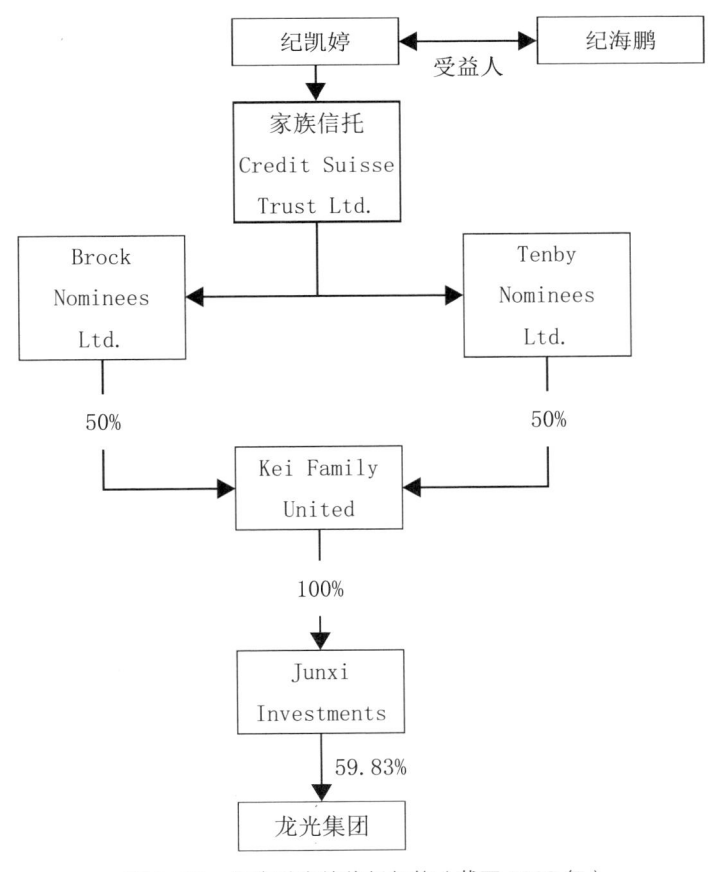

图 3-32 纪海鹏家族信托架构（截至 2023 年）

177

3）分析

纪海鹏家族信托的特点有二：一是信托设立于根西岛；二是纪海鹏并非本人设立信托，而是由其女儿设立，并且在上市之初，纪海鹏甚至不在明面上的受益人行列。本书在奥威控股案例中分析了根西岛信托的优势，在此不作赘述。创始人指定自己的一个孩子作为委托人创立信托的案例并不少见，例如奥威控股中公司创始人李艳军指定自己的儿子李子威创立信托并参与管理公司事务。可见，龙光集团的家族信托设立模式与奥威控股有诸多类似点。

两个的案例另外一个类似点在于，李艳军在最新的公开信息中不再持有上市主体的任何股份，而纪海鹏也仅仅持有 0.28% 的股份。虽然，他们在退居幕后的同时，让自己的子女站在公司治理的台前，但依然能借助自己与子女的强大亲情关系保留对公司的整体控制权。

龙光集团和奥威控股的家族信托案例共同为企业家们提供了非常好的学习榜样，特别是在独生子女比例颇高的当下中国。鼓励子女参与公司治理，并多加监督，能够兼顾家族财富的代际传递和财富安全保障，这两者是财富传承的题中应有之义。

【案例】电讯首科——张敬石四兄弟家族信托

1）公司简介

电讯首科是一家提供定制化的通信设施和运营服务的通信服务公司，创立于 1996 年，创始人为张敬石。电讯首科的上市主体为电讯首科控股有限公司，设立于开曼群岛，于 2018 年 3 月 27 日从港交所创业板转往主板上市，证券代码为 03997。

2）信托搭建

电讯首科的家族信托搭建于公司转板上市之前。根据转板上市公告，家族信托的受益人为包括张氏四兄弟（张敬石、张敬山、张敬川、张敬峯）在内的张氏兄弟家族成员，受托人为 J. Safra Sarasin Trust Company（Singapore）Ltd.，其代理人为 BVI 有限公司 Asia Square Holdings Ltd.，后者全资拥有 BVI 有限公司 Amazing Gain。Amazing Gain 全资拥有 BVI 有限公司 East Asia Pacific Ltd.，后者为公司的直接大股东，在转板上市前后持有公司 51.49% 的股份。根据 2023 年年报，上述信托架构没有发生变化，信托持股比例也基本保持不变（51.43%）。该信托架构可以由图 3-33 概括。

3）分析

电讯首科家族信托的特点是，张氏四兄弟没有分别设立信托，而是共同设立一个信托。之前的多个案例都陈述了多个创始人/实控人分别设立信托的好处，但这不意味着合并设立信托没有任何可取之处。合并设立一个信托最直观的优点就是公司股权结构明晰。目前，电讯首科的主席为张敬石，同时张敬石也是非执行董事。张敬山、张敬川都是非执行董事，张敬峯为执行董事兼行政总裁。

此外，本案例中的受托人也值得我们注意。受托人 J. Safra Sarasin Trust Company（Singapore）Ltd. 中文译名为嘉盛银行，是一家瑞士私人银行，成立于 1841 年，总部位于瑞士巴塞尔。该公司在新加坡的分公司为本案例中的受托人，因此张氏四兄弟的家族信托可被归类为新加坡信托。前面理想汽车案例中李想家族信托的相关论述中提到，新加坡信托的优点是安全性高，相关信托法律法规不允许委托人直接管理信托资产。因此，张氏四兄弟既然选择了"小众"的新加坡信托，那么他们很可能在信托搭建之时就确认了自己无意在将来过多地介入信托资产管理。这也能解释为什么他们没有分别设立信托。既然他们无意过多介入资产管理，那么分别设立信托带来的好处（方便处理资产）对他们而言也就意义不大了。

```
张敬石    张敬山  张敬川    张敬峯
              ↓   ↓          
              家族信托，
         受托人 J. Safra Sarasin Trust
           Company（Singapore）Ltd.
                    ↓ 设立人
              Asia Square
               Holdings
                 Ltd.
                    ↓ 100%
              Amazing Gain
                    ↓ 100%
               East Asia
                Pacific
                  Ltd.
                    ↓ 51.43%
                电讯首科
```

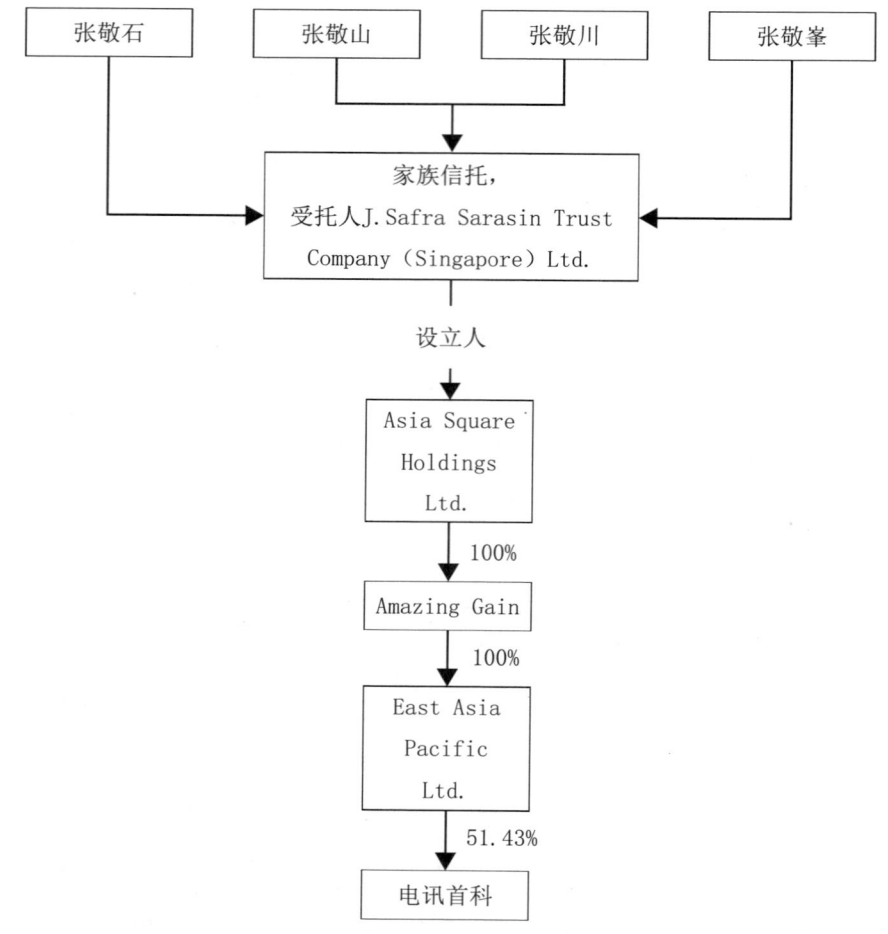

图 3-33　电讯首科家族信托架构（截至 2023 年）

【案例】友川集团——覃汉昇家族信托

1）公司简介

友川集团上市主体全称为友川集团控股有限公司，设立于开曼群岛，公司创始人为覃通衡。友川集团于2011年1月13日在港交所上市，证券代码为01323，目前该公司已经更名为华盛国际控股。友川集团是一家主要从事综合性业务的投资控股公司。公司及其子公司通过五个业务分部进行运营。家居消耗品业务分部从事家居消耗品的批发及零售；教育业务分部通过网上教育课程提供教育技术解决方案，并提供英语水平测试；放债业务部门提供放债服务；数码科技业务分部提供三维动画、扩增实景技术应用程序及网络教育应用程序的设计和开发；煤炭业务分部从事煤炭产品的买卖。

2）信托的搭建和退出

友川集团的覃汉昇家族信托搭建于友川集团上市之前。招股书显示，覃氏家族信托设立于2010年6月28日，财产授予人、委托人为覃通衡的儿子覃汉昇，受托人是Sarasin Trust Company，覃汉昇的若干家族成员为受益人。家族信托控制的直接大股东为BVI有限公司Able Bright，持有公司71.5%的股份，该公司由BVI有限公司Golden Realm全资拥有。Golden Realm的唯一股东为Bank Sarasin Nominees。由于Sarasin Trust Company为覃氏家族信托的受托人，Bank Sarasin Nominees是受托人的代理人。截至覃氏家族于2012年出售友川集团的全部股权，上述家族信托架构没有发生变动。上述信托架构可以由图3-34概括。

```
                    ┌──────────┐
                    │  覃汉昇   │
                    └────┬─────┘
                         ▼
             ┌───────────────────────┐
             │   家族信托，受托人      │
             │ Sarasin Trust Company │
             └───────────┬───────────┘
                    代理人全资持股
                         ▼
                 ┌──────────────┐
                 │ Golden Realm │
                 └──────┬───────┘
                       100%
                         ▼
                 ┌──────────────┐
                 │ Able Bright  │
                 └──────┬───────┘
                       71.5%
                         ▼
                    ┌──────────┐
                    │  友川集团 │
                    └──────────┘
```

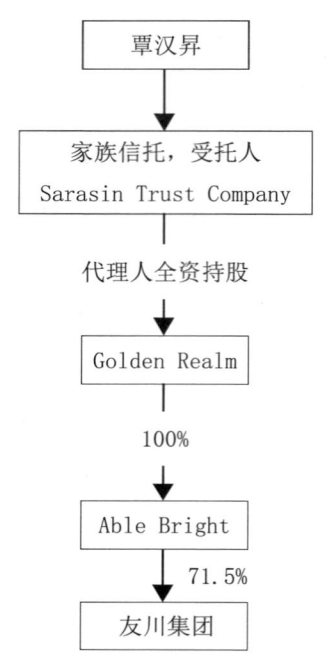

图 3-34 覃氏家族信托架构（截至 2012 年）

2012 年 3 月 16 日，友川集团发布公告称，Abel Bright 作为卖方，将卖出其名下全部的友川集团股份，即覃氏家族信托将出售全部股份（71.5%）。买方是双星环球有限公司，其创始人覃汉昇和黄伟昇分别持股 50%。自此，覃氏家族信托退出了友川集团。

3）分析

覃汉昇和他的家族出售全部股份的动机无从得知。出售股份的公告仅仅提及此举是为了彰显黄伟昇和覃汉昇的专业能力（黄伟昇拥有哥斯达黎加大学哲学博士学位，且取得了多个专业证书）。事实上，在覃汉昇出售了家族信托持有的股份后,公司执行董事也从他变成了黄伟昇,后者担任公司实控人直至现在。可以肯定的是,覃汉昇的父亲、公司的创始人覃通衡对此至少是支持的,因为在涉及股权出售的多笔交易中,覃通衡均担任了担保人。

【案例】康方生物——夏瑜、李百勇、王忠民、张鹏分别设立家族信托

1)公司简介

康方生物总部设在广东,创始人为夏瑜,是中国一家专事于肿瘤学和免疫学研究的具有领先地位的临床阶段生物技术公司。该公司在创新药物研发领域拥有卓越的专业能力。康方生物的上市主体全称是康方生物科技有限公司,设立于开曼群岛,于2020年4月24日在港交所上市,证券代码为09926。

2)信托搭建

康方生物的多个家族信托架构搭建于公司上市之前。招股书显示,联合创始人之一李百勇于2019年6月19日根据美国加州法律设立了Sunny Beach Living Trust,受托人为李百勇自己,受益人为李百勇的家族成员,信托持股比例为7.16%。联合创始人之一王忠民也在同日(2019年6月19日)依据加州法律设立了Mahogany Living Trust,受托人为王忠民自己,受益人为王忠民的若干家族成员,信托持股比例为6.19%。类似地,夏瑜于2019年6月11日设立了Gemstone Living Trust,受托人为夏瑜自己,受益人为夏瑜的家族成员,信托持股比例为10.58%。上述三个信托控制的直接大股东均为在美国内华达州成立的有限公司,分别为Kampfire LLC、Blazing Rosewood LLC和Golden Oaks LLC,三人分别拥有这三家公司全部的投票权。此外,联合创始人之一张鹏采用了不同的信托机构,他设置的家族信托以Cantrust(Far East)为受托人，受托人全资拥有BVI有限公司Woodband，后者进而全资拥有BVI有限公司Waterband，张鹏的信托持股比例为4.58%。2023年中期报告显示，上述家族信托基本没有变化，但是三个于美国设立的信托的持股比例均显著下降，所对应的是，夏瑜与另外三人（李百勇、王忠民、张鹏）签订了股权委托协议，三人将一部分投票权交由夏瑜行使，这使得夏瑜从三人那里取得了16.24%的股权。上述信托架构可以由图3-35概括。

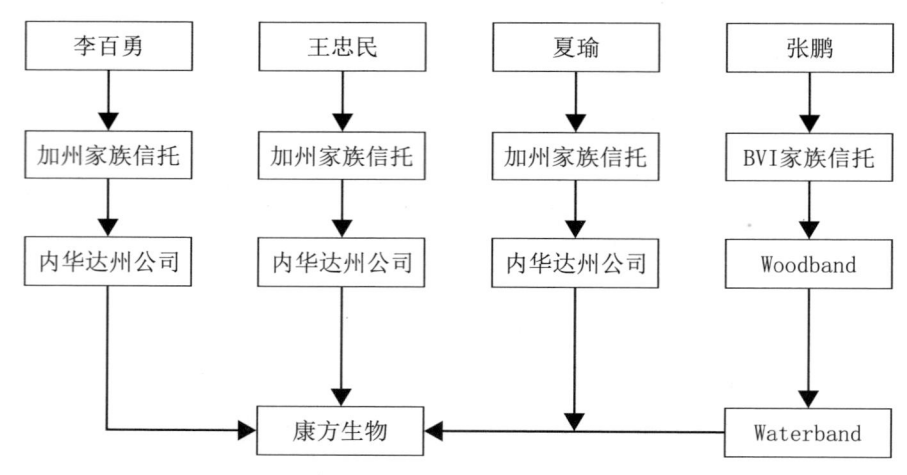

图3-35　康方生物家族信托架构（截至2023年）

3）分析

李百勇、王忠民、夏瑜在美国加州设立的信托为生前信托（living trust），这种信托的信托契约可以部分替代遗嘱，因此兼具财产遗嘱继承和家族财富传承的作用。在美国设立的生前信托中，多数人都会像本案例中的李百勇、王忠民和夏瑜一样指定自己为受托人。因此，即使财产已经交付给信托，设立人仍然能够全权管理信托财产。这一点与BVI和开曼等地设立的常见的离岸信托有本质的不同，BVI和开曼等地设立的离岸信托虽然允许设立人、财产授予人保留一部分管理财产的权力给自己，但美国的生前信托则允许设立人全权执掌财产。

在美国设立的生前信托与一般信托一样，分为可撤销信托和不可撤销信托，但较常见的是可撤销信托。设立生前信托的主要好处是规避遗产认证（probate）程序。在美国，尤其是加州、纽约，遗产验证既费时又费钱，而透过信托可以将资产整理妥善，以后不需要验证和公开资产信息，隐私也可以得到保护。尽管生前信托不能规避遗产税，但是节省下来的遗产认证费用和时间已经是不小的助益。

【案例】立高控股——林柏龄家族信托套现全部股权

1）公司简介

立高控股的上市主体全称为立高控股有限公司，设立于开曼群岛。立高控股及其子公司是一家总部位于中国香港的一站式环境卫生服务供应商。公司的环境卫生服务涵盖四类，即清洁服务、虫害管理服务、废物管理及回收服务、园艺服务。立高创始人为林柏龄，公司为各种场所提供环境卫生服务，如住宅楼宇、商业大厦等。立高控股于2017年7月18日在港交所创业板上市，证券代码为08472。

2）信托搭建

立高控股创始人林柏龄的家族信托搭建于公司上市之前。根据招股书，林柏龄与其妻子黄小芬于2016年8月8日创立了林氏家族信托，二人都是财产授予人，受益人为林柏龄和黄小芬。信托受托人为Max Super Holdings，该公司是一家于2016年7月6日在BVI设立的有限公司。信托控制的直接大股东为BVI有限公司Gold Cavaliers，持股75%；该公司由Max Super Holdings（作为信托受托人）持股 78.67%，由 BVI 有限公司 Magic Pioneer 持股 21.33%。

Magic Pioneer 分别由 Earnmill Holdings Ltd.、Croydon Capital Advisors Ltd. 及熊剑瑞拥有 34%、33% 及 33% 股份。Croydon Capital Advisors Ltd. 由非执行董事蔡仲言全资拥有。Earnmill Holdings Ltd. 由 TTNB Profit Ltd.（继而由谭伟棠全资拥有）及 Kiteway Assets Ltd.（继而由谭伟豪全资拥有）平均拥有。截至 2021 年 10 月 11 日林氏家族信托出售全部持有的公司股份，上市家族信托架构没有发生变化，其结构可以由图 3-36 概括。

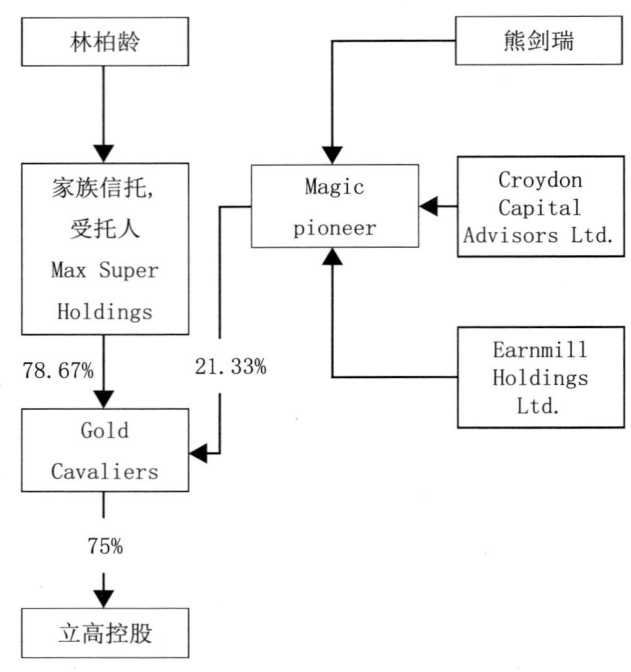

图 3-36　林柏龄家族信托架构（截至 2021 年 10 月 11 日）

2021 年 10 月 11 日，林氏家族信托控制的 Gold Cavaliers 将其持有的全部公司股份出售给盈通金融集团有限公司。自此，林氏家族信托不再持有任何立高控股的股份。紧接着，立高控股于2021年10月20日发布公告，林柏龄辞任公司主席、执行董事、行政总裁兼合规主任，黄小芬辞任立高控股附属公司董事，二人自此都不再担任集团高管职务。

3）分析

林氏家族信托的受托人是一家在信托搭建前夕才设立的有限公司，这家公司并非BVI的持牌信托公司。由于公司的名称不带有"PTC"字样，这使得我们无法断言林氏家族信托是否是VISTA信托。但是，BVI于2013年修订的VISTA法案允许持牌信托公司和PTC担任联合受托人，这意味着一家普通的BVI有限公司也可以担任受托人，只要持牌信托公司或PTC与其并列为受托人即可。并且，港交所并不强制要求透露受托人（比如在阿里巴巴案例中，我们也不知道马云家族信托的受托人身份），只要最终的股权归属可以确定为信托受益人即可。因此，公开文件透露的这个临时设立的Max Super Holdings很可能只是联合受托人之一，而PTC或者持牌信托公司并没有被披露。关于设立VISTA信托的好处，本书已经在阿里巴巴和翰森制药的家族信托案例中详述过，在这里不作赘述。

【案例】佳兆业——郭英成家族信托

1）公司简介

佳兆业的上市主体全称为佳兆业集团控股有限公司，设立于开曼群岛。佳兆业于1999年在中国香港成立，创始人为郭英成。公司的业务为在中国进行房地产开发，特别是在全国大中城市的房地产开发，具体包括住宅、写字楼及酒店式公寓等。佳兆业在中国内地以城市更新业务闻名，有"旧改（旧城改造）之王"之称。佳兆业于2009年12月9日在港交所上市，证券代码为01368。

2）信托搭建

郭英成的家族信托搭建于佳兆业上市之前。根据招股书，郭英成先是成立了郭英成家族信托基金，受益人包括其本人和家族成员。上市前后，家族信托的受托人为 Credit Suisse Trust Ltd.（瑞信），直接控制的大股东为大昌投资有限公司和大丰投资有限公司（两家公司都是于 2007 年 7 月 23 日成立的 BVI 有限公司），它们分别持股 22.8% 和 23.5%。这两家公司均由昌裕投资有限公司（同样于 2007 年 7 月 23 日成立的 BVI 有限公司）全资拥有。而昌裕投资有限公司则由 Good Health Investments Ltd. 全资拥有。瑞信的代理人系 SeLetar Ltd.，拥有 Good Health Investments Ltd. 50% 的股权，受托人 Serangod Ltd. 拥有 Good Health Investments Ltd. 50% 的股权。上述家族信托经过了重组。重组后，大昌投资有限公司改由郭英成直接全资拥有，而大丰投资有限公司保留在信托架构之中。此外，信托的受托人变成了东亚银行信托［Bank of East Asia（Trustees）Ltd.，注册地为香港九龙］。郭氏家族信托持有的股份比例为 13.83%。

2015 年，佳兆业经历了一次重组，瑞信不再担任家族信托的受托人，大丰投资有限公司和大昌投资有限公司分别转由郭英成和郭晓群（郭英成儿子）直接全资拥有。此后，大丰投资有限公司由兴胜有限公司全资拥有，后者由宏一（亚洲）有限公司全资拥有。宏一（亚洲）有限公司由骏佳企业有限公司全资拥有，而骏佳企业有限公司则由东亚银行信托作为郭英成家族信托的受托人全资拥有。以上重组后的家族信托架构由图 3-37 概括。

03 港股上市公司的家族信托

```
                    ┌──────┐
                    │ 郭英成 │
                    └──┬───┘
                       │         ────────────┐
                       ▼                     │
              ┌─────────────┐                │
              │ 家族信托,    │                │
              │ 受托人东亚   │                │
              │ 银行信托     │                │
              └──────┬──────┘                │
                     │ 100%                  │
                     ▼                       │
              ┌─────────────┐                │
              │ 骏佳企业     │                │
              │ 有限公司     │                │ 100%
              └──────┬──────┘                │
                     │ 100%                  │
                     ▼                       │
              ┌─────────────┐                │
              │ 宏一（亚洲） │                │
              │ 有限公司     │                │
              └──────┬──────┘                │
                     │ 100%                  │
                     ▼                       │
              ┌─────────────┐                │
              │ 兴胜         │                │
              │ 有限公司     │                │
              └──────┬──────┘                │
                     │ 100%                  │
                     ▼                       ▼
            ┌─────────────────┐    ┌─────────────────┐
            │ 大丰投资有限公司 │    │ 大昌投资有限公司 │
            └────────┬────────┘    └────────┬────────┘
                     │ 13.83%              │ 11.68%
                     └────────┐   ┌────────┘
                              ▼   ▼
                           ┌──────┐
                           │ 佳兆业 │
                           └──────┘
```

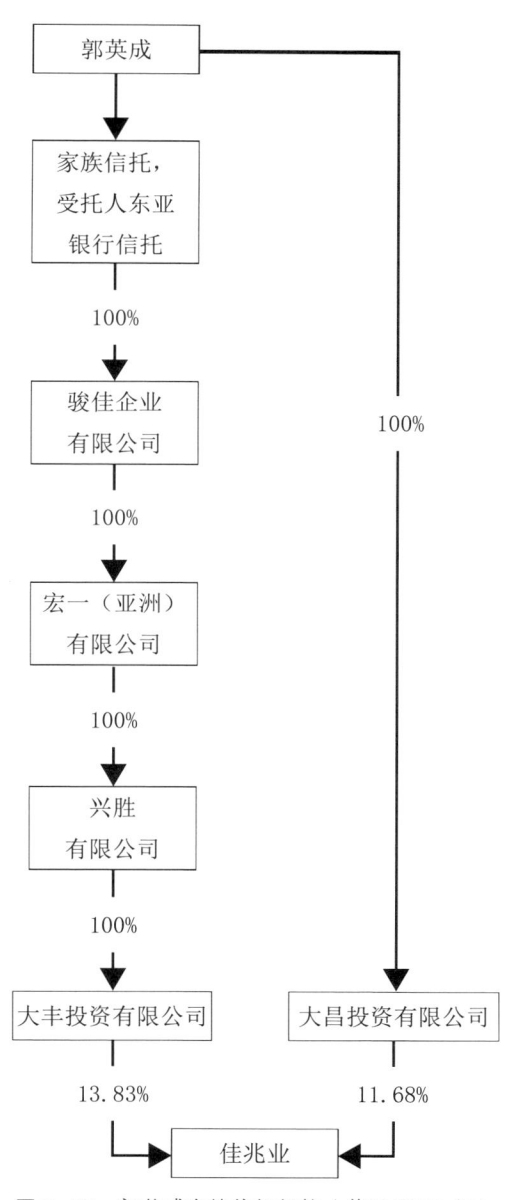

图 3-37 郭英成家族信托架构（截至 2023 年）

3）分析

郭英成将家族信托暂时的拆解放在 2015 年下半年的海外债务重组过程中。重组完成后，大昌投资有限公司和大丰投资有限公司改由创始人父子直接持有。2019 年，大丰投资有限公司持有的股权被装入以东亚银行信托为受托人的家族信托中，但是整个家族信托持股的比例较 2015 年重组发生之前大大降低。这给广大企业家以启示，搭建信托、将股权装入信托并不是隔离风险的万能良药。实现家族财富的保值增值与传承的根本，是优化运营实体的管理，从根本上管控风险。

【案例】全达电器——尹志强家族信托

1）公司简介

全达电器上市主体全称为全达电器集团（控股）有限公司，设立于开曼群岛，于 2018 年 5 月 11 日在港交所上市，证券代码为 01750。全达电器创始人是尹志强等，该公司是一家从事销售及制造低压配电及电力控制装置的投资控股公司。该公司的产品用于配电、电力控制、电路连接、电路开关及保护等，其应用涵盖商业楼宇、购物中心、酒店、银行、污水处理厂、学校、医院、铁路站、数据中心及政府总部等众多场所。

2）信托搭建

全达电器的家族信托搭建于公司上市之前。根据招股书，家族信托控制的直接大股东为 BVI 有限公司 Unique Best，设立于 2017 年 6 月 14 日，上市前后持有公司 75% 的股份。Unique Best 由 WANs Ltd.、REM Enterprises 和 REM Ltd. 分别持有 85.14%、13.33% 和 1.53% 的股份。其中，WANs Ltd. 由 WAN Union 作为 WAN Trust 的受托人全资拥有。WAN Trust 是由尹民强、尹志伟及尹志强（尹志强作为财产授予人）以WAN Union为受托人成立的全权家族信托。尹民强、尹志伟及尹志强为亲兄弟，该信托的受益人为他们三人以及他们各自的家族成员。2023年中期报告显示，尹氏家族信托的架构没有发生任何变化。上述信托架构可以由图3-38概括。

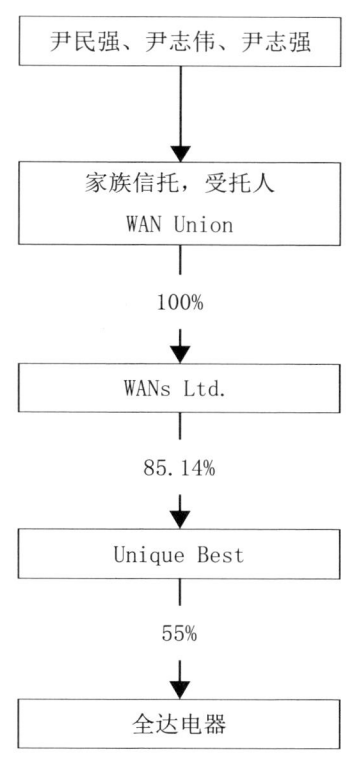

```
        尹民强、尹志伟、尹志强
                 ↓
         家族信托，受托人
            WAN Union
                 ↓ 100%
            WANs Ltd.
                 ↓ 85.14%
           Unique Best
                 ↓ 55%
             全达电器
```

图3-38　尹氏家族信托架构（截至2023年）

3）分析

尹氏家族信托的特点在于，三个家族成员共同作为公司高管和实控人，没有分别成立家族信托，而是合并成立了一个家族信托。这可能是因为三人均在香港地区长期居住，且公司业务主要在港澳地区，三人并无从境内分配股息的需求。因此，外管局 37 号文下的外汇登记对三人并无影响，而公司高管中的家庭成员（特别是人数达到 3 人时）分别设立信托的主要好处之一就是避免外管局 37 号文重复登记的麻烦。所以，本案例恰好从反面证明了居住于中国内地且有从内地分配股息需要的企业家，应当在多个创始人将股权装入信托时，分别设立各自的信托。

【案例】金嗓子——曾勇家族信托

1）公司简介

广西金嗓子的上市主体全称为金嗓子控股集团有限公司，设立于开曼群岛，于 2015 年 7 月 15 日在港交所上市，证券代码为 06896。金嗓子是全国制药行业的优秀科技型企业，同时拥有知名品牌"金嗓子"，其打造的润喉糖"金嗓子喉片"是家喻户晓的产品。金嗓子的创始人是江佩珍，任广西金嗓子有限责任公司董事长。江佩珍的儿子曾勇现任港交所上市主体的执行董事。

2）信托搭建

金嗓子创始人的儿子曾勇在金嗓子上市前设立了家族信托。根据招股书，该家族信托设立于上市前夕的 2015 年 2 月 25 日，曾勇为财产授予人、保护人，信托受托人为 Sovereign Trust International Ltd.［为 Sovereign Trust（Hongkong）Ltd. 的联营公司］，该公司为直布罗陀金融服务委员会授权的专业公司受托人。家族信托以曾勇及其子女等后裔为受益人。受托人全资拥有 BVI 有限公司 Jin Jiang Global，而 Jin Jiang Global 全资拥有 BVI 有限公司 Golden Throat International，后者在上市前后持有公司 61.7% 的股份。根据 2023 年中期报告，上述信托架构没有发生任何变化，且信托持股的比例也基本没有改变

（信托依然通过Golden Throat International持有公司61.28%的股份）。上述信托架构可以由图3-39概括。

```
                    曾勇
                     ↓
        家族信托，受托人Sovereign
         Trust International Ltd.
                     ↓ 100%
                Jin Jiang
                 Global
                     ↓ 100%
              Golden Throat
              International
                     ↓ 61.28%
                   金嗓子
```

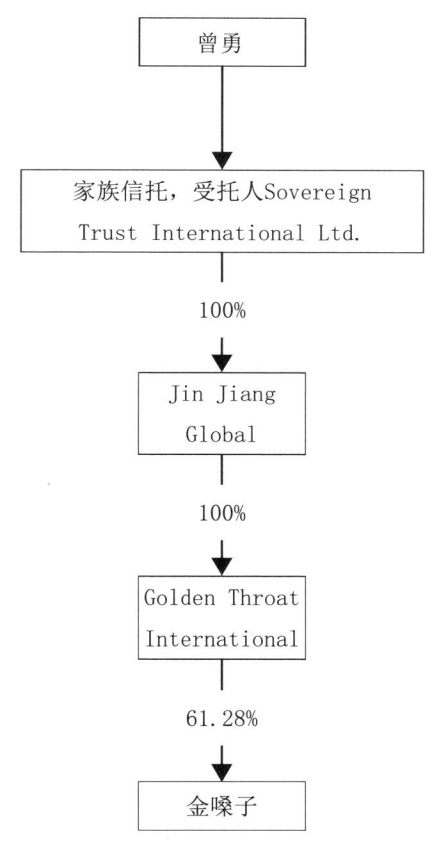

图3-39 曾勇家族信托架构（截至2023年）

3）分析

曾勇设立的家族信托采用了常用的结构，即离岸信托公司受托人下设两层BVI有限公司。但该案例的特点是其采用了直布罗陀信托机构作为受托人，并非其他案例中常见的在开曼、BVI等地设立的信托公司或私人公司。直布罗陀是信托实际使用优秀且非常前沿的地区之一，也是首个立法通过信托公司形式的司法管辖区。专业的受托人根据该地区1989年《金融服务条例》的规定，必须获得官方颁发的许可证，并由"金融服务委员会"（FSC）进行监管。直布罗陀地区的信托规定起源于英国普通法和衡平法规则，并通过特定的法规进行补充说明。此外，直布罗陀地区的法规虽然也要求受托人知道委托人和受益人的身份，但这一信息是完全保密的。为了增强信托保密性，直布罗陀地区的法规不要求信托公司报告信托活动。

直布罗陀地区的信托具有税务优势。首先，该地的信托大部分为全权信托（discretionary trust），受益人的利益具有不确定性，因此，受益人在获得资产分配之前可以避免所有的税负。其次，若直布罗陀信托的受益人（以信托文件为准）全部为非直布罗陀居民，且信托资产在直布罗陀没有收入，那么信托公司本身也可以获得当地的免税待遇。再次，信托信息的保密性——只有那些为保护财产而设立的信托才需要注册。最后，信托资产的转让无须缴纳印花税，除非是位于直布罗陀的房地产。

然而，直布罗陀未能成为像BVI、开曼一样的主流离岸信托设立地的原因可能是，直布罗陀曾经规定该地的信托只能存续100年。这一限制由2014年生效的法律（Perpetuities and Accumulations · Amendment · Act 2014,《2014年永续和累积法》）提高到250年。此外，直布罗陀此前只允许经过行政许可的公司担任受托人，这使得许多希望成立私人信托公司的人不能选择该地区设立信托。而如今随着法律规定的更新，只要其不开展依法需要许可证的活动，私人有限公司也可以担任受托人。即使法律已经变更，但直布罗陀想要成为像BVI、开曼一样的主流离岸信托设立地还需要时间的沉淀。

【案例】宏安地产——邓清河家族信托

1）公司简介

宏安地产设立于百慕大，于2016年4月12日在港交所上市，证券代码为01243。宏安地产是从宏安集团（港交所上市公司，证券代码01222）中分拆出来在港交所上市的。宏安集团以及宏安地产的创始人为邓清河。宏安集团的主要业务涵盖地产管理、金融投资以及其他投资项目。

2）信托搭建

宏安地产的股权家族信托设立于公司上市之前。根据宏安地产的招股书，2005年1月26日，创始人邓清河设立家族信托，以其家族成员为受益人。家族信托控制的直接大股东为致力有限公司，在宏安地产上市前后，该公司持有宏安地产的母公司——宏安集团29.96%的股份。宏安集团全资拥有BVI有限公司Wang On Enterprises（以下简称WOE），而WOE全资拥有BVI有限公司Earnest Spot，后者持有宏安地产75%的股份。宏安地产、宏安集团的2023年中期报告显示，邓氏家族信托的受托人为Alpadis Trust（HK）Ltd.，全资拥有致力有限公司。截至2023年，该信托架构基本没有发生变动，可以由图3-40概括。

```
          邓清河
            │
            ▼
  家族信托，受托人
  Alpadis Trust (HK) Ltd.
            │ 100%
            ▼
       致力有限公司
            │ 29.96%
            ▼
        宏安集团
            │ 100%
            ▼
         WOE
            │ 100%
            ▼
      Earnest Spot
            │ 75%
            ▼
        宏安地产
```

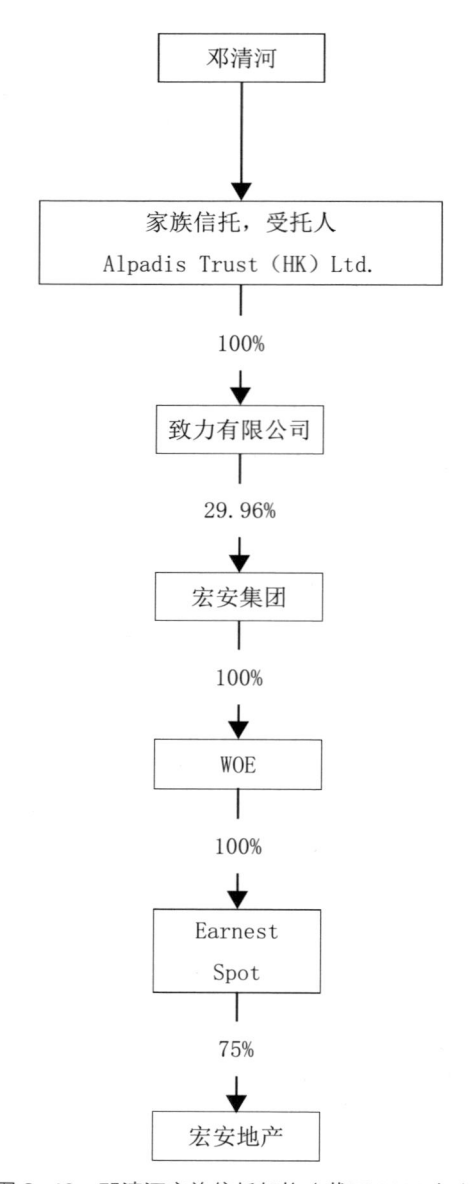

图 3-40 邓清河家族信托架构（截至 2023 年）

3）分析

本案例以香港信托公司担任受托人，且母公司与子公司上市主体之间搭建了两层BVI有限公司。本案例提供了如何将具有一定规模的子公司的股权装入家族信托的模板。在母公司宏安集团已经上市时，宏安地产的业务达到较大规模后被分拆上市。邓氏家族无须再重新设立一个家族信托来容纳宏安地产的股权，只需要保证母公司对子公司具有控制权即可，如此可以间接将子公司的股权装入已经存在的家族信托，免去重新设立信托的麻烦。

【案例】宇华教育——李光宇家族信托

1）公司简介

宇华教育上市主体全称为中国宇华教育集团有限公司，设立于开曼群岛，于2017年2月28日在港交所上市，证券代码为06169。宇华教育创始人为李光宇，其前身是根据与北京大学的合作协议创办的"北京大学附属中学河南分校"，即郑州市宇华实验学校。2005年，通过设立郑州市宇华实验小学及郑州市宇华实验双语幼儿园，宇华的服务范围扩展至小学及幼儿园教育。2009年，宇华与河南理工大学展开合作，开始以万方科技学院为名提供高等教育服务，其后，该公司于2016年将其转设为郑州工商学院。2014年，公司将学校的品牌重新定为"宇华"，并与北京大学订立中止合作协议，不再使用"北京大学附属中学"品牌。

2）信托搭建

李光宇在公司上市前设立了家族信托。根据招股书，信托直接控制的大股东为BVI有限公司光宇投资控股有限公司（以下简称"光宇投资"，于2016年3月21日设立），该公司在上市前后持有公司75%的股份。光宇投资由TMF（Cayman）Ltd.的代理人Baikal Lake Investment（BVI）全资拥有。而Nan

Hai Trust 是李光宇（作为委托人）为其自身及其女儿李花的利益而于 2016 年 9 月 6 日设立的全权信托，TMF（Cayman）Ltd. 是信托受托人。根据 2023 年中期报告，上述信托架构没有发生变化，但信托持股的比例变为 53.35%。该信托的结构可以由图 3-41 概括。

```
            李光宇
              │
              ▼
    Nan Hai Trust，受托人
      TMF（Cayman）Ltd.
              │
             100%
              ▼
        代理人 Baikal
       Lake Investment
              │
             100%
              ▼
          光宇投资
              │
           53.35%
              ▼
          宇华教育
```

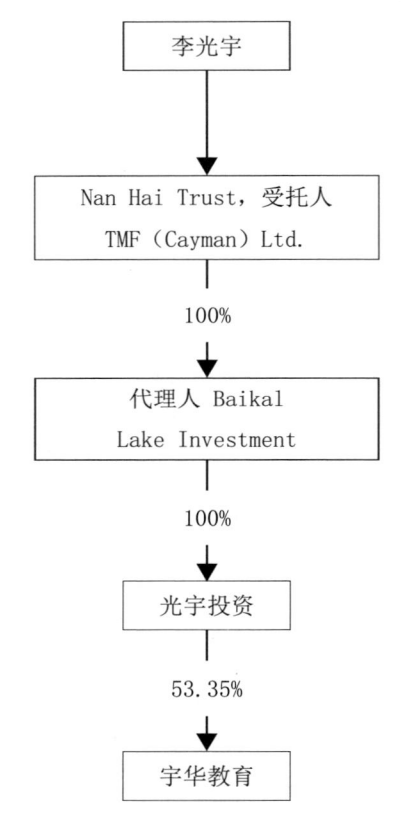

图 3-41 李光宇家族信托架构（截至 2023 年）

3）分析

李光宇的家族信托的受益人仅为他自己和女儿李花。招股书显示，李花

2010年7月毕业于北京大学哲学专业，于2016年9月7日首次被委任为宇华教育的上市主体公司的执行董事及董事会副主席。李花亦兼任公司行政总裁，并且深度参与宇华教育旗下各个公司的管理。在2017年公司上市之时，李花年仅29岁。在不久的将来，李光宇或许会选择进一步退居幕后、重组家族信托，依靠女儿与自己的一致行动来掌控公司。

【案例】禅游科技——叶升家族信托

1）公司简介

禅游科技的上市主体全称为禅游科技控股有限公司，设立于开曼群岛，禅游科技于2019年4月16日在港交所上市，证券代码为02660。禅游科技是叶升于2010年7月在深圳成立的一家手机游戏开发商和运营商。该公司专注于移动游戏的开发和运营，以及第三方开发的游戏的运营。

2）信托搭建

禅游科技的家族信托由叶升在公司上市前设立。根据招股书，叶升家族信托于2018年10月26日设立，信托直接控制的大股东为BVI有限公司Sky-zen Capital Ltd.，持有公司22.27%的股份。Sky-zen Capital Ltd.由叶升家族信托受托人汇聚信托（设立于中国香港的信托公司）的代理人（BVI有限公司YS Ltd.）持有80%的股份，而叶升直接全资拥有的BVI有限公司Sky-zen Capital Ltd.持有其20%的股份。2023年中期报告显示，叶升家族信托的架构基本没有发生变化，且信托持股比例大致不变（22.49%）。上述家族信托架构可以由图3-42概括。

```
         ┌──────┐
         │ 叶升 │──────────┐
         └──┬───┘          │
            ↓              │
    ┌──────────────┐       │
    │家族信托，受托人│      │
    │  汇聚信托    │       │
    └──────┬───────┘       │
          100%             │
            ↓              │
    ┌──────────────┐       │
    │ 信托代理人   │      20%
    │   YS Ltd.    │       │
    └──────┬───────┘       │
           80%             │
            ↓              │
    ┌──────────────┐       │
    │  Sky-zen     │←──────┘
    │ Capital Ltd. │
    └──────┬───────┘
         22.68%
            ↓
    ┌──────────────┐
    │  禅游科技    │
    └──────────────┘
```

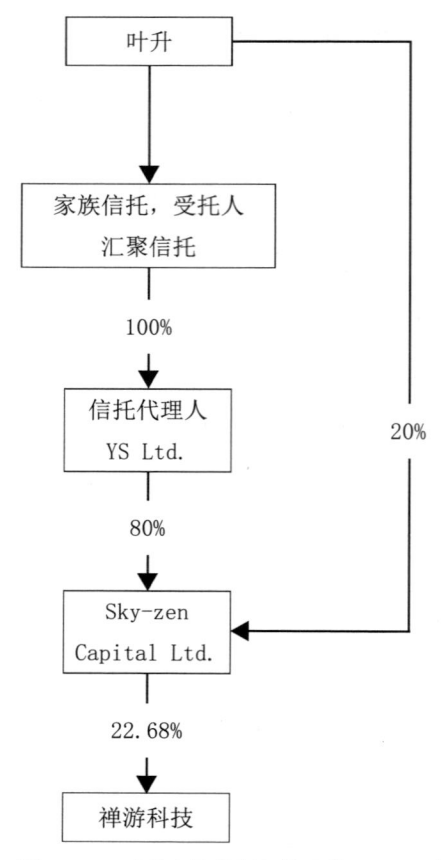

图 3-42　叶升家族信托架构（截至 2020 年）

3）分析

叶升家族信托与其他家族信托典型案例一样，使用了受托人下设两层 BVI 有限公司的结构，这两层公司中可以有一家公司是信托公司设立的代理人公司。本案例值得特别关注的是，叶升本人一直保留了对直接大股东 Sky-zen Capital Ltd. 的 20% 股份，而非像众多其他案例一样由上层的 BVI 公司全资控制直接大股东。这样操作的好处是，预留给本人直接持有的股权可为其将来处理股权提供便利。如果全部股权都装入信托中，那么将来在处置股权导致股权变动时，所有信托架构下的公司都涉及外管局37号文外汇登记的问题。处置预留给个人的股权则相对程序更简单。

【案例】MOS House——曹思豪家族信托

1）公司介绍

MOS House全称为MOS House Group Ltd.，是一家植根于香港的大型瓷砖零售企业，其创始人为香港的优秀企业家曹思豪，主营业务包括瓷砖产品、卫浴产品、橱柜等。2018年10月19日，以创始人曹思豪等为控制人的MOS House（开曼）在香港联交所上市交易，证券代码为01653。在MOS House（开曼）在香港上市前，创始人曹思豪、其配偶徐道飞依据开曼群岛法律设置了家族信托。

2）信托架构

根据招股书披露的公开信息，MOS House在上市前，其创始人曹思豪与其配偶徐道飞设立了家族信托，该信托设在开曼群岛，TMF（Cayman）Ltd.为该信托的受托人。

TMF（Cayman）Ltd.通过BVI有限公司RB Mangement全资控股BVI有限公司RB Power，RB Power持有MOS House 62.5%的股份，而RB Management为于BVI注册成立并为家族信托之受托人TMF（Cayman）Ltd.使用之控股公司。因此曹思豪、徐道飞是信托的实际控制人。

该信托架构如图3-43所示。

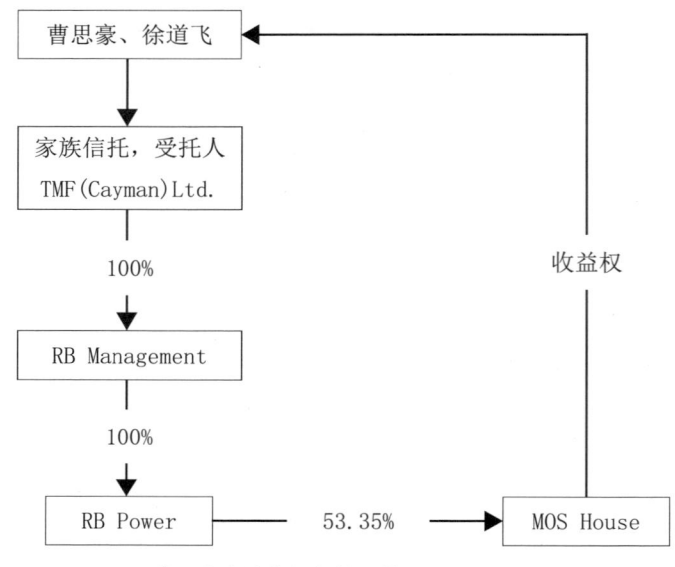

图 3-43 曹思豪家族信托架构（截至 2020 年 7 月 30 日）

3）分析

为保护家族利益，曹思豪、徐道飞夫妇设立了家族信托，以曹思豪及其家族成为受益人。这样设计的好处是节省公司设立、管理等费用，且使得公司的控制权更简单明了，在港股上市时对于控股股东的披露义务更少、更简洁，上市的成本更低、成功率更高。因为港股主板、创业板都要求上市申请人的拥有权及控制权维持不变，这一要求的主要目的是避免上市申请人在上市前的控制和管理存在不稳定的风险。[①]因此，拟上市的公司的控股股东结构越简单越好。

当然这样操作的弊端就是难以防范婚变的风险。一旦发生婚变危机，难以实现使用权合一、所有权分离的状态。一旦夫妻作为大股东和实际控制人正式离

---

① 《主板上市规则》第 8.05（1）（c）条/《创业上市板规则》第 11.12A（2）条。

03 港股上市公司的家族信托

婚，在未来无法保证他们继续保持原有的一致行动来维护公司权益，其公司股价亦可能遭受婚变的影响。

【案例】辰兴发展——白选奎家族信托

1）公司介绍

辰兴发展全称为辰兴发展控股有限公司，1997年起步于晋商故里山西晋中，创始人为山西人白选奎。该公司具备中国房地产开发企业一级资质，是一家多元化发展的企业集团。辰兴发展拥有地产、产业、资管金融、建设、生活服务五大集团。公司业务已拓展至长三角、中西部及珠三角等国家经济核心区域。公司于2015年在香港联交所上市，证券代码为02286。上市后，辰兴发展实现了山西本土企业在港交所主板IPO上市零的突破，以及山西本土房企上市零的突破。

2）信托架构

白选奎的弟弟白武魁在辰兴发展上市前设立了家族信托。招股书显示，2014年11月13日，白武魁设立了以White Empire（PTC）Ltd.为受托人的家族信托，最初的受益人为白选奎的儿子白国华，且受托人可以在信托存续期间不时提名其他人为受益人。2015年3月18日，受托人另外增加指定白武魁的妻子为受益人。上市前后，White Empire（PTC）Ltd.全资拥有BVI有限公司White Dynasty，该公司直接持有辰兴发展57.82%的股份。2023年中期报告显示，上述家族信托的架构没有发生变化，并且信托持股比例也维持在57.82%。唯一的变化是，家族信托的受益人中增加了白选奎的妻子程桂莲。另外，信托受托人保留了不时提名他人作为受益人的权利。上述家族信托架构可以由图3-44概括。

203

```
            ┌──────────────┐
            │ 白选奎家族信托 │
            └──────┬───────┘
                   ↓
            ┌──────────────┐
            │    White     │
            │    Empire    │
            │  (PTC)Ltd.   │
            └──────┬───────┘
                  100%
                   ↓
            ┌──────────────┐
            │    White     │
            │   Dynasty    │
            │    (BVI)     │
            └──────┬───────┘
                 57.82%
                   ↓
            ┌──────────────┐
            │   辰兴发展    │
            └──────────────┘
```

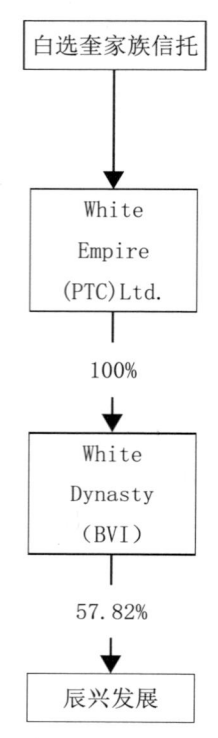

图 3-44　白选奎家族信托架构（截至 2023 年）

3）分析

辰兴发展的家族信托特点有两点：一是家族信托受托人和主体公司之间只存在一层 BVI 公司；二是受托人非专业信托公司，而是在 BVI 成立的私人信托公司 White Empire（PTC）Ltd.。一层 BVI 公司这一特点是海外信托实操的例外，而这很可能是信托持股比例毫无变化的原因。

第一，本书中大多数案例，以及实操中的多数海外信托架构，都会在受托人和实体公司之间设立两层 BVI 公司，这不仅是出于风险隔离的考量，更是出于便捷完成外管局 37 号文外汇登记的考虑。本书已经提到过，外管局 37 号文要求申请人在其直接持股的境外特殊目的公司的股权发生变动时，均需要办理变更登记。并且规定申请人只需要就其持股的第一层境外公司的股权变动办理变更登记；若第二层（即该公司持股的子公司）股权发生变动，则无须办理变更登记。所以，设立两层 BVI 公司的目的就是，实控人在处置公司股权的时候，只需要处理第二层 BVI 公司的股权，而无须处置其直接持股（或者通过家族信托持股）的第一层 BVI 公司的股权，这样在处置股权的时候就无须办理外汇登记，因为信托公司或者其本人直接持有的境外公司的股份比例没有发生变化。

然而，辰兴发展的家族信托不存在第二层 BVI 公司，这意味着信托持股的比例发生任何变化，实控人均需要办理外汇登记。也许正是其中的麻烦，使得信托持股的比例自 2015 年上市到 2023 年，连一个小数点后的数字都没有发生变化。

第二个特点是受托人的私人信托公司属性，这一点从公司名称中的"PTC"字样可以看出来。之前的案例中提到过，PTC 能够赋予受托人更多的灵活性，因为公司是专门为了掌管特定的信托而设立的，PTC 的内部运营完全由设立人决定。而专业的信托公司因为需要满足 BVI 对于持牌信托公司的管理，面临更多的合规要求，因此灵活性较差且存在因合规而引发的成本，这部分成本就都被转嫁到它们的客户身上。在辰兴发展的案例中，受托人拥有的不时指定受益人的权利，实际上为设立人所掌握。

【案例】沧海控股——彭永辉家族信托

1）公司介绍

沧海控股全称为沧海控股有限公司，始创于 2001 年，创始人为彭道生。2017 年 3 月 31 日，沧海控股于香港联交所主板上市，证券代码为 02017。沧海控股旗下公司拥有市政公用工程施工总承包、水利水电工程施工总承包、建筑工程施工总承包、城市及道路照明工程专业承包、建筑装修装饰工程专业承包、古建筑工程专业承包六项一级资质，公路工程施工总承包二级资质，机电工程施工总承包、地基基础工程专业承包、环保工程专业承包三项三级资质以及风景园林工程设计专项甲级资质，中国清洁清洗行业等级资质（国家一级），绿化造林施工乙级资质。所承建的工程前后获得国家级、省级、市级荣誉百余项，企业连续多年荣膺"全国城市园林绿化企业 50 强"和"宁波市建筑业骨干企业"称号，在为社会提供全面服务的同时，塑造了"沧海控股"优质品牌的形象。

2）信托架构

在公司上市前，彭道生的两个儿子彭永辉、彭天斌就沧海控股的股权分别设立了两个家族信托，且他们均亲自担任信托的受托人。彭永辉全资拥有浩程公司，而彭天斌全资拥有天钰公司，两家公司均为BVI有限公司，作为直接股东分别持有沧海控股50%的股份。上市前后，为满足公众股东持股的最低比例要求，两家公司的持股比例均下降到37.5%，合计75%。

2023年中期报告显示，上述两个家族信托的受托人已变为彭永辉一人。彭永辉本人作为受托人全资拥有浩程和天钰两家公司（均为BVI有限公司），两家公司作为受托人各自直接持有226,170,000股和225,000,000股股票，分别占总股本的36.38%和36.38%，两企业的收益均属于彭天斌及其彭姓后代。除此之外，装入两个家族信托的股权比例仍然较高，为72.95%。上述家族信托的结构可以由图3-45概括。

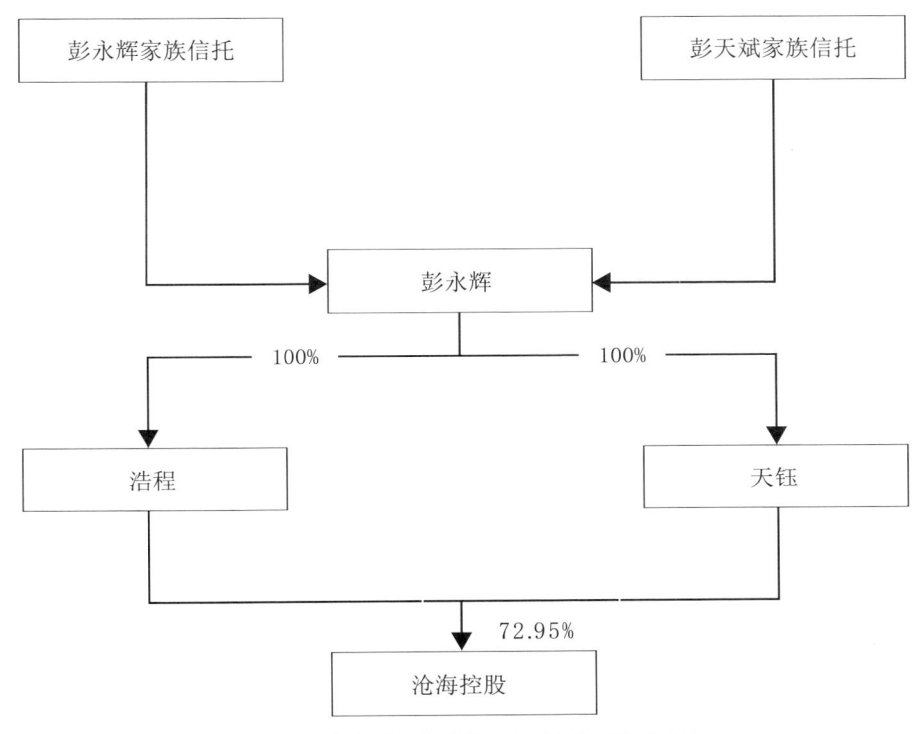

```
┌─────────────────┐                    ┌─────────────────┐
│  彭永辉家族信托  │                    │  彭天斌家族信托  │
└────────┬────────┘                    └────────┬────────┘
         │                                      │
         │           ┌─────────────┐            │
         └──────────▶│   彭永辉    │◀───────────┘
                     └──────┬──────┘
                 100%  ┌────┴────┐  100%
                      ▼         ▼
                 ┌─────────┐  ┌─────────┐
                 │  浩程   │  │  天钰   │
                 └────┬────┘  └────┬────┘
                      └─────┬──────┘
                         72.95%
                            ▼
                     ┌─────────────┐
                     │  沧海控股   │
                     └─────────────┘
```

图 3-45　彭永辉家族信托架构（截至 2023 年）

3）分析

彭永辉家族信托的特点在于彭永辉本人直接担任信托受托人，且仅仅通过一层 BVI 有限公司持有主体公司的股份。这种安排将信托设立人、委托人处置信托资产的灵活性发挥到了极致，且运营成本极低，但代价是风险隔离力度很低。

【案例】旭辉控股——林氏家族信托

1）公司介绍

旭辉控股全称为旭辉控股（集团）有限公司，总部位于上海，2012年在香港主板整体上市，证券代码为00884。公司在中国从事房地产开发、房地产投资及物业管理服务等业务；业务聚焦在中国的一线、二线城市及重点城市的成熟板块，主要开发高品质及针对用户自用的房地产物业；开发项目涵盖住宅、商务办公、商业综合体等多种物业种类；已实现全国化的经营布局，并在中国主要的一线、二线及重点城市建立了稳固的地位。2021年，旭辉控股总资产规模近4400亿元，净资产超1070亿元。2021年实现全年营收1078亿元，位列中国民营企业500强第148位、中国民营服务企业100强第55位。2021年，旭辉控股跻身福布斯全球企业2000强第766位，较2020年提升142位。

2）信托架构

在上市前，旭辉控股背后的创始人林氏家族首先为自己整个家族设计了一套家族股权信托。由林中、林伟及林峰作为信托设立人与Standard Chartered Trust（作为受托人）于2012年5月11日共同成立了全权信托。受益人包括林中、林伟及林峰的若干家族成员。仁美资产的全部已发行股本则由林氏家族信托的受托人Standard Chartered Trust通过SCTS Capital持有，而仁美资产则全资拥有茂福投资有限公司，茂福投资有限公司则直接持股旭辉控股2,737,372,105股股份，占其总股本的26.29%。林氏家族通过这种方式，实际享有茂福投资有限公司所持所有旭辉控股股份的收益权。

该家族的股权信托结构如图3-46所示。

03 港股上市公司的家族信托

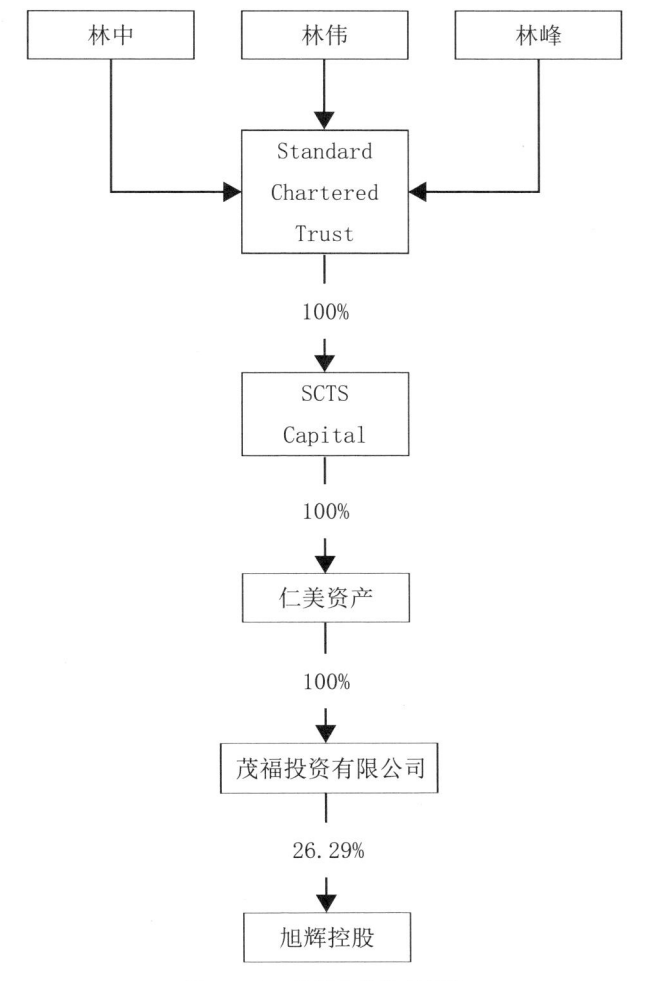

图 3-46 林氏家族信托架构

除此之外，林中和林峰还各自单独为其和其家族成员设置了股权信托。林中作为信托设立人，与 Standard Chartered Trust（作为受托人）于 2012 年

5月11日成立了全权信托Sun Success Trust，受益人包括林中的若干家族成员。国际有限公司作为旭辉控股的主要股东之一，其全部已发行股本则由Sun Success Trust的受托人Standard Chartered Trust通过SCTS Capital持有。而永成通过全资子公司鼎昌间接持有旭辉控股发行总股本的13.10%，即1,363,754,301股。林中及其若干家族成员通过这种方式实际享有鼎昌所持所有旭辉控股股份的受益权。林峰作为信托设立人，与Standard Chartered Trust（作为受托人）于2012年5月11日成立全权信托。受益人包括林峰的若干家族成员。Rain-Mountain直接持有239,487,089股，由Beauty Fountain全资拥有，而Beauty Fountain的全部已发行股本则由Sun-Mountain Trust的受托人Standard Chartered Trust通过SCTS Capital持有。

3）分析

旭辉控股采用的股权信托模式具有以下特点：

第一个是通过家族信托（如林氏家族信托、Sun Success Trust、Sun-Mountain Trust控制公司股权，其中林中、林伟及林峰作为财产授予人，Standard Chartered Trust作为受托人。这种结构允许家族成员通过信托保持对公司的控制权，同时可能为家族财富管理和传承提供税务和法律上的优势。第二个是受托人的集中管理，Standard Chartered Trust作为多个信托的受托人，通过SCTS Capital间接持有多个上市公司的股份，这表示所有的家族信托都由一个受托人来管理。这种集中管理方式可能会因为受托人的专业性而提高管理效率和合规性。第三个是间接控股方式，家族信托不直接持有公司的股份，而是通过控制的法人实体（如仁美资产、永成、Beauty Fountain）来持股，这种间接控股方式有助于隔离资产，减少由直接控股所导致的法律风险。第四个是采用了全权信托，信托被设立为全权信托，意味着受托人有权利按照信托协议的指示进行资产管理，受益人通常为家族成员。第五个是采取多层次股权结构，股权通过多层公司结构进行控制，虽结构更为复杂，但运营更加灵活。采用这种股权信托模式，公司的实际控制人能有效地进行财富管理和资产保护，同时也能为税务规划和资产传承提供便利。这种模式符合大型家族企业的典型治理结构，有助于保持长期稳定的控制力，同时保障家族成员的利益。然而，这种结构的复杂性也可能导致公司治理的不透明，从而增加外部投资者了解公司真实控制结构的难度。

【案例】雅各臣——岑广业家族信托

1）公司介绍

雅各臣全称为雅各臣科研制药有限公司，是香港首屈一指的医药公司，生产一系列的基础药品及专科药物。其拥有垂直整合的业务，包括产品研发、生产、分销、销售及物流。公司有超过 1500 名员工。雅各臣于 20 世纪 60 年代诞生于欧洲，创立之初为一家医药贸易公司，旨在为香港医疗专业人员及消费者提供服务。时至今日，雅各臣已生产出各种优质产品，属于医药界的杰出服务企业。公司在私营及公营领域，具有广泛的销售及分销市场，并策略性地选择积极向亚洲市场延伸扩展。2016 年 9 月 21 日，雅各臣在港股主板上市，证券代码为 02633。

2）信托架构

在上市前，企业创始人岑广业为整个家族设计了一套家族股权信托。岑广业成立了两个信托：The Kingshill Trust 和 The Queenshill Trust，并将 UBS Trustees（BVI）指定为 The Kingshill Trust 的受托人，而 The Queenshill Trust 的受托人则通过 The Queenshill Trust 全资公司持有股份。The Queenshill Trust 信托：岑广业是该信托的唯一股东，持有 308,404,000 股股份，占比 15.94%。The Queenshill Trust 通过其全资子公司持有 8,200,000

股，岑广业作为信托设立人及全权受益人。The Kingshill Trust 信托：UBS Trustees（BVI）作为 The Kingshill Trust 的受托人，控制 Trust Company 的全部已发行股本，而 Trust Company 持有 The Kingshill Trust 的全部已发行股本，The Kingshill Trust 持有 850,684,000 股，占比 43.98%。岑广业作为 The Kingshill Trust 的设立人和全权受益人，间接享有对 The Kingshill Trust 所持股份的收益权。招股书显示，上述信托机构基本未发生变化，其信托持股的比例也维持不变。

岑广业 The Kingshill Trust 家族信托结构如图 3-47 所示。

```
┌─────────────────────┐
│   Kingshill Trust   │
└──────────┬──────────┘
           ↓
┌─────────────────────┐
│    UBS Trustees     │
│     (BVI) Ltd.      │
└──────────┬──────────┘
         100%
           ↓
┌─────────────────────┐
│    Trust Company    │
└──────────┬──────────┘
         100%
           ↓
┌─────────────────────┐
│   Kingshill Trust   │
└──────────┬──────────┘
           ↓
┌─────────────────────┐
│       雅各臣         │
└─────────────────────┘
```

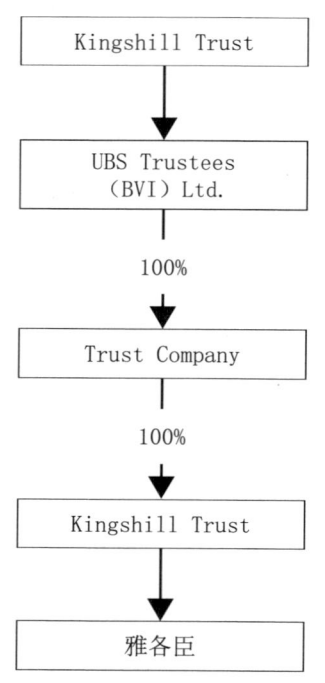

图 3-47 岑广业 The Kingshill Trust 家族信托架构（截至招股书发布时）

3）分析

岑广业通过精心设计的家族信托机制，有效地分散和保护了公司的控制权。这样的结构体现了对风险管理和资产传承的深思熟虑。其所采用的股权信托包括有以下特点：第一，信托结构的集中控制。通过设立 The Kingshill Trust 和 The Queenshill Trust，岑广业家族能够集中控制公司的股份。以 UBS Trustees（BVI）作为受托人，保证了信托资产的专业管理性和法律合规性。第二，信托受益的明确性。岑广业及其家族成员作为全权受益人，可以确保家族在公司决策中的影响力和在公司盈利中的收益权。这不仅保证了财富的稳定性，也为家族资产的未来管理和继承提供了清晰的路径。第三，股权分散的策略。除了通过信托控制的股份外，岑广业还直接持有一定比例的股份，这显示了在股权分散策略中的平衡。这种结构有助于分散个人和家族财富的风险，同时保留对公司的直接影响力。第四，外部股东的参与。公司的其他主要股东，如云南白药控股有限公司的持股比例虽然较小，但仍可能在公司治理中发挥作用。这表明公司在保持家族控制的同时，也为外部投资者提供了参与公司未来发展的机会。第五，透明度与合规性。通过与国际知名的信托机构合作，公司确保了股权信托结构的透明度和合规性。这有助于提高公司在投资者中的信任度，并可能在公众市场上树立良好的形象。

总体而言，该公司的股权信托结构显著地体现了家族企业在资产管理、风险分散和财富传承方面的典型策略。这种结构有助于保护家族利益，同时可以较好地适应复杂多变的商业环境和监管要求。

【案例】莱蒙集团——黄俊康家族信托

1）公司介绍

莱蒙集团全称为莱蒙国际集团有限公司于1993年成立于香港，是一家投资控股公司，2011年于港交所上市，证券代码03688，创始人为黄俊康。业务涉及中高档房地产开发、城市综合体开发与运营、银行投资等领域，为中国房地产百强企业，旗下品牌包括"水榭"系列城市豪宅及"莱蒙"系列城市综合体等。公司通过四个部门运营业务：物业发展部负责开发、销售住宅和零售物业业务；物业投资部从事出租商场、会所、服务式公寓及停车位业务；酒店运营部从事酒店经营业务，以为公众提供酒店服务；物业管理及相关服务部主要为公司自有已开发住宅物业及零售物业的买家及租户提供物业管理及相关服务。

2）信托构架

在上市前，黄俊康为整个家族设计了一套家族股权信托。他成立了两个信托：Chance Again Ltd.和BVI Co.，并将HSBC International Trustee指定为黄氏家族信托的受托人。根据《证券及期货条例》，黄俊康作为黄氏家族信托的创立人及保护人，被视为在Chance Again Ltd.持有的417,593,500股股份及由Chance Again Ltd.持有与永久可换股证券有关的116,552,800股相关股份中拥有权益。Chance Again Ltd.信托：黄俊康通过BVI Co完全拥有Chance Again Ltd.；Chance Again Ltd.直接持有417,593,500股股份，占比37.81%，并且通过永久可换股证券有关的股份，间接影响额外的116,552,800股。HSBC International Trustee作为BVI Co的受托人，完全控制BVI Co的全部已发行股本。通过这个结构，黄氏家族信托间接控制了Chance Again Ltd.所持有的所有股份。廖女士作为黄俊康的配偶，根据《证券及期货条例》，被视为在黄俊康拥有权益的所有股份及相关股份中拥有权益。如图3-48所示。其他相关股权结构为：彩云国际投资有限公司（以下简称彩云）持有400,959,840股股份，占比28.38%。因此，彩云的全部股份由云南康旅集团完全拥有，云南康旅集团被视为在彩云所持有的所有股份及相关股份中拥有权益。Crown Investments由

Metro Holdings Ltd. 完全拥有，Metro Holdings Ltd. 由 Metro 完全拥有。因此，Metro 被视为在分别由 Crown Investments 及 Meren Pte Ltd. 持有的 227,970,810 股股份及 419,300 股股份中拥有权益。通过这样的信托结构，黄俊康不仅巩固了对公司的控制权，同时也为家族财产的长期管理和传承提供了有效的机制。此外，通过信托和其他持股安排，黄俊康能够灵活地管理家族在公司中的权益。

```
┌─────────────────┐
│  黄俊康家族信托  │
└────────┬────────┘
         │
         ▼
┌─────────────────┐
│      HSBC       │
│  International  │
│     Trustee     │
└────────┬────────┘
       100%
         ▼
┌─────────────────┐
│     BVI Co      │
└────────┬────────┘
       100%
         ▼
┌─────────────────┐
│  Chance Again   │
│      Ltd.       │
└────────┬────────┘
      37.81%
         ▼
┌─────────────────┐
│      莱蒙       │
└─────────────────┘
```

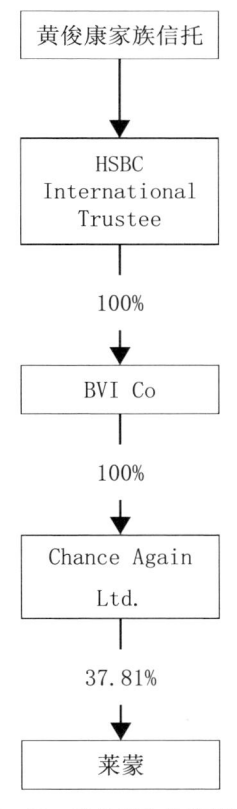

图 3-48　黄俊康家族信托架构

3）分析

黄俊康选择了通过设立多个信托和控股公司的方式来管理和控制家族在上市公司中的股份。选择这种模式可以在确保公司控制权的同时，进行财产的风险分散和税务规划。这个结构在法律和财务上具有合理性，因为它利用了信托的法律框架来保护资产，同时为家族成员提供了长期的受益权。由国际信托和金融机构担任受托人，增加了管理的专业性和全球合规性。它的特点及优势在于：一是集中控制与分散管理。通过信托和控股公司的结合，集中了决策权和控制力，分散了管理权和所有权，提高了灵活性和适应性。二是保密性与隐私保护。信托结构提供了较高的保密性，为家族财产和个人隐私提供了保护。三是有助于优化税务负担，尤其是在国际资产转移和遗产规划方面。四是有助于资产保护和财富传承。信托结构为家族资产提供了一定程度的保护，特别是在面对潜在的法律诉讼和债权人索赔时。同时便于家族财富的有序传承，确保家族成员的经济安全和公司的稳定发展，有效避免未来的继承和所有权纠纷。

当然这一模式也有一定的劣势：首先是复杂性，涉及多个信托和公司的股权信托结构相对复杂，可能导致管理成本增加和运营效率降低。其次是监管遵从性，需要满足多个司法管辖区的监管要求，可能面临更复杂的法律和税务遵从问题。最后是流动性限制，信托结构可能限制了股份的流动性，特别是在需要快速筹资或应对市场机遇时。

总体而言，黄氏家族采用的股权信托模式在为家族控制权和财富管理提供了长期稳定的结构的同时，也需注意其操作的复杂性和相关的成本。在实现家族财富保护和传承的目标方面，这种结构展现了其独特的优势。

【案例】融信中国——欧国飞家族信托

1）公司介绍

融信集团于 2003 年创立，总部位于上海，是一家面向全国的房地产企业。公司的两大主要业务板块是地产开发和资管运营，上下游产业包括物业服务、景观工程等。2016 年 1 月，融信集团于香港联交所上市（股票名称为融信中国，证券代码为 03301），同年纳入 MSCI 指数及恒生指数，并入选首批深港通成分股，2019 年 9 月被纳入沪港通下港股通股票名单，拥有国家一级开发资质。2021 年，融信集团荣获"2021 中国房地产开发企业综合实力 21 强"、"2021 中国房地产开发企业综合发展第 3 名"、"2021 年中国房地产开发企业 500 强第 21 位"、第五届金港股"最佳 ESG"等荣誉。

2）信托架构

在上市前，集团董事长、执行董事欧国飞为整个家族设计了一套股权信托架构。这套架构以 Dingxin Company Ltd. 为核心设计，该公司由 Honesty Global Holdings Ltd. 全资拥有。进一步地，Honesty Global Holdings Ltd. 是由 TMF（Cayman）Ltd. 全资拥有的公司，而 TMF（Cayman）Ltd. 是由作为财产授予人的欧国飞成立的欧氏家族信托的受托人。这个全权信托由作为保护人的欧宗洪监督。因此，Dingxin Company Ltd.、Honesty Global Holdings Ltd.、TMF（Cayman）Ltd. 以及欧国飞都被视为在 Dingxin Company Ltd. 持有的 1,097,137,411 股中拥有权益，这些股份代表了公司已发行股份的 65.17%。另外，欧宗洪的配偶许丽香，根据《证券及期货条例》，被视为在欧宗洪持有的股份中拥有权益。

该企业的股权信托结构如图 3-49 所示。

```
         ┌──────────────────┐
         │  欧国飞家族信托  │
         └────────┬─────────┘
                  ▼
         ┌──────────────────┐
         │ TMF (Cayman) Ltd.│
         └────────┬─────────┘
                  ▼
         ┌──────────────────┐
         │  Honesty Global  │
         │  Holdings Ltd.   │
         └────────┬─────────┘
                 100%
                  ▼
         ┌──────────────────┐
         │ Dingxin Company  │
         │       Ltd.       │
         └────────┬─────────┘
                65.17%
                  ▼
         ┌──────────────────┐
         │     融信中国     │
         └──────────────────┘
```

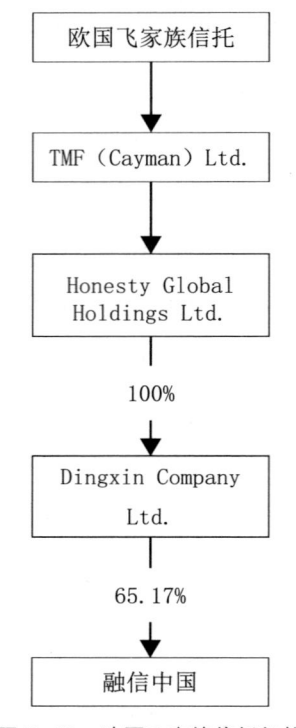

图 3-49 欧国飞家族信托架构

3）分析

这一家族信托结构具有一些明显的特点和优势。一是集中控制。通过家族信托，欧氏家族能够集中控制公司的大部分股份，确保了对公司决策的影响力。二是财产保护与传承。股权信托提供了一种机制，通过这种机制，家族财富得到保护，并且可以传承到下一代。三是税务规划。股权信托可能有助于家族在税务规划方面的优化，因为它可以提供潜在的税收优惠和避税策略。四是合规性。家族信托的建立和运作需要符合相关法律和监管要求，这反映了家族企业对合规性的重视。

然而，这样的结构也可能存在一些劣势或挑战。一是管理复杂性，多层级的公司和信托结构可能导致管理上比较复杂，增加了行政和监管成本。二是流动性限制。信托内的股份相对不那么流动，这可能会在需要动用这些资产时限制家族的灵活性。

综合来看，欧氏家族通过精心设计股权信托架构，不仅确保了对公司的控制和对公司未来发展的影响，同时也考虑了家族财富的保护和税务优化。尽管存在管理复杂和流动性限制的挑战，但这样的结构从长远来看对家族企业的稳定发展和财富传承是有益的。

【案例】联邦制药——蔡金乐家族信托

1）公司介绍

联邦制药全称为联邦制药国际控股有限公司，1990年成立于香港，创始人为蔡金乐，并于2007年6月在香港成功上市，证券代码03933。经过30多年的发展，联邦制药目前拥有联邦制药厂有限公司（香港）、珠海联邦制药股份有限公司、珠海联邦制药股份有限公司中山分公司、广东开平金亿胶囊有限公司、联邦制药（内蒙古）有限公司、内蒙古联邦动保药品有限公司六家生产实体，拥有先进的化学药品和生物制品研发中心以及完善的原料药营销和制剂推广队伍。截至2025年3月，共有员工16000余人，是一家集医药中间体、原料药、药物制剂的研发、生产、经营于一体的综合性制药集团。

2）信托架构

公司创始人蔡金乐在公司上市之前设立了蔡氏家族信托。招股书显示，该信托的受托人为DBS Trustee H.K.（Jersey）Ltd.，受托人全资拥有Gesell

Holdings Ltd.，后者全资拥有 Heren Far East Ltd.。Heren Far East Ltd.为公司的直接股东，为家族信托持有 61.85% 的股份。2023 年中期报告显示，蔡氏家族信托持股比例降至 49.44%，信托控制的直接大股东仍然为之前的 Heren Far East Ltd.，但其上方的股权结构发生了变化：Heren Far East #4 Ltd.连同 Heren Far East #2 Ltd.、Heren Far East #3 Ltd.控制 Heren Far East Ltd.，而 IQ EQ Services（HK）Ltd.则作为蔡氏家族信托的新受托人拥有上述三家公司的全部股权。上述信托结构可以由图 3-50 概括。

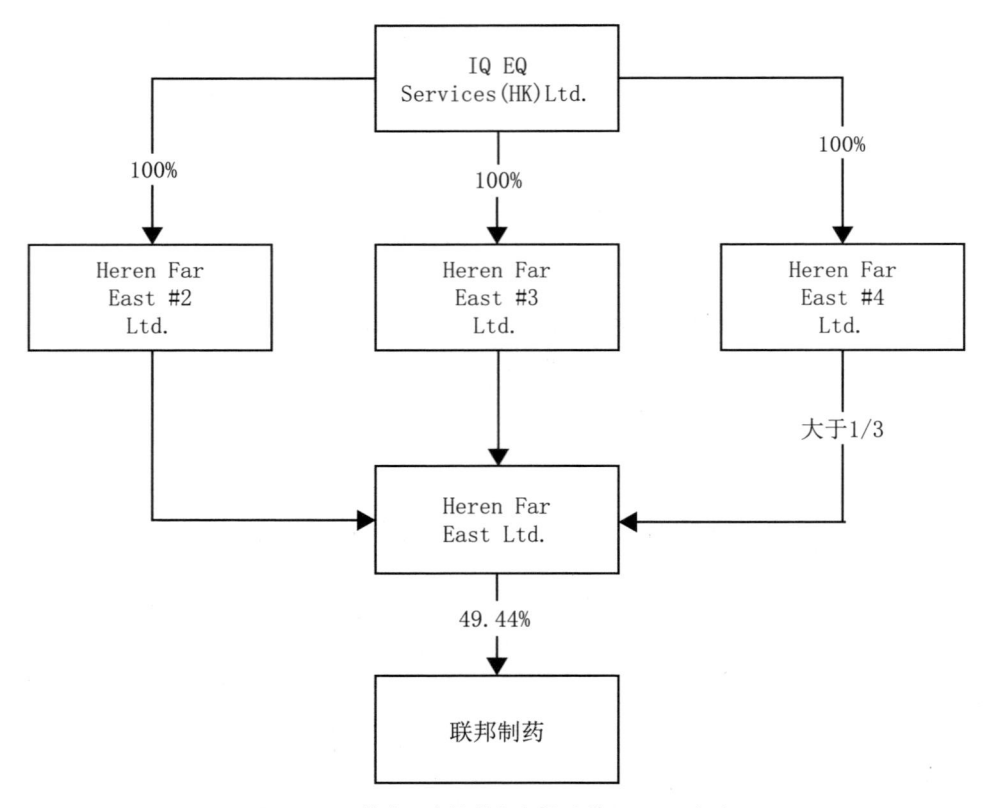

图 3-50　蔡金乐家族信托架构（截至 2023 年）

3）分析

本案例中的家族信托使用常见的受托人—BVI公司1—BVI公司2—实体公司的结构。其特殊之处在于，受托人下面的第一层BVI公司多达三个。表面上看，这样做有利于平衡家族中各方的利益。因为多个家族成员可以分别担任各个BVI公司的高管，从而达到平衡家族各方利益的目的。但对于中国企业家来说，如果不存在平衡家族利益的诉求，那么像本案例一样设多个第一层BVI公司分散股权则不太适合，因为实控人需要为三个特殊目的公司分别办理外汇登记。

【案例】中奥到家——刘建家族信托

1）公司介绍

中奥到家全称为中奥到家集团有限公司，是一家多元化上市集团公司。公司业务涉及物业、社区商城（互联网）、酒店、旅游服务、人力资源咨询、工程装饰、食品等领域。其中主营物业板块的广东中奥物业管理有限公司是拥有国家一级物业管理企业资质的全国物业十强公司。中奥到家在职员工8000多人，拥有超过30个分（子）公司，服务足迹遍布珠三角、长三角、津京冀、环渤海等地区。2015年11月25日，中奥到家在港交所上市，证券代码为01538。

2）信托架构

中奥到家上市前，公司创始人刘建为其和其家族设立了家族股权信托。刘建作为信托的设立人，委托Hilton Assets（PTC）Ltd.作为该家族信托的受托人，受益人为刘建及其直系亲属。在信托架构上，刘建设立了旭基有限公司，除直接持有15%旭基有限公司的股权外，将剩余的85%交由Hilton Assets（PTC）Ltd.管理，而旭基有限公司持有启昌国际有限公司（以下简称"启昌国际"）40%股份，通过这种方式，刘建及其直系亲属享受到了启昌国际持有的中奥到家 55.62% 的股份的收益权。2023 年中期报告显示，上述家族信托结构基本保持稳定。

该企业的股权信托架构如图 3-51 所示。

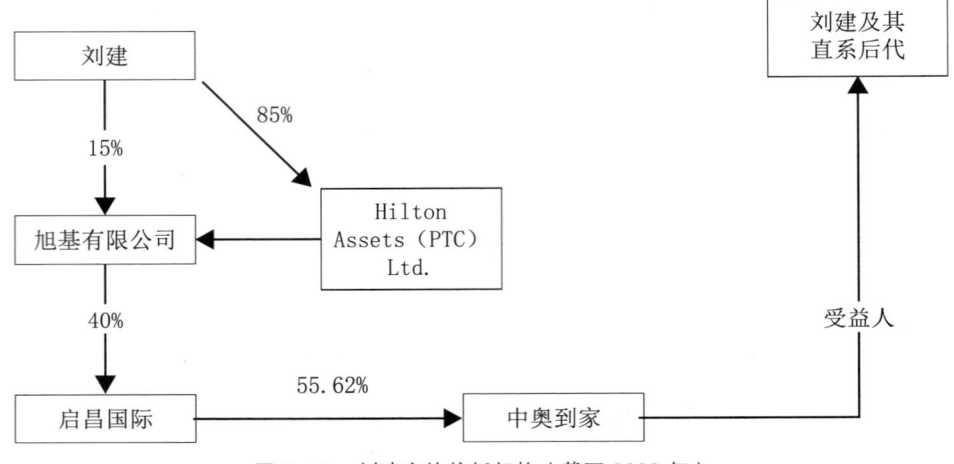

图 3-51　刘建家族信托架构（截至 2023 年）

3）分析

刘建选择了一种比较简单的信托架构，即一家本人控股公司控制另一家有限公司，而这家公司则为上市公司的直接控股股东。但他采用的信托方法又有其特点。旭基有限公司作为控制中奥到家的直接持股公司而成立的企业，刘建并没有像很多常见的家族信托模式一样将旭基有限公司的股权都交给信托公司 Hilton Assets（PTC）Ltd.，而是保留了 15% 的股权，这样做既不影响其未来家族的财富传承，又直接地保护了创始人刘建的企业控制权。

【案例】美东汽车——叶帆家族信托

1）公司介绍

美东汽车全称为中国美东汽车控股有限公司，是总部位于广东省的民营汽车经销集团，主要提供专业的汽车经销和综合服务。公司追求以中高档及豪华车为主体的均衡的品牌拓展策略，目前旗下经营的汽车品牌，涵盖广受中国消费者喜爱的宝马、雷克萨斯、丰田和北京现代等品牌。2013年12月5日，美东汽车在港交所上市，证券代码为01268。

2）信托架构

根据美东汽车的年报显示，美东汽车的创始人叶帆为其和其家族设立了家族信托，叶帆作为信托的设立人，代表叶氏兄弟及部分家属委托IQ EQ（Switzerland）Ltd.作为受托人。晋帆有限公司（Apex Sail Ltd.）作为美东汽车的直接持股人，持有美东汽车已发行总股本的52.5%，晋帆有限公司则由Apex Holdings Enterprises Ltd.全资拥有。而Apex Holdings Enterprises Ltd.本身的全部已发行股本由IQ EQ（Switzerland）Ltd.全资拥有。该信托的受益人为叶氏家族。通过这种方式，叶帆将其财富进行传承，保障其子孙后代的生活质量。

该企业的股权信托结构如图3-52所示。

```
          叶帆
           │
          100%
           ↓
   家族信托，受托人IQ EQ
   （Switzerland）Ltd.              所属部分权益
           │
          100%
           ↓
    Apex Holdings
    Enterprises Ltd.
           │
          100%
           ↓
     晋帆有限公司 ──52.2%──→ 美东汽车
```

图 3-52　叶帆家族信托架构

3）分析

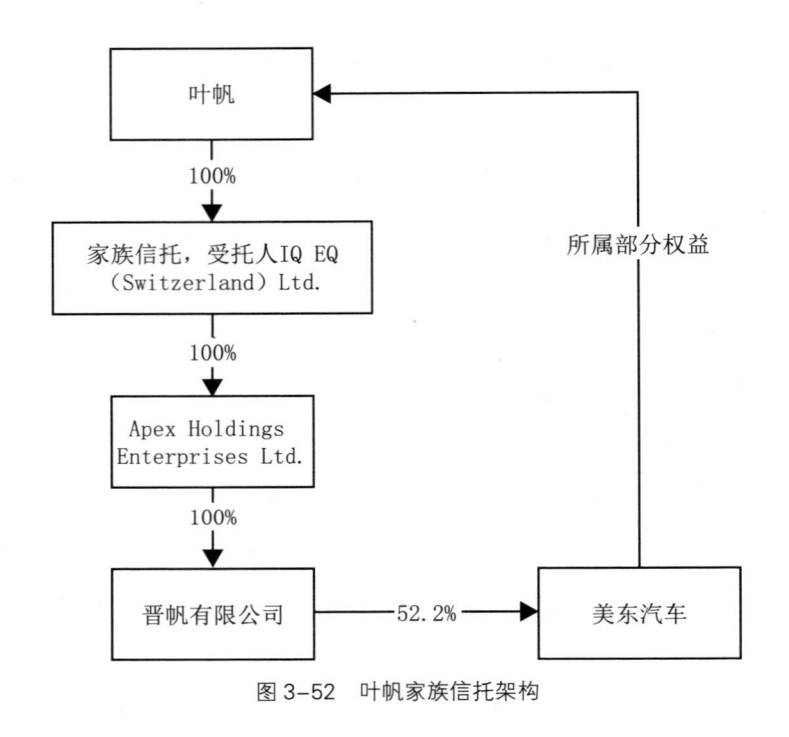

美东汽车采用的股权信托结构相对简单，没有太多的第三方公司产生股权交叉，基本上就是采用了最基本的信托设立人委托信托公司，由信托公司持有下属公司股权，下属公司直接持有上市公司股权的结构，模式上并无特殊之处。但叶帆家族股权信托与大多数的港股家族股权信托相比，最大的特点在于其在信托条款中增加了信托人可酌情撤回的信托条款，该条款相当于一个信托保护条款，给了信托设立人更大的选择空间。当达到一定条件时，信托设立人可以选择撤回信托。设立这样的条款可以更好地保护委托人的权益，也给了其"反悔"的机会。

【案例】歌礼制药——吴敬梓家族信托

1）公司介绍

歌礼制药全称为歌礼制药股份有限公司，是一家主要从事医药产品的研发、生产及销售的中国投资控股公司，总部位于浙江杭州，创始人为吴敬梓。作为一家新兴的生物技术公司，歌礼制药致力于病毒性疾病、代谢性疾病、肿瘤（口服肿瘤代谢检查点与免疫检查点抑制剂）等领域创新药的研发和商业化，为发展中的中国制药市场进行创新药物的临床开发和生产。2018年8月1日，歌礼制药在港交所上市，证券代码为01672。

2）信托架构

吴敬梓在歌礼制药上市前夕设立了家族信托。招股书显示，2018年4月25日，吴敬梓向一家其全资拥有、根据特拉华州法律在美国设立的公司Lakemont Holding LLC转让了其持有的歌礼制药公司5%的股份，作为对该公司的出资。随后在4月27日，吴敬梓无偿将其对Lakemont Holding LLC的全部股权转让给了Lakemont 2018 GRAT（由吴敬梓于2018年4月26日根据特拉华州法律，为其家族成员利益而设立的信托），J.P Morgan Trust Company担任该家族信托的受托人，由此，家族信托受托人通过Lakemont Holding LLC对歌礼制药持股。招股书还透露，装入信托的股份的投票权由Lakemont Holding LLC的管理人——吴敬梓的配偶行使。上市前后，吴敬梓个人直接持有公司61.61%的股份，装入信托的股份比例为5%。2023年中期报告显示，上述家族信托的结构发生了很大变化。具体而言，吴敬梓不再个人直接持有股份，而是通过一家BVI有限公司JJW12 Ltd.持有514,393,664股股份（47.32%）。家族信托控制的直接大股东仍然为Lakemont Holding LLC，但其由Lakemont Remainder Trust控股

45.95% 和 Northridge Trust 控股 53.52%。这两个信托均为家族全权信托，由吴敬梓的配偶担任受托人，吴敬梓配偶同时行使装入信托的股份对应的投票权。截至 2023 年 6 月 30 日，信托持股的比例为 6.72%。上述家族信托可以由图 3-53 概括。

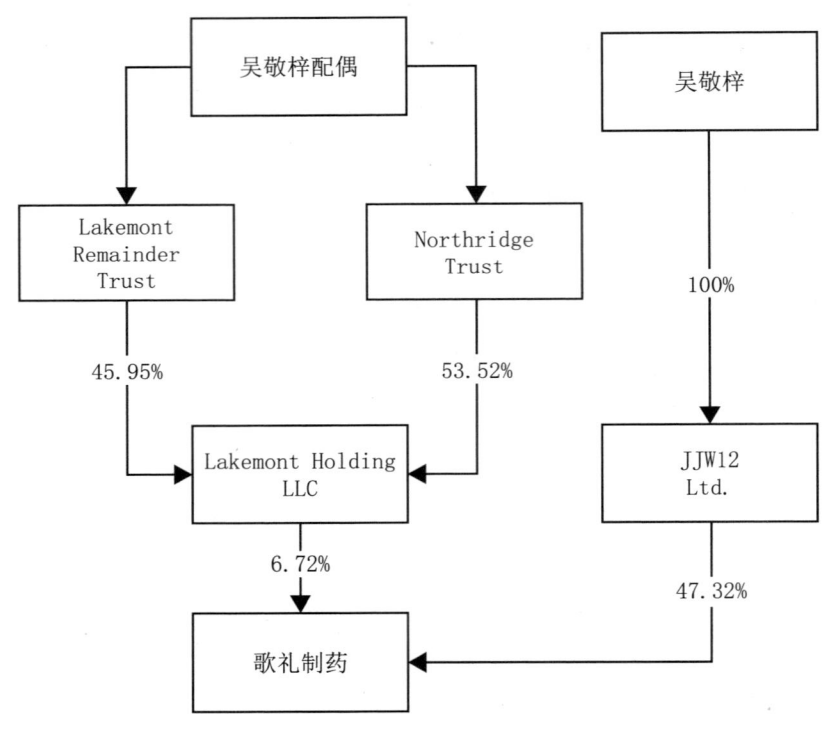

图 3-53　吴敬梓家族信托架构（截至 2023 年 6 月 30 日）

3）分析

本案例包含一个在美国根据特拉华州法律设立的家族信托。该信托架构的特点在于，在信托重组之后，吴敬梓本人不参与信托持股，而是由其配偶担任受托人。公开信息中没有显示，吴敬梓是否与其配偶就信托持有的股份的投票权之行使签订了任何协议。事实上，吴敬梓无须签订协议即可控制信托持股公司的投票权，因为作为公司直接股东的持股公司是一家特拉华州公司，而根据特拉华州有限责任公司的相关法律规定，吴敬梓可以直接控制信托持股公司的投票权。

【案例】天宝集团——洪光椅家族信托

1）公司介绍

天宝集团全称为天宝集团控股有限公司，始创于1979年，创始人为洪光椅，于2015年在港交所主板上市，证券代码为01979。公司主要为客户提供有竞争力的"一站式智能电源解决方案"，凭借40多年的行业经验，已发展成为众多国际品牌信赖的主要供应商。天宝集团致力于研发电源技术及产品，产品被广泛应用于多个不同的行业领域，具体包括消费品开关电源（电信设备、媒体及娱乐设备、电子烟、家庭电器、照明设备、保健产品）等，工业用途的智能充电器及控制器（主要适用于电动工具），新能源电动车行业的充电设备（主要适用于四轮电动车、二轮电动车）等。天宝集团拥有完善的研发、生产、销售、服务体系；在中国及匈牙利设立生产基地，配套先进的生产技术和自动化设备；销售网络分布全球，并在韩国、美国、印度等地设有办事处，面向世界各地的客户和合作伙伴。

2）信托架构

洪光椅在上市前设立了家族信托。招股书显示，2015年10月29日，洪光椅作为设立人、委托人和财产授予人，与受托人Vistra Trust（BVI）Ltd.成立了一个家族信托，洪光椅紧接着将其对BVI有限公司Tinying Holdings的股权低价转让给受托人，而Tinying Holdings持有BVI有限公司TinYing

Investments 的全部股份，TinYing Investments 在上市前后持有天宝集团 40% 的股份。至此，洪光椅将其持有的股份全部装入了家族信托。2023 年中期报告显示，上述家族信托架构没有发生变化，只是信托持股的比例变为 30.44%。该信托的结构可以由图 3-54 概括。

```
        洪光椅
          │
          ▼
  家族信托，
  受托人 Vistra
  Trust (BVI) Ltd.
          │ 100%
          ▼
    Tinying
    Holdings
          │ 100%
          ▼
    TinYing
  Investments
          │ 30.44%
          ▼
      天宝集团
```

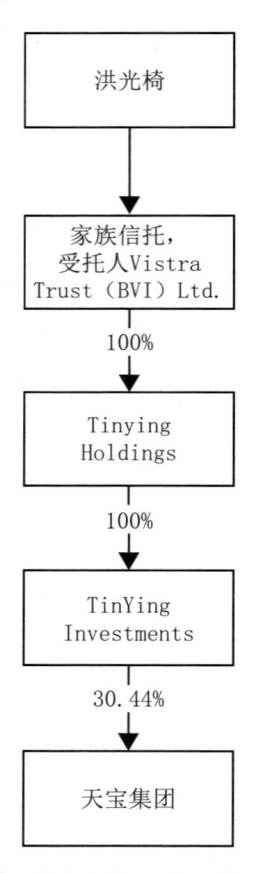

图 3-54　洪光椅家族信托架构（截至 2023 年）

3）分析

本家族信托的结构为常见的受托人（本案中为BVI专业持牌信托公司）下设两层BVI持股公司的结构。但是该案例仍然有值得学习的地方。显然，无论是否上市，在开曼群岛或者其他离岸法域设立公司的目的是在世界范围内投资和融资，而非开展实际业务。所以，这个离岸的公司必须与特定的开展业务的地区的实体连接起来，而通过何种方式进行连接则主要取决于税务筹划，而税务筹划则是家族信托搭建中的关键一环。

本案例中，开曼上市公司天宝集团通过如下的方式与中国内地实际开展业务的实体公司连接。天宝集团先是全资拥有一家BVI有限公司，这家公司再通过全资拥有一个香港公司来持有中国内地的实体公司的股权。本书第二章提到过，通过一个香港公司持有内地实体公司的好处是香港与内地之间的优惠股息分配税率（最低可以争取到5%）。

【案例】兑吧集团——陈晓亮家族信托

1）公司介绍

兑吧集团于2014年5月在中国杭州成立，2019年5月在香港联交所主板上市，证券代码为01753。兑吧集团是中国领先的用户运营SaaS（Software as aService，软件即服务）服务商及互动广告运营商，为金融、互联网等行业的数万家客户提供用户增长、活跃留存、流量变现的全周期运营服务。用户运营SaaS提供积分体系运营、会员营销运营、游戏化运营服务；互动广告平台提供媒体变现服务、广告投放服务。总部除在杭州之外还设有北京分部，团队的中高层汇聚了来自淘宝、腾讯、网易、钉钉、滴滴、百度等知名互联网企业的优秀人才。

2）信托架构

在上市前，公司创始人陈晓亮代表陈氏家族设立了股权信托。作为委托人，陈晓亮代表家族设立了全权信托，由招商永隆信托有限公司作为陈氏家族的受托人。通过 Antopex Ltd. 作为招商永隆信托有限公司的代理人，持有 Blissful Plus 全部股份。招商永隆信托有限公司通过这种方式来控制 Blissful Plus，Blissful Plus 持有 XL Holding 的全部已发行股本，而 XL Holding 直接持有兑吧集团已发行总股本的 42.21%。通过这种架构，陈晓亮及其家族可以获得 XL Holding 所持兑吧集团股份的收益权。2023 年中期报告显示，上述家族信托架构没有发生变化。该信托架构可以由图 3-55 概括。

3）分析

在境外信托架构中，受托人使用代理人是常用的做法，且 BVI 的专业信托公司是最常使用代理人的受托人群体。

【案例】迈博药业——郭建军家族信托

1）公司介绍

迈博药业全称为迈博药业有限公司，是一家生物医药公司，创始人为郭建军，于 2019 年 5 月 31 日在港股主板上市，证券代码为 02181。公司专注于研发和生产治疗癌症和自身免疫性疾病的新药及生物类似药。其致力于通过高效的研发体系以及低成本药品生产能力为市场带来高质量且可负担的创新型生物药品，并充分利用自身丰富的研发经验开发多种治疗产品。

03 港股上市公司的家族信托

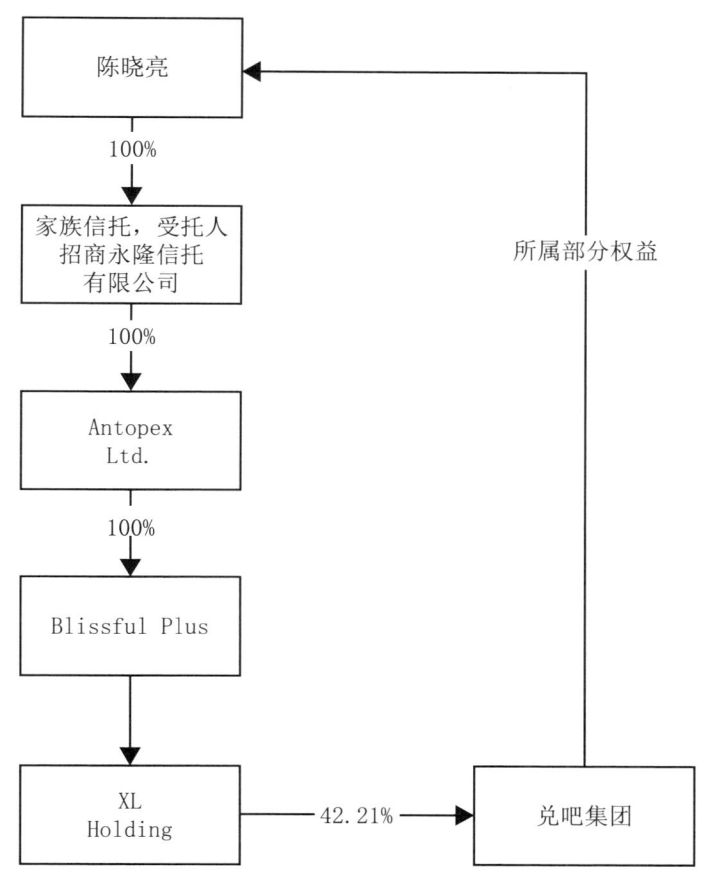

```
        ┌─────────┐
        │  陈晓亮  │◄─────────────┐
        └─────────┘               │
             │ 100%               │
             ▼                    │
    ┌─────────────────┐           │
    │家族信托，受托人 │      所属部分权益
    │招商永隆信托    │           │
    │有限公司        │           │
    └─────────────────┘           │
             │ 100%               │
             ▼                    │
       ┌───────────┐              │
       │ Antopex   │              │
       │   Ltd.    │              │
       └───────────┘              │
             │ 100%               │
             ▼                    │
     ┌────────────────┐           │
     │ Blissful Plus  │           │
     └────────────────┘           │
             │                    │
             ▼                    │
       ┌──────────┐   42.21%  ┌────────┐
       │   XL     │──────────►│兑吧集团│
       │ Holding  │           └────────┘
       └──────────┘
```

图 3-55　陈晓亮家族信托架构（截至 2023 年）

2）信托架构

公司上市前，公司创始人郭建军为其家族设立了家族信托。该信托以郭建军为设立人和委托人，委托郭氏家族信托为受托人。Asia Mabtech 直接持有迈博药业已发行总股本的 54%，Asia Mabtech 由 Asia Pacific Immunotech

231

Venture 全资拥有，Asia Pacific Immunotech Venture 则由郭氏家族信托全资拥有。根据香港《证券及期货条例》的规定，郭建军及其家族享有 Asia Mabtech 所持迈博药业股权的收益权。2023 年中期报告显示，该家族信托的架构没有发生变化，且信托持股的比例仍然为 54%。该信托架构如图 3-56 所示。

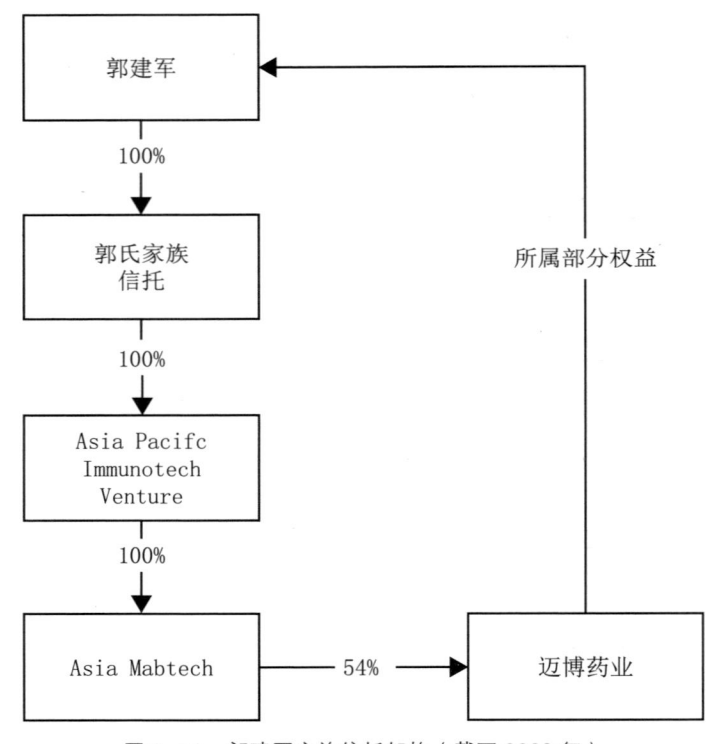

图 3-56　郭建军家族信托架构（截至 2023 年）

3）分析

郭建军早早将其股权装入家族信托的做法非常明智。众所周知，专注尖端药物开发的企业在真正开始盈利前，常常会经历多年的烧钱、亏损，有巨大的资金投入需求。招股书显示，在上市前后，迈博药业的股东中包含不少境内的投资基金。招股书还透露，2017年迈博药业亏损4770万元，2018年亏损1.5亿元。像迈博药业这类研发企业的实控人、创始人在企业研发密集阶段有着迫切的隔离风险的需求，而成立家族信托是这类企业的上佳选择。

【案例】海丰国际——杨绍鹏家族信托

1）公司介绍

海丰国际全称为海丰国际控股有限公司，是主营国际航运和物流业务的全面物流集团，其业务范围广泛，包括集装箱海运、货物代理服务、报关与检验、船只代理、船只经纪及船只管理等多个方面。该集团于2010年10月6日成功在香港证券交易所主板挂牌，证券代码为01308。海丰国际旗下主要分为海运物流与陆上物流两大核心板块。其海运物流业务包括集装箱海运和船东服务等，运营着78条航线，网络覆盖中国、日本、韩国、越南、泰国、菲律宾、柬埔寨、印度尼西亚、新加坡、文莱、马来西亚、孟加拉国、缅甸和印度等国家的81个主要港口，曾是亚洲地区较大的集装箱运输公司之一。陆上物流部分涵盖了货运代理、船舶代理、船舶经纪、堆场及仓储服务、集卡运输和报关报检等业务，其中在青岛建有特色的前湾国际物流工业园。海丰国际还与丹马士物流、伊藤忠物流、韩进、胜狮货柜、青岛啤酒等全球知名物流和生产企业建立了稳固的长期合作伙伴关系。

2）信托架构

公司创始人杨绍鹏在上市前为其和其配偶刘荣丽设立了家族信托。杨绍鹏作为信托设立人设立了Pengli Trust，旨在持有其和其家族对海丰国际的权益。而Barclays Wealth Trustees（Hongkong）Ltd.作为受托人负责管理Pengli Trust，Pengli Holdings Ltd.由Pengli Trust全资拥有，Better Master由Pengli

Holdings Ltd. 全资拥有，而 Resourceful Link 作为直接持股人，直接持有海丰国际已发行总股本的 55.07% 的股权，其由 Better Master 全资拥有。通过这种架构，杨绍鹏及其配偶刘荣丽可以在未来持续地享有来自 Resourceful Link 所持海丰国际股权的收益权。2023 年中期报告显示，Better Master 已经转为杨绍鹏本人直接全资拥有，不再为家族信托所控制。公司上市时的家族信托架构如图 3-57 所示。

```
                    杨绍鹏
                      ↓
         Barclays Wealth Trustees
             (Hongkong) Ltd.
                      ↓
                 Pengli Trust
                      ↓
                    Pengli
                   Holdings
                     Ltd.
                      ↓ 100%
                 Better Master
                      ↓ 100%
                 Resourceful
                     Link
                      ↓ 55.07%
                   海丰国际
```

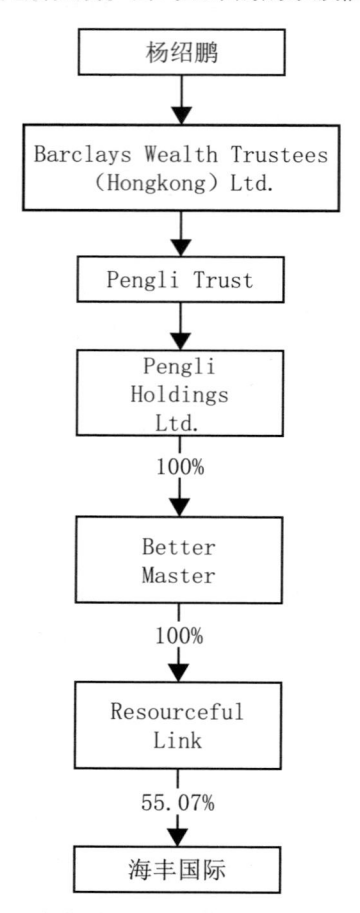

图 3-57　杨绍鹏家族信托架构（截至 2023 年）

03 港股上市公司的家族信托

然而，通过检索香港披露易数据，我们得知，杨绍鹏于 2023 年 7 月 23 日将其个人直接持有的对 Better Master 的全部股份转让给了 TMF（Cayman）Ltd.，后者作为家族信托的受托人持有对 Better Master 的股份。由此，杨绍鹏将其股权再次装入了家族信托，但是变更了家族信托受托人。截至 2023 年，杨绍鹏家族信托的结构可以由图 3-58 概括。

```
           杨绍鹏
             │
             ▼
      家族信托，
      受托人 TMF
      （Cayman）Ltd.
             │ 100%
             ▼
         Better
         Master
             │ 100%
             ▼
       Resourceful
          Link
             │ 40.92%
             ▼
         海丰国际
```

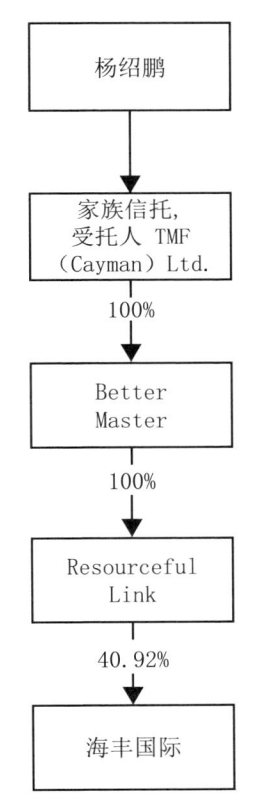

图 3-58 变动后的杨绍鹏家族信托架构（截至 2023 年）

235

3）分析

在变更前后，海丰国际的家族信托均采用了常见的架构，即在受托人下设两层BVI有限公司用于持股的架构。但是，该信托的受托人从一家香港信托公司变更为知名开曼信托公司。结合本书对香港信托发展的特点的论述，我们可以得知，至少在部分企业家心目中，以香港信托公司为受托人设立的家族信托不如开曼信托公司担任受托人的家族信托可靠。

【案例】绿叶制药——刘建波家族信托

1）公司介绍

绿叶制药全称为绿叶制药集团有限公司，成立于2003年，是一家主要从事开发、生产、推广及销售药品的投资控股公司，2014年7月9日于港交所主板上市，证券代码为02186。公司及其子公司通过四大分部运营：肿瘤药物分部、心血管系统药物分部、消化与代谢药物分部和其他分部。公司的主要产品包括用于癌症化学治疗的紫杉醇类制剂，用于实体肿瘤放射治疗的注射用化合物，用于高脂血症治疗的中药，用于2型糖尿病治疗的阿卡波糖胶囊，用于老年痴呆症治疗的卡巴拉汀透皮贴片等。产品以力扑素、希美纳、血脂康、麦通纳、贝希等品牌销售。公司通过其子公司从事提供合约研究及程序开发业务。公司的业务主要在中国内地运营。

2）信托架构

公司上市前，公司创始人刘建波为其和其家族设立了家族股权信托。刘建波作为该股权信托的设立人和委托人，Ginkgo Trust Ltd.作为该信托的受托人接受了该全权信托。Ginkgo Trust Ltd.由Shorea LBG（其唯一股东为刘建波）全资拥有。根西岛有限公司Nelumbo Investments Ltd.持有开曼公司绿叶控股已发行总股本的70%。Nelumbo Investments Ltd.的全部已发行股本由Ginkgo Trust Ltd.（作为刘建波家族信托的受托人）持有。绿叶投资由开曼公司绿叶国际全资拥有，而后者由开曼公司绿叶控股全资拥有。开曼公司绿叶投资则作为绿叶制药的直接持股人，持有绿叶制药已发行总股本的45.4%。通过上述的股权信托架构，刘建波及其家族可以在未来持续享有来自绿叶投资所持绿叶制药股权的收益权。2023年中期报告显示，上述家族信托原有结构没有发生太大变化，但是Nelumbo Investments Ltd.与绿叶控股公司之间多出了一个绿叶生命科学公司（百慕大），且信托持股的比例下降到了33.42%。此外，家族信托的受托人现在为根西岛的私人信托公司Ginkgo (PTC) Ltd.。调整后的信托架构可以由图3-59概括。

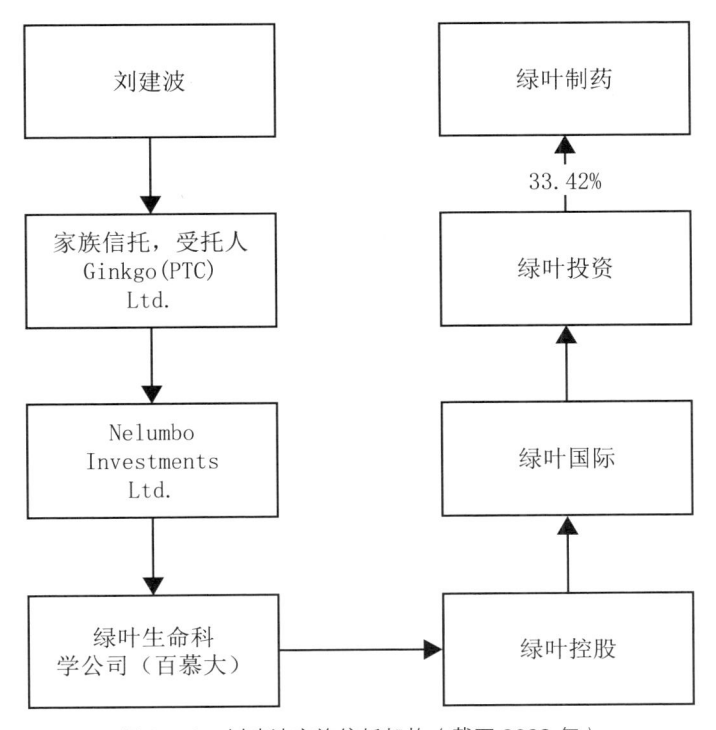

图3-59 刘建波家族信托架构（截至2023年）

3）分析

本案例的特点有二。第一，本架构使用的持股公司在开曼群岛设立，且新设立了一个百慕大公司作为受托人和开曼持股公司之间的中介。第二，本架构使用的受托人为根西岛的私人信托公司，且该公司由刘建波直接全资拥有。

在开曼群岛设立持股公司的案例不多。实际上，开曼公司与BVI公司一样，在向股东分配股息时不产生任何税负。

设立在开曼群岛的实体目前免除企业所得税和资本利得税。一般情况下，开曼群岛政府对股份转让不征收印花税（尽管有一些例外），对开曼公司向股东支付股息的行为也不进行预扣税。

此外，开曼群岛政府允许开曼豁免公司申请获得承诺书。这份承诺书规定，如果将来在开曼群岛实施利润税、所得税、利得税或增值税，这些公司在接下来的30年内都无须缴纳相应税款。

在隐私方面，根据《开曼群岛公司法》（The Cayman Islands Companies Law，以最新修订版本为准），设立在开曼群岛的豁免公司，属于特殊目的的公司（Special Purpose Vehicle，SPV）。SPV公司必须保存成员名册，但无须将其存档在注册办事处。开曼SPV公司的成员名册不会提交给任何政府或监管机构，也不对公众开放检查。此外，开曼SPV公司的组织章程大纲及细则、董事或股东决议也不向公众公开。然而，在BVI，可以在支付一定费用后查阅SPV的组织章程大纲及细则。

在效率方面，一旦股东通过特别决议，开曼豁免公司的组织章程大纲及细则即刻生效，无须等待政府机关的批准。与之不同，在BVI，商业公司的组织章程大纲及细则只有在向公司事务注册处登记后方可生效。

【案例】万景控股——卢奕昌等家族信托

1）公司介绍

万景控股全称为万景控股有限公司，是香港联交所上市的公司，证券代码为02193。该公司成立于1999年，已经发展成为一个涉足多个领域的多元化企业集团。万景控股以房地产开发而闻名，在中国各地开发住宅、商业综合体和工业园区的项目。这些项目对公司的营收有着重要贡献。除了房地产外，该公司还涉足金融服务领域。公司提供资产管理服务，包括为客户管理投资组合和基金。这种多元化的金融服务旨在增强其整体业务组合。万景控股还积极寻求战略投资机会。这可能涉及对其他具有增长潜力的公司或项目的投资，以便丰富其营收来源，并扩大其在不同领域的业务范围。

2）信托架构

公司上市前，公司的几位联合创始人卢奕昌、张淑贞、卢源昌、谭慧思共同设立了股权信托。几人共同作为该股权信托的受益人及全权信托的设立人，委托LOs Brothers（PTC）Ltd.作为该信托的受托人，LOs Brothers（PTC）Ltd.持有翠佳控股有限公司已发行股本的100%。而翠佳控股有限公司作为直接持股人持有万景控股已发行总股本75%的股权。通过这种信托架构，卢奕昌、张淑贞、卢源昌、谭慧思可以在未来持续地享有翠佳控股有限公司所持有的万景控股股份的收益权。

公司上市时的信托架构如图3-60所示。

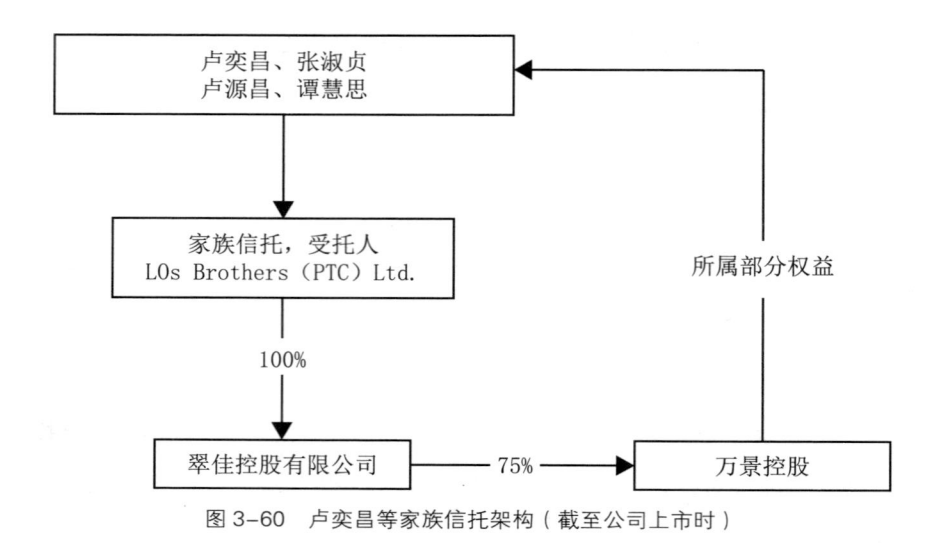

```
┌─────────────────────┐
│   卢奕昌、张淑贞    │◄──────────────┐
│   卢源昌、谭慧思    │               │
└──────────┬──────────┘               │
           │                          │
           ▼                          │
┌─────────────────────┐        所属部分权益
│  家族信托，受托人   │               │
│ LOs Brothers (PTC) Ltd.             │
└──────────┬──────────┘               │
           │ 100%                     │
           ▼                          │
┌─────────────────┐   75%    ┌──────────────┐
│ 翠佳控股有限公司 │────────►│   万景控股   │
└─────────────────┘          └──────────────┘
```

图 3-60　卢奕昌等家族信托架构（截至公司上市时）

3）分析

这种信托结构在创始人和股权持有方面提供了一种有效的安排，允许卢奕昌、张淑贞、卢源昌和谭慧思在公司上市后继续享有对万景控股的控制权和收益权。通过设立这种股权信托，创始人可以确保他们在公司上市后仍然保持对万景控股的控制权。因为股权信托的受益人是创始人自己，他们可以通过信托结构继续行使决策权并管理公司。这种信托结构有助于维护公司的长期稳定。创始人可以确保他们的家族在公司内部保持持续的影响力，这有助于保持公司的战略连续性和文化一致性。这种信托结构还可以简化股权的过渡和继承流程。如果创始人中的任何一人不再能够管理股权，信托可以平稳地将股权转移给其他受益人或家族成员，而无须经过复杂的法律程序。通过将股权置于信托中，创始人可以实现一定程度的风险分散。即使个别受益人遇到财务或法律问题，公司的控制和运营仍然可以持续进行。

【案例】百勤油服——李立家族信托

1）公司介绍

百勤油服是一家国际性的能源服务公司，总部位于香港，但在全球范围内提供服务。2013年3月6日，公司在港股主板上市，证券代码为02178。公司的目标是为全球石油和天然气产业的客户提供高质量的技术、产品和解决方案。公司提供多种能源服务，包括海底工程服务。百勤油服在海底工程领域具有广泛的经验，可提供海底管道安装、维护和修复等服务；公司还参与海洋工程项目，如建设海上采油平台和其他海洋结构，提供供应链管理和物流解决方案，以支持石油和天然气产业的运营；百勤油服公司在全球范围内拥有办事处和业务，以满足不同地区客户的需求。公司通常与全球领先的能源公司和工程合作，共同开发新技术和解决方案，以满足石油和天然气产业不断演进的需求。

2）信托架构

公司创始人李立在公司上市前为其家庭设立家族信托，李立作为信托的设立人和委托人，委托汇丰国际信托有限公司作为受托人，受益人为梁丽萍、李立及梁丽萍的子女及子女的后代。Lee & Leung（BVI）Ltd.拥有63.99%的Termbray Industries International（Holdings）Ltd.的股份。Lee & Leung（BVI）Ltd.是由Lee & Leung Family Investment Ltd.完全拥有的。Lee & Leung Family Investment Ltd.是由汇丰国际信托有限公司（作为Lee & Leung Family Trust的受托人）全资拥有的。为了减少股权转让相关的印花税，Termbray Industries International（Holdings）Ltd.又通过Termbray Electronics（BVI）全资拥有Termbray Natural Resource。而Termbray Natural Resources则作为直接持股人持有百勤油服已发行总股本的31.54%。通过这种方式，李立及其配偶和子女们可以在未来持续享有该部分股权的收益。

公司上市时的信托架构如图3-61所示。

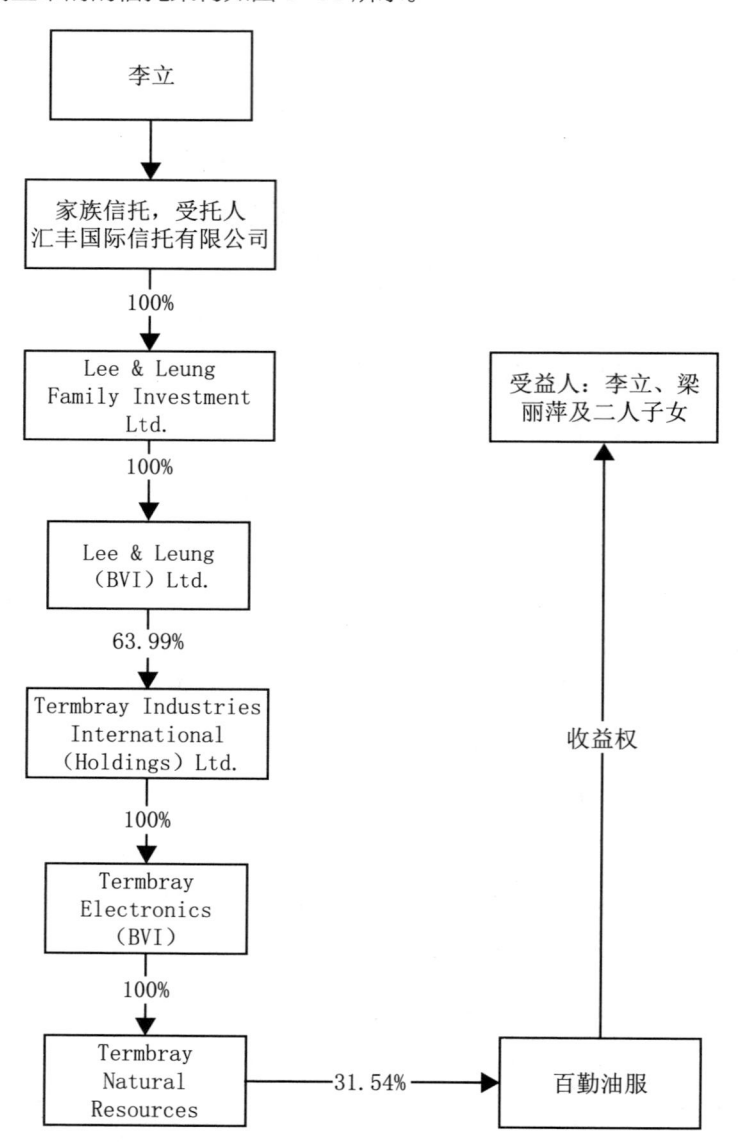

```
                    李立
                     │
                     ▼
          家族信托，受托人
          汇丰国际信托有限公司
                     │ 100%
                     ▼
          Lee & Leung
          Family Investment
          Ltd.
                     │ 100%
                     ▼
          Lee & Leung
          (BVI) Ltd.
                     │ 63.99%
                     ▼
          Termbray Industries
          International
          (Holdings) Ltd.
                     │ 100%
                     ▼
          Termbray
          Electronics
          (BVI)
                     │ 100%
                     ▼
          Termbray
          Natural      ──31.54%──▶  百勤油服
          Resources
```

受益人：李立、梁丽萍及二人子女 ◀──收益权──

图3-61 李立家族信托架构（截至2013年3月6日）

3）分析

这个股权结构是一种常见的家族信托安排，旨在确保创始人及其家族在公司上市后继续享有一定份额的股权和收益权。通过家族信托，创始人李立可以确保公司的一部分股权在他和他的家族之间传承下去。这有助于保持家族在公司内部的长期影响力。这种信托结构确保了李立、梁丽萍及其后代的经济福祉，因为他们被指定为信托的受益人。这种信托结构还可以带来税务优势，减轻继承税和财产税的负担，为创始人及其家族在家族财富传承方面提供额外的灵活性和效益。李立及其家族成员可以在未来继续参与公司的管理和决策，这有助于维护公司战略的连续性。

【案例】思考乐——陈启远家族信托

1）公司介绍

思考乐全称为深圳市思考乐文化教育科技发展有限公司，成立于2012年1月4日，是一家专业从事中小学课外辅导的教育培训企业。公司主要提供一至十二年级的学科辅导服务，并且为一至三年级初阶学员提供儿童教育课程及语言、表演艺术等兴趣班服务，是华南地区K12课后教育服务提供商。2019年6月21日，思考乐在港交所上市，证券代码为01769。

2）信托搭建

公司创始人陈启远在公司上市之前设立了家族信托。招股书显示，2019年5月14日，陈启远设立了以其自身和家族成员为受益人的家族信托，信托受托人为 J.P. Morgan Trust Company（Bahamas）Ltd.。信托控制的直接大股东为BVI有限公司天晟国际有限公司（上市前后持股49.69%），其由BVI有限公司语汐国际持有100股有表决权的股份，由巴哈马有限公司轩扬九州持有100股无表决权的股份（双方各占50%），而轩扬九州由陈启远家族信托的受托人全资拥有。2023年中期报告显示，语汐国际由陈启远直接全资拥有，而公开信息（包括披露数据和公告）均未说明轩扬九州的股东情况。上述家族信托的结构可以由图3-62概括。

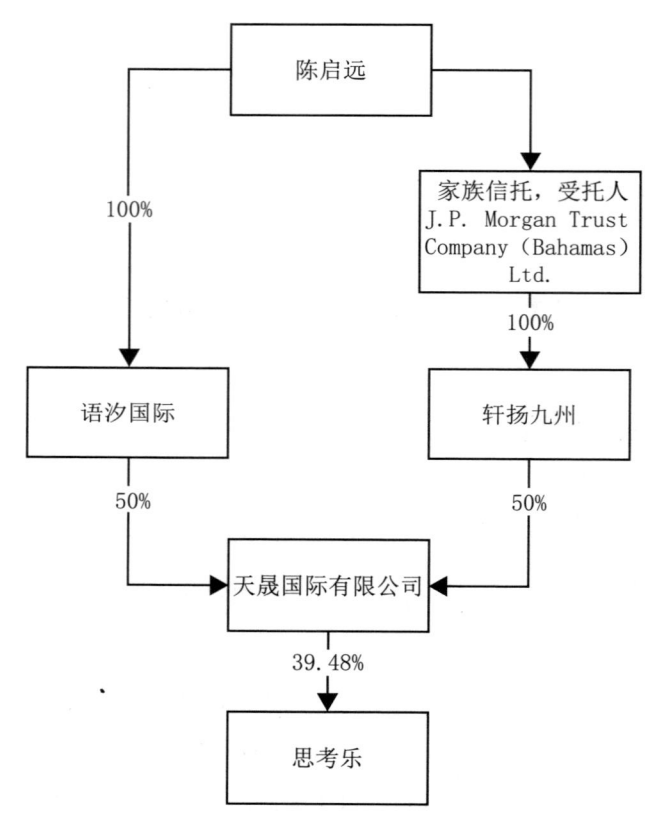

图3-62 陈启远家族信托架构（截至2023年）

03 港股上市公司的家族信托

3）分析

本案例的特点在于，在上市主体之上搭建BVI持股平台后，由家族信托通过持股公司持有BVI持股平台的无表决权股份，由实控人、公司创始人通过其持股公司持有持股平台的有表决权股份。如此，通过设立BVI持股平台同股不同权架构，公司股份的收益得以装入家族信托，而且实控人本人把持着持股平台全部有表决权的股份。

【案例】盛诺集团——张锋、陈枫的复杂家族信托设计

1）公司介绍

盛诺集团（Sinomas Group Ltd.）是一家总部位于香港的生物制药公司。2014年7月10日，公司在港交所主板上市，证券代码为01418。盛诺集团专注于生物制药领域，其使命是研发、生产和销售高质量的药物和生物制品，以满足患者的医疗需求。公司的业务范围涵盖了生物制药的多个领域。盛诺集团致力于研发和生产多种药物和生物制品，包括但不限于：抗肿瘤药物——开发和销售用于癌症治疗的药物；生物制品——包括生物类似药（biosimilars）等生物制品；生物医学研究——参与生物医学研究和开发，以推动创新的医疗解决方案。

2）信托架构

公司上市前，张锋家族、陈枫家族都委托Orangefield作为信托的受托人，拥有Chi Fan Holding Ltd. 100%的股权，Chi Fan Holding Ltd.则直接全资拥有圣诺盟企业，圣诺盟企业作为直接持股人，直接持有盛诺集团已发行总股本54.55%的股权。通过这种方式，张锋家族、陈枫家族可以在未来持续享有该部分股权的收益。2023年中期报告显示，上述家族信托结构基本没有发生变化。公司上市时的信托架构如图3-63所示。

```
┌─────────────────────────────┐
│  Frankie家族、James家族、    │◄──────────┐
│  张锋家族以及陈枫家族         │           │
└──────────────┬──────────────┘           │
               │                           │
               ▼                           │
┌─────────────────────────────┐           │
│  家族信托，受托人            │           │ 受益权
│  Orangefield                │           │
└──────────────┬──────────────┘           │
               │ 100%                      │
               ▼                           │
┌─────────────────────────────┐           │
│  Chi Fan Holding Ltd.       │           │
└──────────────┬──────────────┘           │
               │ 100%                      │
               ▼                           │
┌──────────────────┐   54.55%   ┌──────────────┐
│  圣诺盟企业       │───────────►│  盛诺集团     │
└──────────────────┘             └──────────────┘
```

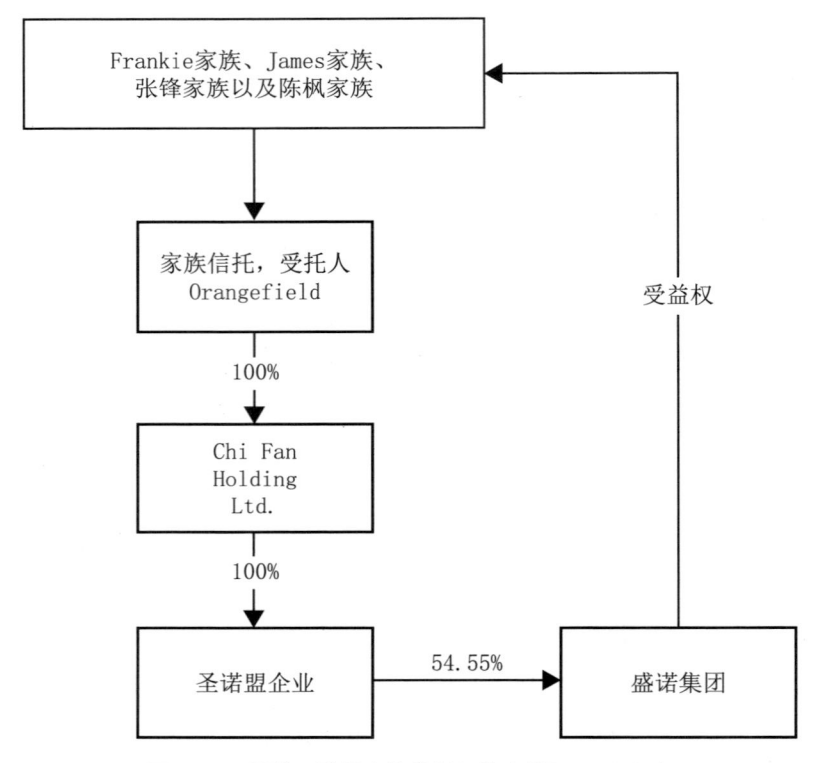

图 3-63 张锋、陈枫家族信托架构（截至 2023 年）

3）分析

这个信托结构似乎是为了确保张锋家族和陈枫家族在公司上市后继续共同持有盛诺集团的股权，并分享相关收益。通过信托结构，家族成员可以确保其在公司的股权在未来得以持续传承下去，并保持家族在公司内的影响力。家族可以通过 Chi Fan Holding Ltd. 来共同控制圣诺盟企业，从而共同控制盛诺集团，这有助于共同决策和战略规划。家族信托结构可以体现税务优势，有助于减轻继承税

和财产税的负担。这种信托结构有助于家族成员之间的合作和协作，以实现共同的财务目标。

【案例】天彩控股——邓荣芳、吴勇谋家族信托

1）公司介绍

天彩控股全称为天彩控股集团有限公司。公司专注于从事电子游戏、虚拟现实（VR）和增强现实（AR）相关业务，2015年7月2日在港交所上市，证券代码为03882。天彩控股是一家以娱乐科技为核心的公司，旨在开发和提供创新的娱乐内容和解决方案，以满足广大游戏爱好者和消费者的需求。公司的主要业务领域包括：（1）电子游戏开发。天彩控股开发和运营各类电子游戏，包括手机游戏、电脑游戏等。（2）虚拟现实和增强现实。公司积极参与虚拟现实和增强现实技术的研究和应用，为用户提供沉浸式的娱乐体验。（3）制作和提供各种娱乐内容，包括音视频内容等。天彩控股的业务面向国际市场，努力满足全球玩家和娱乐消费者的需求。作为一家科技驱动的公司，天彩控股积极参与游戏和虚拟现实技术的研究和创新，以提供更先进的产品和服务。

2）信托架构

创始人邓荣芳、吴勇谋均在公司上市前设立了各自的家族信托。招股书显示，他们两个家族的信托受托人均为香港的永隆银行信托公司。邓荣芳于2015年2月10日设立了家族信托，家族信托控制的直接大股东为BVI有限公司Fortune Six，Fortune Six的唯一股东为BVI有限公司Best One，Best One的唯一股东为Autopex Ltd.，Autopex Ltd.是永隆银行信托公司的代理人。邓荣芳家族信托持股的比例在上市前后为52.21%。此外，吴勇谋在上市前后设立了相同架构的家族信托，信托持股的比例为7.87%。2023年中期报告没有披露信托持股情况，但是检索披露易信息可知，永隆银行信托公司仍然担任两个家族信托的受托人。邓荣芳家族信托架构可以由图 3-64 概括。

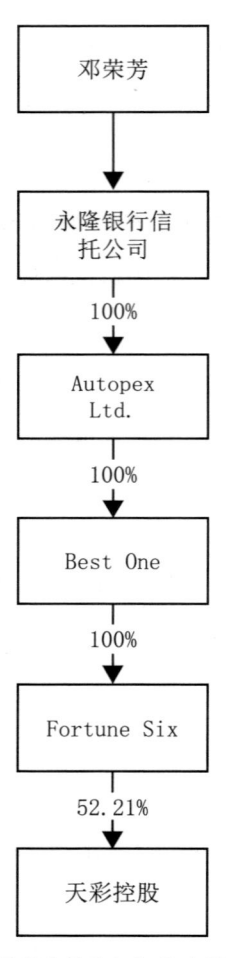

```
邓荣芳
  ↓
永隆银行信
托公司
  ↓ 100%
Autopex Ltd.
  ↓ 100%
Best One
  ↓ 100%
Fortune Six
  ↓ 52.21%
天彩控股
```

图 3-64　邓荣芳家族信托架构（截至 2023 年）

3）分析

本信托为较少的按照香港信托法律在香港设立的家族信托。在香港设立的家族信托常常借用在BVI等地的离岸公司作为代理人。这可能是内地信托设立人不完全放心新兴香港信托公司在香港法域处理信托财产的原因。香港信托的受托人委任代理人的相关规定可见于《受托人（香港政府证券）条例》第三和第四部分。

【案例】海天地悦旅——陈亨利家族信托

1）公司介绍

海天地悦旅全称为海天地悦旅集团有限公司，是一家主要从事酒店经营的投资控股公司。海天地于2019年5月16日在港交所主板上市，证券代码为01832。海天地悦旅创始人是陈守仁。公司及其子公司通过三大分部运营：酒店及款待分部从事酒店经营及出租位于塞班岛及关岛酒店建筑物内的商业处所；奢侈品配饰零售分部主要负责在塞班岛、关岛及夏威夷的零售店内出售奢侈品配饰；目的地服务分部在塞班岛经营纪念品及便利商店，从事观光旅行业务，提供地面接待服务。

2）信托架构

陈守仁在公司上市之前设立了家族信托。招股书显示，陈守仁及其儿子陈亨利分别设立了家族信托。陈守仁设立的家族信托的受托人全资拥有巴哈马有限公司Leap Forward Ltd.。该公司对一家北马里亚纳有限公司Tan Holdings Corporation持股39%。该公司全资拥有BVI有限公司THC Leisure Holdings Ltd.，后者全资拥有上市主体开曼公司海天地悦旅。此外，陈亨利设立的家族信托的受托人全资拥有BVI有限公司Financial Eagle，后者对Tan Holdings Corporation持股15%。

2023年中期报告显示，两个家族信托已经被整合为一个，陈守仁及其儿子陈亨利共同控制一家公司Supreme Success Ltd.，这家公司全资拥有Leap Forward Ltd.，其余架构不变。整合后的该家族信托通过持股平台Tan Holdings Corporation、THC Leisure Holdings Ltd.掌握的股权为39%。上述家族信托架构可以由图3-65概括。

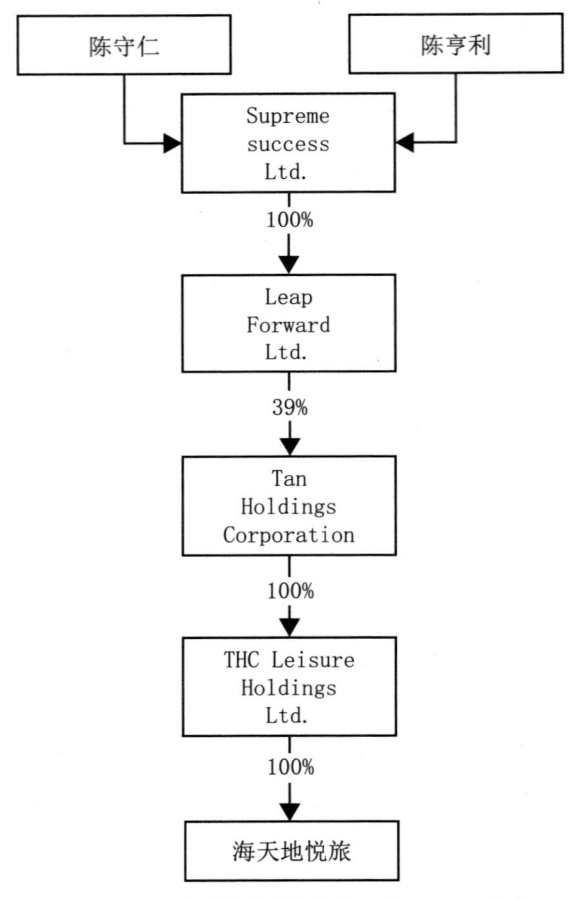

图 3-65　陈亨利家族信托架构（截至2023年）

3）分析

虽然本案例中的上市公司海天地悦旅并非在中国内地开展业务的公司，且该公司的创始人、实控人也不是中国公民，但本案例的特征仍值得学习——实控人、创始人与其接班公司的儿子签署一致行动人协议，共同行使Leap Forward Ltd.的投票权。如此，既可以让后代在公司经营实战中积累管理经验，又可以使得年事已高的实控人以一致行动人协议为保险兜底，宏观把控子女后代的经营行为，降低家族财富折损的风险。

【案例】锦胜集团——庄金洲家族信托

1）公司介绍

锦胜集团全称为锦胜集团（控股）有限公司，是一家主要从事瓦楞产品生产及销售的香港投资控股公司，拥有丰富的制造及销售瓦楞纸板及纸制包装产品之经验。公司于2009年2月26日在港交所主板上市，证券代码为00794。公司的产品种类包括印刷瓦楞纸箱、瓦楞纸板、柯式印刷包装产品及说明书等。锦胜集团获评2018—2020年深圳500强企业，2003—2020年连续18年获评中华人民共和国（"中国"）印刷企业100强，2006—2020年连续15年获评全国优秀外商投资企业——双优企业。集团与超过250个国内外的客户建立长期合作关系，涉及行业包括电子仪器、餐饮等。

2）信托架构

公司上市前，创始人庄金洲为其及其家族设立了家族信托。庄金洲作为信托的设立人和委托人，委托汇丰国际信托有限公司作为庄氏家族信托的受托人，设立了一份不可撤回的全权信托。Perfect Group全部已发行股份由Jade City Assets Ltd.持有，汇丰国际信托有限公司作为庄氏家族信托之信托人全资拥有Jade City

Assets Ltd.。而 Perfect Group 作为直接持股人，直接持有占锦胜集团已发行总股本 75% 的股份。通过这种方式，庄金洲家族可以在未来持续享受到 Perfect Group 所持锦胜集团股份的受益权。公司上市时的信托架构如图 3-66 所示。

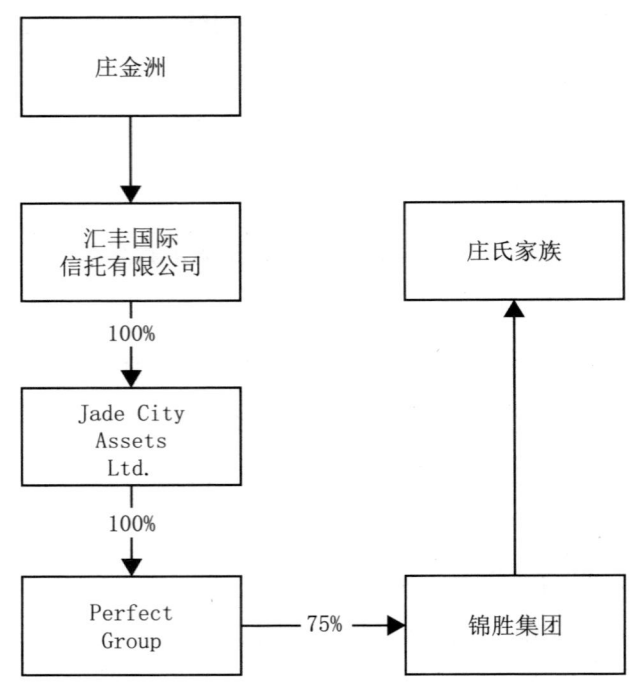

图 3-66　庄金洲家族信托架构（截至 2009 年 2 月 26 日）

3）分析

庄氏家族的信托采用了不可撤销的全权信托，这种模式的信托虽然可以不用再为撤销而担心，可以让信托的受托人安心处置信托财产，但是也有缺点与风险。首先是缺乏灵活性。这是其最显著的特点，也是一个主要缺点。一旦建立了不可撤销信托，设立人通常无法更改或撤销信托，即使在未来的环境或个人情况发生变化时也是如此。这意味着一旦资产转入信托，设立人将失去对这些资产的直接控制。其次是税务问题。虽然不可撤销信托可以获得遗产税方面的好处，但它们在某些情况下可能导致其他税务问题。例如，信托内的资产产生的收入可能需要独立报税，且税率可能高于个人所得税。再次是资金访问限制。由于资产转移到信托中，设立人和其他潜在受益人可能无法自由访问这些资产。这可能在紧急情况下导致资金流动性问题。最后是可能产生潜在的家庭纠纷。在某些情况下，不可撤销信托的条款可能引起家庭成员的不满，甚至引起相互间的纠纷，特别是当信托的条款被某些家庭成员视为不公平或不恰当时。

【案例】嘉涛控股——魏仕成家族信托

1）公司介绍

嘉涛控股全称为嘉涛（香港）控股有限公司，是香港历史悠久的安老院舍运营商，为长者提供各式各样的安老服务，包括：提供住宿、专业护理及照料服务，营养管理、医疗服务、物理治疗及职业治疗服务，心理及社会关怀服务，个人护理计划及康乐服务，以及销售保健、医疗产品，并提供额外保健服务于院友。2019年6月13日，嘉涛控股在港股主板上市，证券代码为02189。

2）信托架构

公司上市时，公司创始人魏仕成夫妇设立了家族信托。魏仕成配偶为该家族信托的财产授予人和委托人，魏仕成为该家族信托的唯一受益人。魏仕成家族信托作为受托人，全权拥有上锋。而上锋作为直接持股人，直接持有嘉涛控股已发行总股本的62.4%的股份。通过这种方式，魏仕成夫妇可以在未来持续地享有上锋持有的嘉涛控股的受益权。

公司上市时的信托架构如图3-67所示。

```
        魏仕成配偶
             │
             ▼
         家族信托                      魏仕成
             │                          ▲
           100%                         │
             ▼                          │
           上锋  ──── 62.4% ────→    嘉涛控股
```

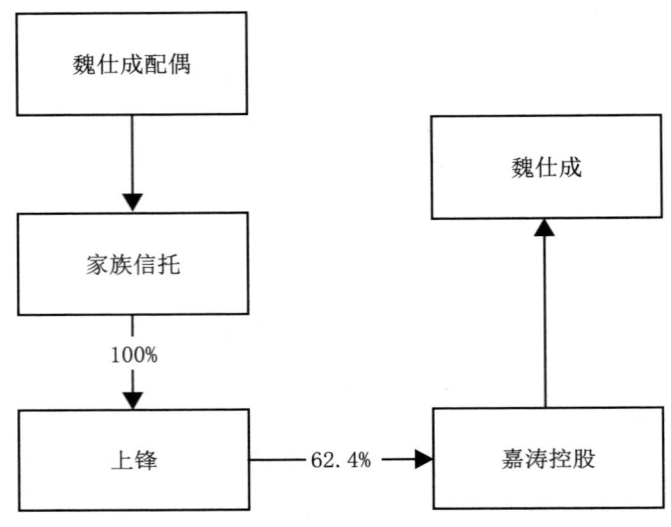

图 3-67　魏仕成家族信托架构（截至 2019 年 4 月 25 日）

3）分析

嘉涛控股的家族信托由魏仕成夫妇设立，但是财产授予人为魏仕成配偶，而信托的唯一受益人为魏仕成。虽然表面看起来该信托只有魏仕成作为唯一受益人，然而魏仕成配偶可以享受到配偶权益，而且婚内的信托受益仍然属于夫妻共同财产，所以实际上魏仕成夫妇二人均为该信托的实际受益人。这也是魏仕成家族信托相比于前述众多家族信托的一个小小的特别之处。

【案例】美臻集团——蔡少伟家族信托

1）公司介绍

美臻集团全称为美臻集团控股有限公司，是一家主要从事服装产品制造及贸易的投资控股公司。美臻集团于 2018 年 10 月 19 日在港交所主板上市，证券代码为01825。该公司通过两个分部运营业务：服装产品的制造及贸易分部主要从事制造和销售各类服装产品；商标许可分部从事商标许可，以收取特许授权收入。公司的客户主要包括总部设于美国及若干欧洲国家的服装品牌。

2）信托架构

公司上市前，公司创始人蔡少伟为其家族设立了家族信托。蔡少伟作为信托的设立人和财产授予人设立了一个可撤回信托。该可撤回信托全资拥有Mega Capital Assets Ltd.及Capital Star Assets Ltd.。Angel Sense Ltd.由Mega Capital Assets Ltd.和Capital Star Assets Ltd.分别拥有50%的股份。Rainbow Galaxy由Angel Sense Ltd.直接全资拥有。而Rainbow Galaxy作为直接持股人直接持有美臻集团已发行总股本34%的股份。通过这种方式，蔡少伟家族可以在未来持续地从Rainbow Galaxy所持美臻集团股份中享有受益权。公司上市时的信托架构如图3-68所示。

3）分析

蔡少伟家族的信托架构跟前述常见的信托架构有些不一样，蔡少伟将信托财产交给受托人之后，受托人并没有像常见的那样直接全资控股一家企业用来向下持股，而是全资拥有两家企业，两家企业各自持有下面控股企业50%的股份，这样做其实只是在结构上略有不同，但其信托大框架并未改变。

【案例】联想控股——郭氏家族信托

1）公司介绍

作为一家年营业额高达500亿美元的全球科技巨头，联想集团荣列《财富》世界500强企业之一。联想集团由柳传志创立，自1994年2月14日在港交所主板挂牌以来（证券代码为00992），一直致力于成为全球智能化变革的领航者

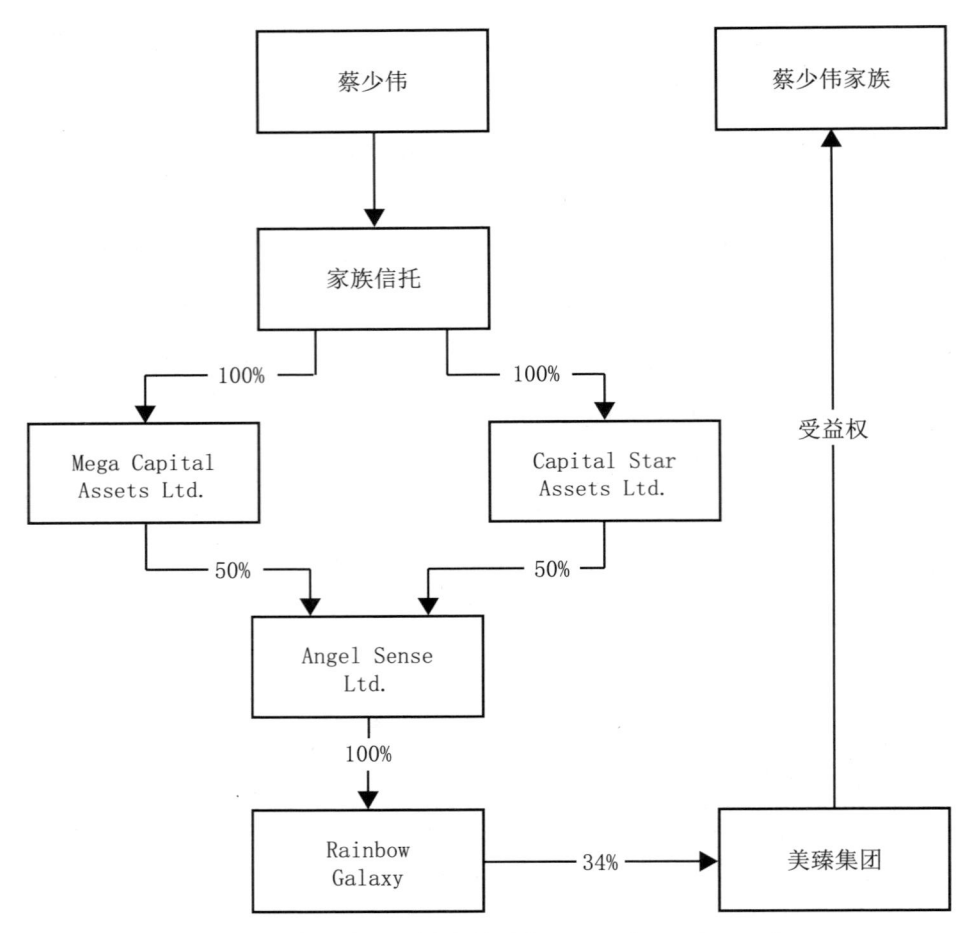

```
                    蔡少伟                              蔡少伟家族
                       │                                   ▲
                       ▼                                   │
                    家族信托                                │
                  ┌────┴────┐                              │
               100%        100%                         受益权
                  ▼           ▼                            │
           Mega Capital   Capital Star                     │
            Assets Ltd.   Assets Ltd.                      │
                  │           │                            │
                50%          50%                           │
                  └────┬──────┘                            │
                       ▼                                   │
                  Angel Sense                              │
                      Ltd.                                 │
                       │                                   │
                     100%                                  │
                       ▼                                   │
                   Rainbow  ────34%────▶              美臻集团
                   Galaxy
```

图 3-68　蔡少伟家族信托架构（截至 2018 年 10 月 19 日）

和助力者，旨在为消费者提供最优质的智能设备和智能基础设施体验。联想的产品线涵盖了智能手机（包括摩托罗拉品牌）、平板电脑、个人电脑（包括 Think 品牌、YOGA 品牌和 Legion 品牌）、工作站，以及 AR/VR 设备和智能家居 / 办公解决方案等，其产品多样性和智能互联性在全球范围内处于领先地位。联想的未来数据中心解决方案，如ThinkSystem和ThinkAgile系列，正在通过增强处理能力和容量来为商业和社会各个领域的变革提供支持。联想致力于激发人们的潜能，致力于创造一个更加智能、美好的世界。2015年6月29日，联想控股在香港证券交易所实现了二次上市，进一步巩固了其在全球科技领域的地位。

2）信托架构

公开资料未显示柳传志及公司其他高管针对联想系公司股权设立了家族信托。但是，2015年联想控股于港交所二次上市时，众多知名企业、富豪都参与认购了联想控股新发股份，其中就有郭炳湘设立的家族信托。

郭氏家族信托基金名下的资产涵盖近300家公司，分布在美国、加拿大、澳大利亚、马来西亚等国家和中国香港地区，包括大量物业、流动现金和上市公司股票。这些资产由4家公司直接或间接持有，它们分别是Ace PrecIsIon Developments Ltd.、Genuine Result Ltd.、Kamina Investments（BVI）Ltd.和Middaugh Enterprises Ltd.，统称为HoldCos。[①]

根据郭得胜遗孀邝肖卿设定的家族信托基金分配计划，郭炳湘的发妻李天颖、郭炳江和郭炳联为The HoldCos的受益人，各占三分之一股权。有消息指出，郭氏家族旗下的公司并非由汇丰国际信托进行管理，而是由郭氏家族控制的King Yip Group Ltd.全权负责管理。

郭炳湘在2008年5月前与家族主要成员关系破裂，引发多起涉及家族生意的诉讼。2013年，郭炳湘要求主要家族成员重新组织2009年信托基金，并向法院提交诉状。直至2014年初，郭氏主要家族成员与郭炳湘达成初步和解协议，

[①] 钟源.家族信托存续规模近5000亿元 产品服务日益丰富[EB/OL].（2017-08-24）[2024-04-08].http：//www.jjckb.cn/2023-12/06/c_1310753832.htm.

郭炳湘同意一次性接受家族财产的分配，双方商议后于 2014 年 1 月 27 日正式签署了"大和解"协议书（Heads of Agreement）。在 2014 年"大和解"协议书签署后，郭炳湘所选择的房地产、酒店和其他资产被纳入新的信托基金，被命名为"郭炳湘新私人资产信托"。经过数次重组之后，郭氏家族信托的结构可以由图 3-69 概括。

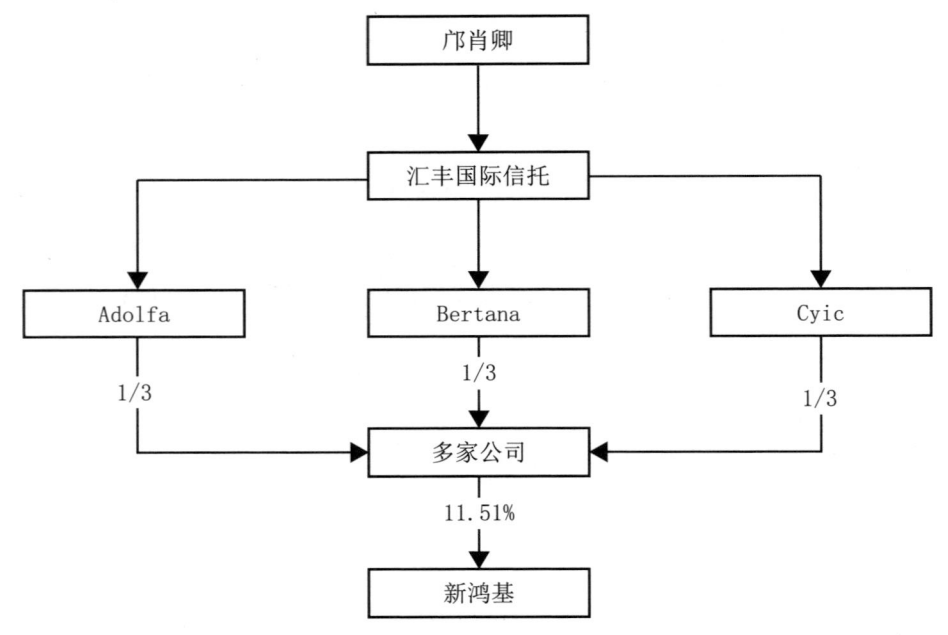

图 3-69 郭氏家族信托架构（截至 2024 年）

3）分析

本案例为本书中少有的家族信托架构反而起了负面作用的案例。离岸家族信托在设立时一般默认采用全权委托的不可撤销信托，委托人让渡控制权后，受托人依据信托文件及法定义务管理财产。家族信托中的受益人权利在形式上表现为依附于受托人合规裁量的附条件或有权益。此外，由于家族信托是一种具有高度人合性的"组织"，因此其受益权无法转售。因此，家族信托没有受益人将其受益权利变价出售后退出的机制。正是出于这个原因，当家族成员之间存在冲突的时候，由于不存在变价退出机制，家族信托反而成为延长矛盾的障碍。

简言之，在设置家族信托后，依靠家族治理管控后代之间的分歧非常重要。

【案例】东正汽车——王木清家族信托

1）公司介绍

东正汽车全称为上海东正汽车金融股份有限公司，由正通汽车及东风集团共同出资5亿元设立，总部位于中国上海陆家嘴金融贸易区，2019年4月3日在港交所主板上市，证券代码为02718，其控股股东为上海汽车集团股份有限公司。东正汽车是国内首家专业的持牌汽车金融公司，专注提供购买豪华品牌汽车的汽车金融产品和服务。

2）信托架构

公司上市前，公司创始人王木清和他的儿子王伟泽作为信托的创立人和信托财产的授予人，设立了两个信托：Bright Brilliant Trust 及 Ample Joy Trust，共同作为王氏家族信托。王木清父子二人委托 Credit Suisse Trust Ltd. 为以上两个信托的受托人，全资拥有 BVI 有限公司 Joy Capital，而 Joy Capital 则持有王木清名下另一家港股上市公司——正通汽车 56.37% 股份。由此，王木清家族信托依靠两个上市公司控股与被控股的关系持有两个公司的股份。正通汽车作为直接持股人，直接持有东正汽车已发行总股本的 71.25% 的股份。查阅港交所披露易可知，上市后，Joy Capital 仍然直接持有正通汽车股份（51.29%）。该信托架构如图 3-70 所示。

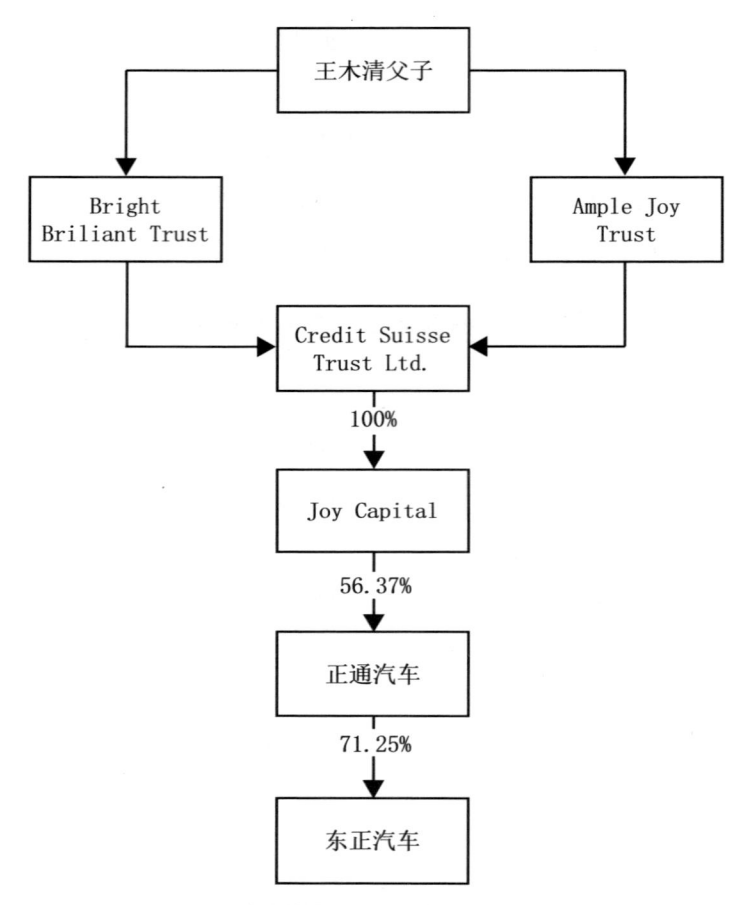

图 3-70　王木清家族信托架构（截至 2019 年 4 月 3 日）

3）分析

本案例为少见的信托受托人与上市公司之间只存在一个 BVI 有限公司的案例。此外，招股书显示，王木清父子分别设立了两个家族信托，但招股书并未披露两个家族信托的信托契约有何差别，因此我们无法确定地得知设立两个信托的目的。

【案例】波司登——高德康家族信托

1）公司简介

波司登全称为波司登国际控股有限公司，是我国知名羽绒服生产商，主要从事自有羽绒服品牌组合的开发和管理，包括产品的研究、设计、开发、原材料采购、外包生产及市场营销和销售。核心品牌有"波司登"、"雪中飞"、"康博"、"冰洁"、"双羽"和"上羽"。其中"登峰"系列为中国南极科考队和中国登山队指定御寒装备。波司登由高德康于1976年成立，2007年10月11日在港交所上市，证券代码为03998。

2）信托架构

波司登创始人高德康在公司上市之后设立了家族信托。招股书显示，在公司上市前后，高德康持有康博有限公司95%的股份，而康博有限公司持有波司登65.36%股份。2023年中期报告显示，波司登的股权结构中同时存在三个家族信托，均为高德康设立。就第一个信托而言，高德康以Cititrust Private Trust (Cayman) Ltd.为受托人，该信托控制的直接大股东为盈新（15.73%），而盈新由进富有限公司全资拥有，进富有限公司由汉华集团有限公司全资拥有，而汉华集团有限公司则由信托受托人全资拥有。

就第二个信托而言，其信托受托人同样为Cititrust Private Trust (Cayman) Ltd.，直接大股东为豪威企业有限公司（5.61%），而豪威企业有限公司则由First-Win Enterprises Ltd.全资拥有，First-Win Enterprises Ltd.由受托人全资拥有。

就第三个信托而言，该信托受托人为BOS Trustee Ltd.，信托控制的直接大股东为康博投资有限公司（26.01%），康博投资有限公司由盛天创投有限公司拥有90%，而盛天创投有限公司由Blooming Sky Investment Ltd.全资拥有，

Blooming Sky Investment Ltd.由信托受托人全资拥有。上述家族信托结构可以由图 3-71 概括。

3）分析

上述结构中，Cititrust Private Trust（Coyman）Ltd.为设立于开曼群岛的专业信托公司，而 BOS Trustee Ltd.设立于新加坡。经过搜索，BOS Trustee Ltd.明显不是新加坡专业信托公司，很可能是高德康设立的家族公司，类似开曼和 BVI 的私人信托公司。本书已经提到，新加坡信托的劣势在于资产管理灵活性较差，信托设立人对于信托资产的把控力不如 BVI 和开曼等地的信托。这一点可以通过部分地设立家族办公室作为受托人来克服。

【案例】华兴资本——包凡家族信托

1）公司介绍

华兴资本于 2005 年在北京成立，华兴资本是中国领先的服务新经济的金融机构，公司业务包括私募融资、兼并收购、证券承销及发行、证券研究、证券销售与交易、私募股权投资、券商资产管理及其他服务，致力于为中国新经济创业者、投资人提供横跨中国内地、中国香港、美国三地的一站式金融服务。2018 年 9 月 27 日，华兴资本正式在港股主板挂牌交易，证券代码为 01911。2020 年 1 月 4 日，华兴资本获得 2020《财经》长青奖"可持续发展效益奖"。

2）信托架构

公司上市时，公司创始人包凡将其一部分股权拿出来做了股权信托，设立了 Sky Allies 信托，该信托的受托人为 Infiniti Trust（Hongkong）Ltd.，其控股 Sky Allies Development Ltd.，而 Sky Allies Development Ltd.则作为直接持股人直接持有占华兴资本已发行总股本 5.66% 的股权。该信托架构如图 3-72 所示。

03 港股上市公司的家族信托

```
                    高德康
         ┌───────────┼───────────┐
         ▼           ▼           ▼
       信托一       信托二       信托三
         │           │           │
         │           ▼           ▼
         │    Cititrust         BOS
         └──▶ Private Trust    Trustee
              (Cayman) Ltd.     Ltd.
              │         │        │
              ▼         │        ▼
         汉华集团有限公司 │   Blooming Sky
              │         │   Investment Ltd.
              ▼         ▼        │
         进富有限公司  First-Win   ▼
              │      Enterprises 盛天创投
              │        Ltd.    有限公司
              ▼         │       │ 90%
             盈新     豪威企业    ▼
              │      有限公司  康博投资有限公司
              │         │        │
         15.73%      5.61%     26.01%
              └────────▶波司登◀────┘
```

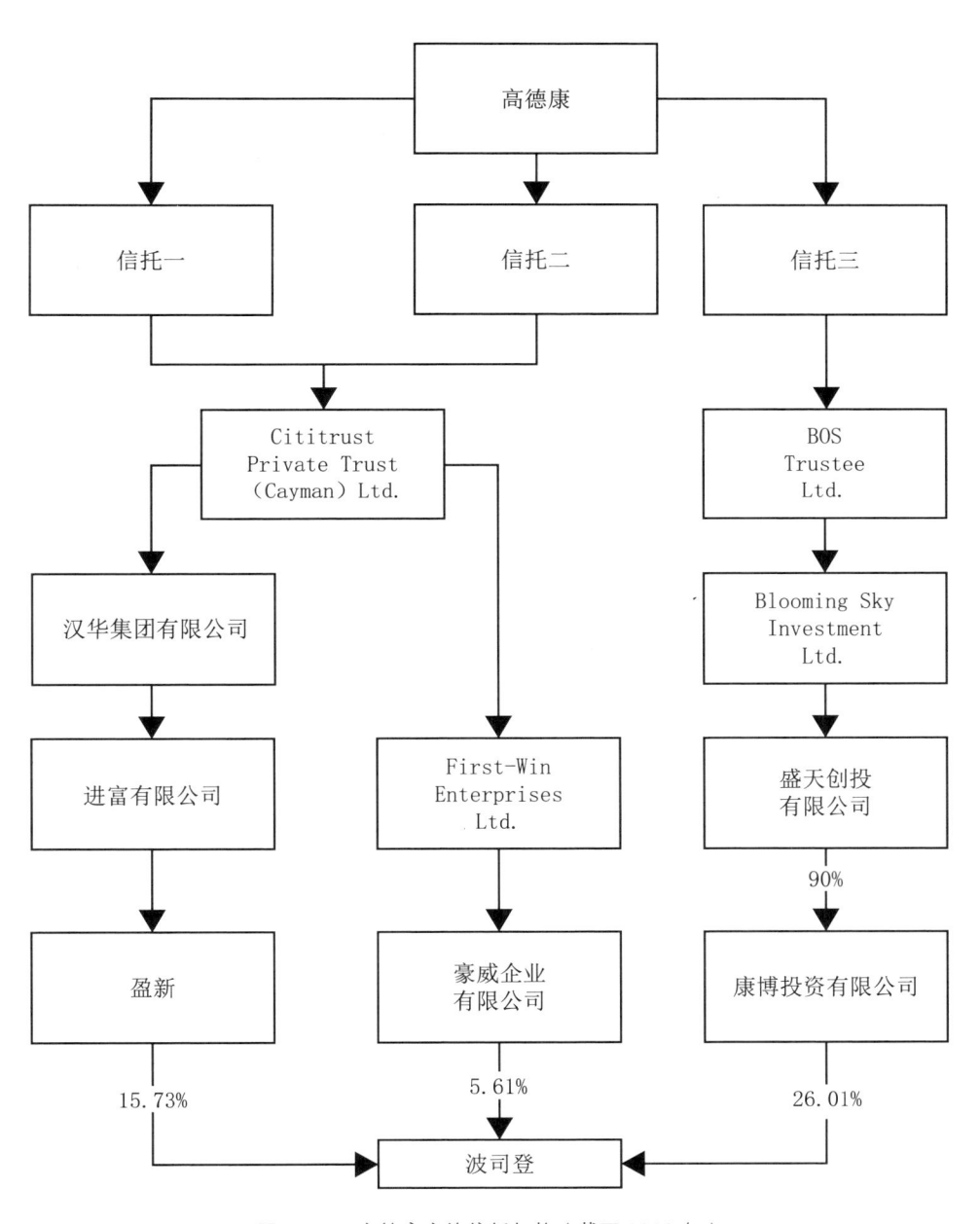

图 3-71　高德康家族信托架构（截至 2023 年）

263

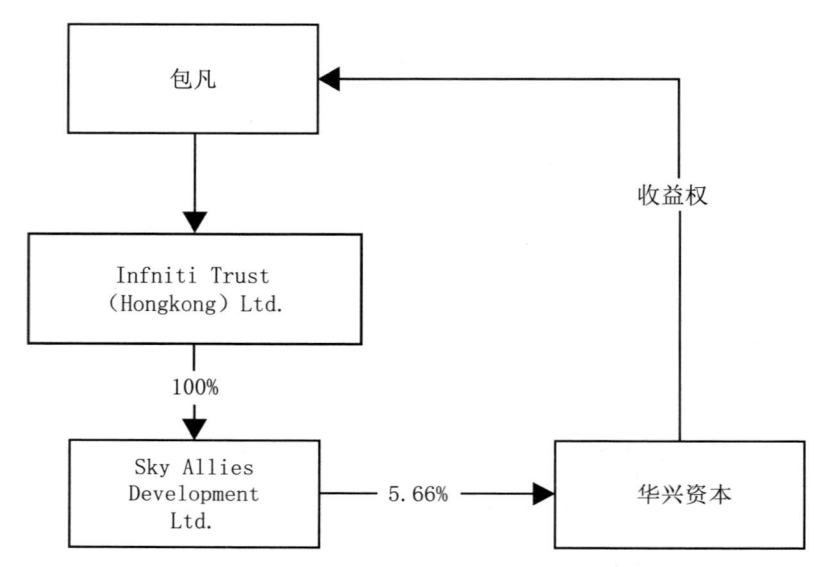

图 3-72　包凡家族信托架构（截至 2018 年 9 月 27 日）

3）分析

包凡的华兴资本的股权信托相比于常见的股权信托有两个特别之处值得我们去分析。第一，他没有把自己持有的全部华兴资本的股权拿出来做股权信托，而是只拿出了其中一小部分，还有很大一部分股权则由他本人直接持有；第二点不同于常见的全权信托的是，包凡作为 Sky Allies Development Ltd. 信托计划的设立者，可以影响 Infiniti Trust（Hongkong）Ltd. 公司如何行使其通过信托计划持有的 Sky Allies Development Ltd. 公司的 31,064,000 股股份的投票权，即虽然设立了信托，但他仍拥有这部分信托股权的控制权和实际管理权。

【案例】中油洁能——姬光、杨玲家族信托

1）公司介绍

中油洁能全称为中油洁能控股集团有限公司，是中国一家液化石油气及天然气综合供应商，拥有完整的产业链，并在燃气行业拥有超过10年的辉煌战绩，2018年12月28日于香港联交所主板上市，证券代码为01759。公司主要在中国经营液化石油气、压缩天然气及液化天然气车用加气站、液化石油气民用站、压缩天然气母站，以及液化石油气及天然气批发业务。按广东省及河南省的车用加气站数量计算，中油洁能在广东省液化石油气加气市场排名第三，在河南省郑州市压缩天然气加气市场排名第一。

2）信托架构

公司上市前，公司创始人姬光为自己和配偶杨玲的家族设立了信托，姬光、杨玲家族信托的受托人为UBS Trustees Ltd.（BVI），UBS Trustees Ltd.（BVI）通过其全资附属公司UBS Nominees Ltd.持有VISTA公司的全部已发行股本，VISTA公司则通过中油洁能控股（均由瑞银作为受托人而间接全资拥有）间接拥有创意丰的全部股权。而创意丰则作为直接持股人直接持有中油洁能已发行总股本的56.25%的股份。通过这种设计，姬光及其配偶杨玲可以在未来持续享有创意丰所持中油洁能股权的受益权。公司上市时的信托架构如图3-73所示。

```
姬光、杨玲家族
    ↓           ← 受益权
UBS Trustees Ltd.
    (BVI)
    ↓
UBS Nominees Ltd.
    ↓ 100%
VISTA公司
    ↓ 100%
中油洁能控股
    ↓ 100%
创意丰 ──56.25%──→ 中油洁能
```

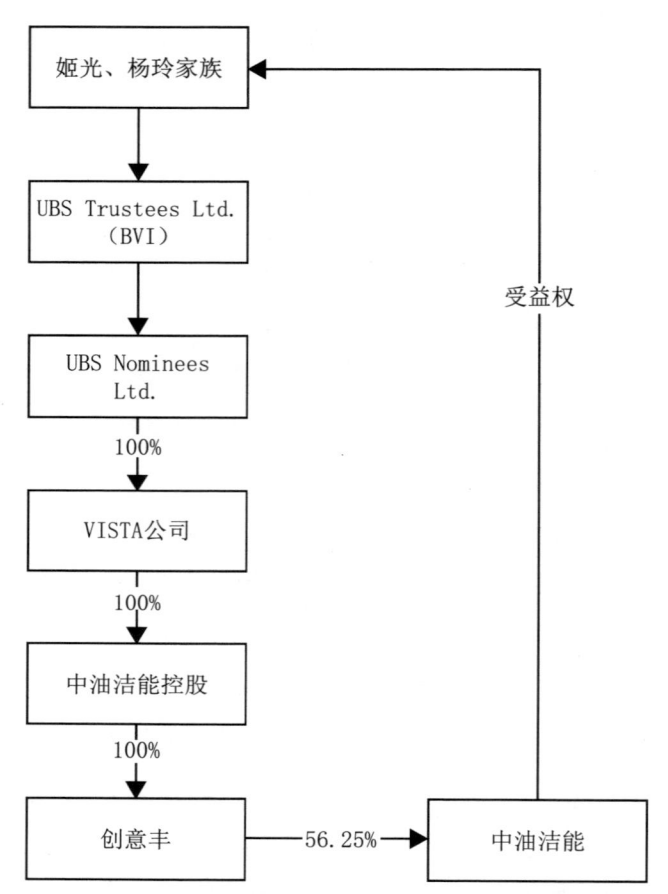

图 3-73　姬光、杨玲家族信托架构（截至 2018 年 12 月 28 日）

3）分析

姬光、杨玲家族股权信托的这个结构展示了股权信托的复杂性和层次性。通过多个层级的公司结构，可以实现对资产和利益的控制，同时保留一定的隐私。

此结构必须遵守相关的法律和规章，特别是涉及证券及期货的规定。这要求信托和相关实体遵循透明度和披露义务。这种复杂的信托结构可能涉及较高的管理风险和合规风险，需要确保所有交易和结构调整都符合法律法规，并且要定期进行审计和评估。这样的结构可能是出于财务和税务规划的考虑，特别是在进行跨境投资时。信托可以用来有效管理税负和优化资产配置。这种结构也体现了对资产的严密控制，但同时也需要高效的治理机制来确保所有决策和操作都符合姬光、杨玲家族的利益和目标。

【案例】荣阳实业——潘孟潮家族信托

1）公司简介

荣阳实业全称为荣阳实业集团有限公司，是亚洲最大的铝挤压加工厂，创始人为潘孟潮。荣阳实业专业生产和销售各种铝合金型材，包括建筑装饰铝型材、工业用铝型材、民用铝型材及电子产品铝配件。公司成立于1998年，营运总部在香港。除拥有境内销售网络外，其产品还出口销售至澳大利亚、马来西亚和北美、南非等地。2013年2月5日，荣阳实业在港交所上市，证券代码为02078。

2）信托搭建

潘孟潮在公司上市前设立了家族信托。招股书显示，上市前后，家族信托控制的股份比例为75%，全部为直接大股东BVI有限公司Easy Star持有，Easy Star由BVI有限公司Marina Star全资拥有。Marina Star的全部已发行股本由潘孟潮家族信托的受托人HSBC International Trustee全资拥有。2023年中期报告显示，开曼公司Genesis Trust & Corporate Services Ltd.成为该信托的受托人，同样通过Marina Star和Easy Star持有公司75%的股份。上述信托结构可以由图3-74概括。

```
潘孟潮
  ↓
Genesis Trust
&
Corporate Servies
Ltd.
  ↓ 100%
Marina Star
  ↓ 75%
Easy Star
  ↓ 75%
荣阳实业
```

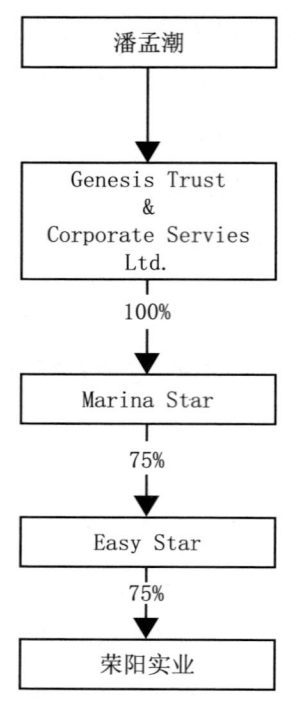

图 3-74　潘孟潮家族信托架构（截至 2023 年）

3）分析

荣阳实业的信托架构和信托持股的比例非常稳定，保持在 75%。结合本书中其他设立于实业（如制造业）公司之下的家族信托案例，我们可以发现，实业企业的信托结构一般都比较稳定。这可能是因为实业企业的大部分资产是上市之前就购入的重资产（如厂房、机器等），在上市后并无很强的引入外部资本作为新项目启动资金的需求。

【案例】海昌海洋公园——曲程家族信托

1）公司简介

海昌海洋公园全称为海昌海洋公园控股有限公司，是中国知名的经营主题公园的公司，也是配套商用物业开发商及运营商，创始人为曲乃杰。公司起步于大连，2002年建成以展示南北极动物为主的大连老虎滩海洋公园极地馆。经过20余年发展，凭借行业优秀的极地海洋动物保育技术，公司将其业务模式逐步推广到核心城市，展开了海昌海洋公园在全国的战略布局。2014年3月13日，海昌海洋公园在港交所上市，证券代码为02255。

2）信托搭建

海昌海洋公园的家族信托由曲乃杰的儿子曲程在公司上市后设立。招股书显示，紧接着公司上市之后，曲乃杰全资拥有BVI有限公司海昌BVI，后者持有公司71.31%股份。同时，曲乃杰设立了一个"管理信托"，受托人为Cantrust（Far East）Ltd.，管理信托的受益人包括曲乃杰本人及曾经或将会对集团发展及营运作出贡献的符合资格的人士，相当于一个预留出来用于未来股权激励的信托。2023年中期报告显示，曲程设立了一个家族信托，装入信托的股份比例为47.29%，泽侨控股有限公司为信托控制的直接大股东，泽侨控股有限公司由Zeqiao International（BVI）Ltd.全资拥有，而Zeqiao International（BVI）Ltd.由Generation Qu Trust的受托人Cantrust（Far East）Ltd.全资拥有。该信托结构可以由图3-75概括。

```
                    ┌──────────┐
                    │   曲程   │
                    └────┬─────┘
                         │
                         ▼
              ┌────────────────────┐
              │ 家族信托，受托人    │
              │ Cantrust (Far East)│
              │       Ltd.         │
              └──────────┬─────────┘
                        │ 100%
                        ▼
              ┌────────────────────┐
              │ Zeqiao International│
              │    (BVI) Ltd.      │
              └──────────┬─────────┘
                        │ 100%
                        ▼
              ┌────────────────────┐
              │   泽侨控股有限公司  │
              └──────────┬─────────┘
                        │ 47.29%
                        ▼
              ┌────────────────────┐
              │    海昌海洋公园    │
              └────────────────────┘
```

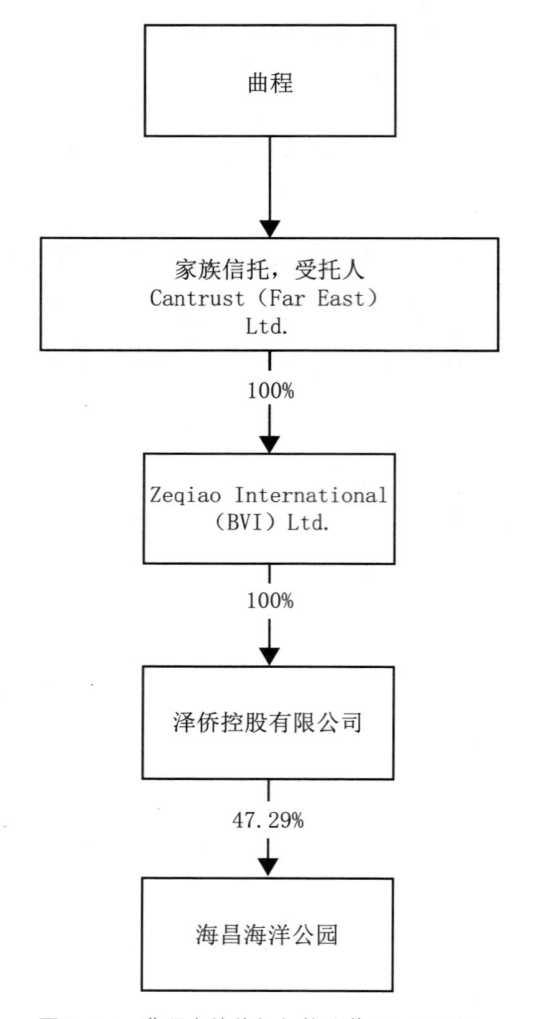

图 3-75　曲程家族信托架构（截至 2023 年）

3）分析

曲程目前已经从父辈那里顺利接手了家族产业，成为海昌海洋公园的执行董事，由其设立家族信托也是合情合理的事情。直接由儿子设立家族信托，而不是在上市前早早搭建信托，再在子女上位、接手产业的时候变更架构，这样做有利于公司股权的稳定，节省程序成本。早些年曲乃杰直接通过一层BVI公司持股，省去了搭建信托后与儿子签订一致行动协议（或其他形式的允许父亲监督儿子行为的协议）的成本。

【案例】广汇宝信——杨爱华家族信托

1）公司简介

广汇宝信全称为广汇宝信汽车集团有限公司，创始人为杨爱华。广汇宝信是以经营中高端、豪华品牌及超豪华品牌为主的汽车销售服务集团，品牌数量达到18个，更是宝马在中国也是全球最大的经销商。2011年12月14日，广汇宝信在港交所上市，证券代码为01293。

2）信托搭建

广汇宝信的家族信托设立于公司上市之前。招股书显示，杨爱华的女儿——杨楚钰（加拿大籍）曾经全资拥有BVI有限公司Baoxin Investment，该持股公司全资拥有广汇宝信。杨爱华的女儿于2011年5月13日以发起人身份成立家族信托，并将其于Baoxin Investment的全部权益转让予家族信托的受托人Credit Suisse Trust Ltd.，以家族信托受益人[包括杨爱华及其两兄弟（杨泽华及杨汉松）连同他们各自的子女及其他后人]的利益持有。在上市前后，家族信托通过Baoxin Investment持有公司61.41%的股份。2023年中期报告显示，该信托发生了一些变化。股东信息附注部分显示，杨爱华先是通过TMF（Cayman）Ltd.设立了与上述类似的家族信托，该信托受托人全资拥有Baoxin Investment。杨楚钰于TMF（Cayman）Ltd.设立了一个新的家族信托，受托人全资拥有BVI有限公司M Asia Holding Ltd.。2023年5月2日，杨爱华将自己设立的家族信托持有的对Baoxin Investment的全部股份转让给了M Asia Holding Ltd.，从而将公司股权再次装入了为女儿设立的信托，持股比例为7.73%。上述信托结构可以由图3-76概括。

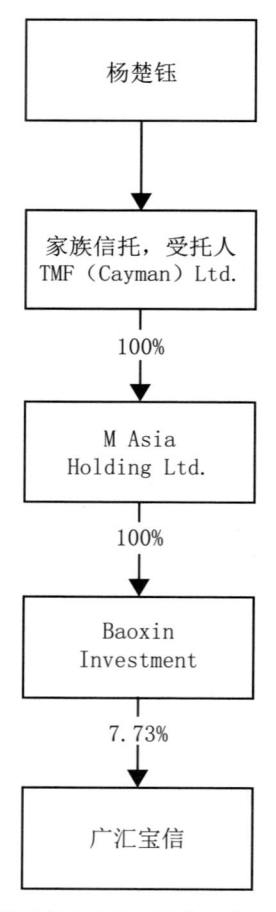

图3-76　杨爱华家族信托架构（截至2023年）

3）分析

本案例与李艳军、李子威于奥威控股设立的父子家族信托类似。但是，广汇宝信的中期报告、年报、招股书等文件并未披露杨爱华与其女儿之间是否存在一致行动关系，或其他使得杨爱华可以影响杨楚钰行使股权的协议。并且在最新的中期报告中，杨爱华也没有出现在主要股东的名单和附注中。杨爱华此举或许与其主推B2B二手车买卖平台"汽车街"（Autostreets Development Ltd.，简称"汽车街"）有关。

【案例】纷美包装——高玮家族信托

1）公司简介

纷美包装是全球屈指可数的液体食品无菌包装综合供应商之一，创始人为毕桦。纷美包装致力于向领先的液体乳制品及非碳酸软饮料生产商提供高性价比的无菌卷筒包装材料和辊式送料灌装机方面的支持服务。至2009年，纷美包装无菌卷筒材料销量已跃居世界第二，累计向全球液体食品行业供应超过100亿包无菌包装材料。2010年12月9日，纷美包装在港交所上市，证券代码为00468。

2）信托搭建

公司创始人毕桦的兄弟高玮在公司上市之前搭建了家族信托。招股书显示，上市前后，家族信托控制的直接大股东为Wiseland，该公司由两家BVI有限公司——福星和复晟分别持有58.1%和41.9%的股份。福星由BG信托全资拥有，该信托为高玮设立的、以高玮家族成员为受益人的家族信托，信托受托人为BVI有限公司Gandia Investments（PTC），其由Equity Trust（BVI）有限公司全资拥有。同时，复晟由SM信托全资拥有，公司联合创始人之一洪钢和高玮均为SM信托设立人，该信托是为公司管理层利益设立的信托，信托受托人同样为一家BVI的PTC。2023年中期报告显示，为高管利益设立的信托已经拆除，家族信托下设的福星公司直接持有公司9.65%的股份。新的家族信托架构可以由图3-77概括。

```
                    高玮
                      │
                      ▼
          家族信托,受托人Gandia
             Investments(PTC)
                      │ 100%
                      ▼
                 Hill Garden
                      │ 100%
                      ▼
                    福星
                      │ 9.65%
                      ▼
                  纷美包装
```

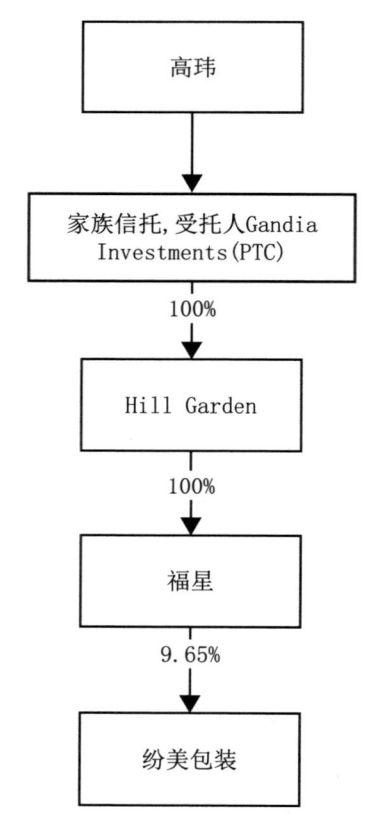

图3-77　高玮家族信托架构（截至2023年）

3）分析

"PTC"代表的是注册于BVI的私人信托公司。招股书显示，纷美包装股权结构中曾经出现过的信托的受托人均为PTC公司，都是在公司上市前夕设立的。这充分说明了使用PTC公司搭建信托的优点：节省时间且手续简单。尽管PTC公司不能开展对大众的信托业务，但这一点对于企业家来说并不构成障碍，因为这些公司往往都是为了设立特定公司的股权信托而专门开办的，开展大众信托业务自始至终不是相关企业家们的诉求。

借助PTC设立的信托就是VISTA信托，相关法律在之前的案例中介绍过，在此不作赘述。设立这类信托的最大好处是允许委托人直接参与信托资产管理。

【案例】方达控股——李松家族信托

1）公司简介

方达控股公司是全方位一体化的医药研发合同研究组织（CRO），在药物发现到开发过程中能够提供综合的、科学的分析研究和开发服务，致力于为制药公司提供高品质的服务，创始人为李松。方达医药为仿制药、创新药公司提供全方位的产品开发服务，以支持IND（新药临床申请）、NDA（新药上市申请）、ANDA（仿制药）和505（b）（2）的注册申报。公司与客户紧密合作，确保能够深入了解其药物开发目标，以便提供灵活的解决方案，满足每个客户的需求；公司遵循严谨的科学技术和质量体系，以确保每个项目的高品质及合规性。从新药可行性研究一直到临床研究，方达医药已帮助客户将数以百计的化合物从产品研发阶段推进到商业化阶段。2019年5月30日，方达控股在港交所上市，证券代码为01521。

2）信托搭建

李松在公司上市之前设立了家族信托。根据招股书，上市前后，李松直接持有公司3,488,305股股份。并且，他也是The Linna Li GST Exempt Trust、

The Wendy Li GST Exempt Trust 及 The Yue Monica Li GST Exempt Trust 的设立人及受托人，截至招股说明书签署日分别持有 5,258,809 股股份、5,258,809 股股份及 5,258,809 股股份。查阅香港披露易最新资料可知，上述家族信托架构保持稳定，虽然三个信托已经不再列举于年报和中期报告中。此外，披露易网站上没有显示三个信托的设立地，我们只知道李松是三个信托的设立人。从信托的名称可以推测出，李松为其三个子女分别设立了信托，而不是设立一个统一的家族信托。

3）分析

分别设立信托的劣势是使得公司的股权结构变得复杂，但是其优势也很明显。首先，不同的信托可以拥有不同内容的信托文件，企业家可以根据每个子女的特点设定专门的条款，做到高效使用、合理传承财富。其次，三个信托分别持有股权，可以使得每个信托都是持股比例较小的股东。如果每个信托和它们控制的股东都不是主要股东，那么在公司上市时或者上市后，这些信托公司承担的披露义务都更小，可以提高信托的保密性。比如，方达控股案例中，李松设立的三个信托的地址、受托人、受益人、信托控制的直接大股东都是保密信息，即使是根据港交所对于上市公司股东信息的披露规则，这些信息也可以做到完全保密。因此，对于注重隐私的企业家和他们的子女来说，为不同子女或者家庭成员分别设立信托也是一个好方法。

【案例】原生态牧业、中国飞鹤——冷友斌家族信托

1）公司简介

原生态牧业全称为原生态牧业有限公司，是一家主要从事生产及销售原料奶业务的中国投资控股公司，创始人为冷友斌。该公司的牧场分布在黑龙江省和

吉林省，包括甘南欧美牧场、克东欧美牧场、克东原生牧场、镇赉牧场一期、克东永进牧场、拜泉瑞信诚牧场。该公司的主要客户包括飞鹤集团有限公司、蒙牛集团及光明乳业集团等。2013年11月26日，公司在港交所上市，证券代码为01431。

2）信托搭建

冷友斌家族信托由冷友斌作为设立人和唯一全权对象而设立。这个全权信托通过Harneys以受托人身份持有BVI有限公司LYB International Holding（以下简称LYB）全部已发行股本，而LYB则持有BVI有限公司Garland Glory Holdings全部已发行股本。Garland Glory Holdings进一步持有中国飞鹤42.82%的股份，共计3,342,320,920股。因此，在这个链条中，Harneys、LYB以及Garland Glory Holdings各自被视为或当作在中国飞鹤直接持有的这些股份中拥有权益。最后，中国飞鹤直接持有原生态牧业71.26%的股份。中国飞鹤全称为飞鹤集团有限公司，同为港交所上市公司，证券代码为06186。查阅原生态牧业和中国飞鹤2023年中期报告可知，上述家族信托架构至今保持稳定，可以由图3-78概括。

```
           冷友斌
             ↓
     家族信托，受托人
         Harneys
             ↓
            LYB
             ↓ 100%
     Garland Glory
        Holdings
             ↓ 42.9%
         中国飞鹤
             ↓ 71.26%
          原生态牧业
```

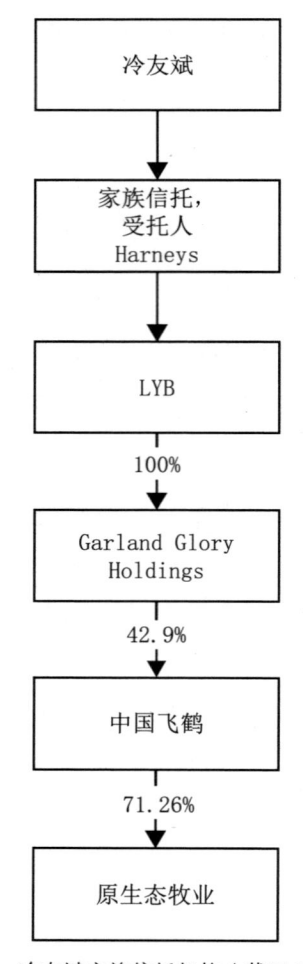

图 3-78　冷友斌家族信托架构（截至 2023 年）

3）分析

若企业家希望将其两家具有较大规模的公司的股权装入信托，那么先建立两家公司之间的持股关系，再在母公司之上搭建信托，能够简化流程、降低持股公司的数量和相应的运营成本，且能够使得公司股权结构更为明晰。

【案例】云游——汪东风等家族信托公司简介

1）公司简介

云游全称为云游控股有限公司。在2009年，由汪东风（主席及首席执行官）、黄卫兵、廖东、庄捷广和杨韬安排，将广州菲音信息科技有限公司和广州维动网络科技有限公司合并组成的控股公司。云游总部位于广州，在中国经营网页游戏研发，主要品牌为"91wan""菲音游戏""捷游""Foga Tech""维动"。云游在2013年10月3日于港交所上市，证券代码为00484。

2）信托搭建

汪东风等人于公司上市前设立了他们的家族信托。招股书显示，在上市前后，云游有几个家族信托，包括Wang Trust、ZHUANGJG Trust、Hao Dong Trust和Keith Huang Trust，它们分别由不同的家族成立，以Managecorp Ltd.作为各自的受托人。这些信托结构使得各家族通过Managecorp Ltd.维持对旗下不同公司股份的控制权。

例如，Wang Trust由汪东风成立，汪东风作为财产授予人及保护人，并且该信托的受益人包括汪东风和他的家族成员。同样，其他的信托，如ZHUANGJG Trust、Hao Dong Trust和Keith Huang Trust也是类似的结构，由各自的家族成员成立，保护人和受益人可能包括信托的成立者及其家族成员。这些信托通过持有公司股份，确保了家族成员在上市前后继续保持对公司的影响力和控制权。

汪东风成立了Wang Trust，控制着Managecorp Ltd.，该公司全资拥有Foga Group。

类似地，庄捷广成立了ZHUANGJG Trust，同样控制着Managecorp Ltd.，该公司全资拥有Foga Development。Foga Development持有云游股份的20,895,490股股份，持股比例为发售前16.66%和发售后15.82%。

廖东通过他的Hao Dong Trust控制着Managecorp Ltd.，该公司全资拥有Foga Holdings。Foga Holdings在云游股份持有14,686,470股股份，持股比例为发售前11.71%和发售后11.12%。

另外，黄卫兵通过他成立的Keith Huang Trust控制着Managecorp Ltd.，该公司全资拥有Foga Networks。Foga Networks持有云游股份的10,790,980股股份，持股比例为发售前10.47%和发售后8.60%。上述几个家族信托结构可以由图3-79概括。

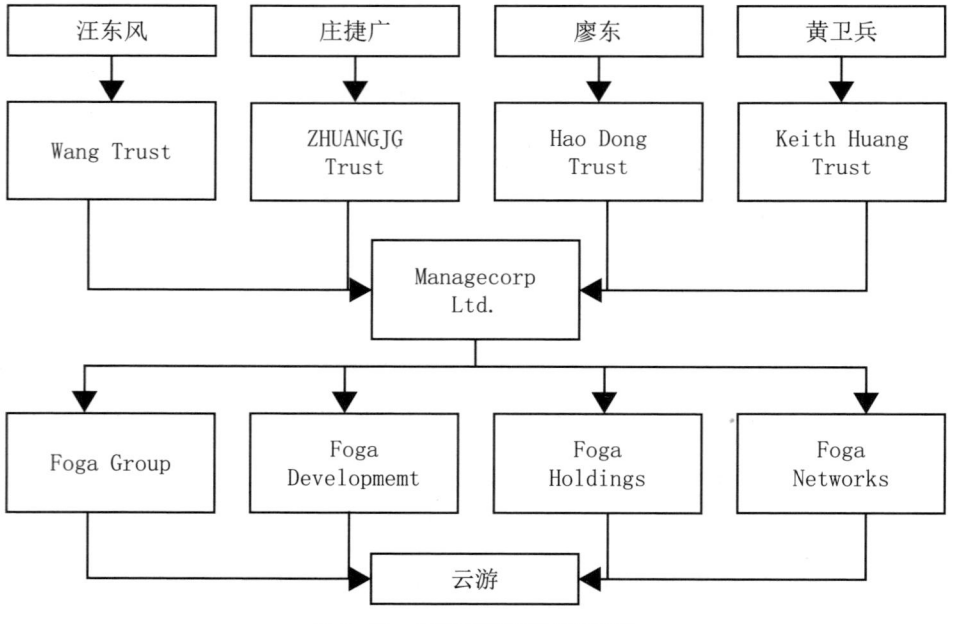

图3-79 汪东风等家族信托架构

3）分析

四个联合创始人、实控人通过同一个信托受托人创立了各自的家族信托。一方面，使用同一个受托人能够使公司的持股结构更加简洁，减少合规义务和风险；另一方面，各自成立家族信托使得他们在处理各自股权的时候更加方便。

【案例】巨腾国际——郑立育家族信托

1）公司简介

巨腾国际全称为巨腾国际控股有限公司，成立于 2000 年，由郑立彦、郑立育、洪再进三位原始股东创立，是一家专业 3C 产品机构制造商，主要生产及销售笔记本型电脑外壳和手持装置外壳，生产基地遍及中国的华东、华南地区，以及台湾地区。其主要客户包含国内外知名品牌及 OEM/ODM 代工大厂。2005 年在港交所上市，证券代码为 03336。

2）信托搭建

公司创始人之一郑立育在公司上市之前设立了家族信托。根据招股书，家族信托控制的直接大股东为南亚公司（Southern Asia Management Ltd.，萨摩亚有限公司，于 2000 年设立），该公司在上市前后持有公司 39.59% 股份。南亚公司由 Shine Century Assets Corp 持股 100%，Shine Century Assets Corp 由郑立育家族信托全资拥有，信托受托人为东亚国际信托有限公司（BVI 专业信托公司）。2023 年中期报告显示，该信托的结构没有发生变化，仅信托持有的股份比例下降到 25.27%。该家族信托的结构可以由图 3-80 概括。

```
         ┌─────────┐
         │  郑立育  │
         └────┬────┘
              │
              ▼
    ┌──────────────────┐
    │ 家族信托，受托人东亚 │
    │   国际信托有限公司  │
    └─────────┬────────┘
            100%
              ▼
       ┌───────────┐
       │   Shine   │
       │  Century  │
       │Assets Corp│
       └─────┬─────┘
           100%
             ▼
       ┌───────────┐
       │  南亚公司  │
       └─────┬─────┘
          25.27%
             ▼
       ┌───────────┐
       │  巨腾科技  │
       └───────────┘
```

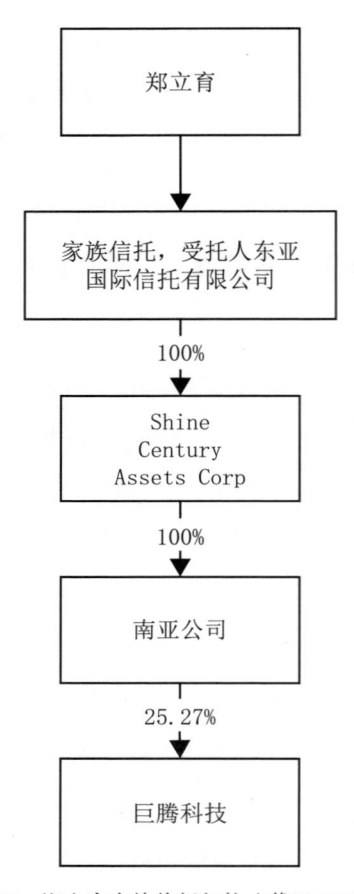

图 3-80　郑立育家族信托架构（截至 2023 年）

3）分析

该信托架构为结合萨摩亚持股公司和 BVI 持股公司的架构。萨摩亚公司作为家族信托持股平台，能够提供全面的家族控制力和隐私保护，同时对非居民设立人和受益人来说几乎免税。这对国际家庭来说是一个显著的财务优势。此外，萨摩亚信托的资产保护功能强大，能够有效抵御外国债权人的索赔，并且当地法院不承认外国判决，由此为家族财富提供了一张额外的安全网。这些信托可以快速成立，且设立人可以保留对信托资产的控制权，这使得家族信托成为一个灵活而有效的遗产规划工具。

【案例】维太创科——荣秀丽家族信托

1）公司简介

维太创科上市主体全称为维太创科控股有限公司，为中国内地 ODM 智能手机供应商，主要从事智能手机的开发、设计和生产管理，负责向遍及逾 25 个国家的市场（不包括中国）销售手机，至于加工及组装工序则外包予电子制造服务供应商。公司客户包括欧洲、北美洲、南美洲、非洲及亚洲其他地区的多家顶尖本土品牌手机供应商、电信运营商及贸易公司。2015 年 6 月 26 日，维太创科（上市时名称为维太移动）在港交所上市，证券代码为 06133。

2）信托搭建

2015 年 3 月 31 日，在维太创科上市前，创始人、实际控制人荣秀丽设立了荣氏个人信托，汇聚信托（汇聚信托有限公司，设立于香港）担任受托人，受益人为荣秀丽、荣秀丽的家族成员（配偶、子女、父母及兄弟姊妹）以及其他指定人士，信托的性质为可撤销信托。值得注意的是，尽管汇聚信托是香港公司，但实际参与信托管理的是汇聚信托的代理人，即其全资拥有的 BVI 有限公司 Selected Elites Ltd.。Selected Elites Ltd. 直接持有维太创科在上市前后的 10.34% 股份，其为汇聚信托全资拥有。此外，荣秀丽和其丈夫分别持有 BVI 有限公司 Winmate 90% 和 10% 的股份，该公司为持股平台，直接持有维太创科 56.54% 的股份。然而，2022 年年报显示，荣秀丽个人信托已经不再持股该公司，且之前为信托所容纳的 10.34% 的股份已经变更为荣秀丽个人直接持有。荣秀丽和其丈夫仍然分别持有 BVI 有限公司 Winmate 90% 和 10% 的股份。

3）分析

上市前搭建家族信托，且在公司未发生重大变故的情况下拆除信托结构的情况并不多见。查阅历年年报可以发现，在 2016 年中期报告中，荣秀丽个人信托仍然是公司最终股东之一，持有 10.34% 股份。而在 2016 年年报中，该信托已经不再是公司股东之一。由此可猜测荣秀丽在 2016 年下半年拆除了信托架构，但是公司并未就此发布任何公告披露相关交易。这可能是因为荣秀丽将其家族信托中的股权全部转移到个人名下并不会影响公司的控制权，反而加强了其个人对公司的直接控制，因而属于无须披露的交易。

【案例】SOHO 中国——潘石屹、张欣家族信托

1）公司简介

SOHO 中国全称为 SOHO 中国有限公司（前身为北京红石实业有限责任公司），成立于 1995 年，由潘石屹（现 SOHO 中国董事长）和其妻张欣（现 SOHO 中国总裁）联手创建，是一家为注重生活品位的人群提供创新生活空间以及时尚生活方式的房地产开发公司。2007 年 10 月 8 日，SOHO 中国在港交所成功上市，证券代码为 00410。

2）信托架构

招股书显示，潘石屹、张欣在公司上市之前设立了家族信托。2005 年 11 月 25 日，潘石屹、张欣设立了名为 The Little Brothers Settlement 的家族信托，受益人为他们二人，受托人为汇丰国际信托有限公司。受托人全资拥有 Capevale（Cayman）公司，该公司又全资拥有 BVI 有限公司 Boyce Ltd. 和

Capevale（BVI），二者分别持有31.76%的股份。2023年中期报告显示，该信托的受托人已经变更为开曼的Cititrust Private Trust（Cayman）Ltd.，受托人全资拥有Capevale（Cayman），后者依然全资拥有BVI有限公司Boyce Ltd.和Capevale（BVI）。这两家公司持有股份的比例均为31.9654%。简言之，上市家族信托结构基本没有发生变动，可以由图3-81概括。

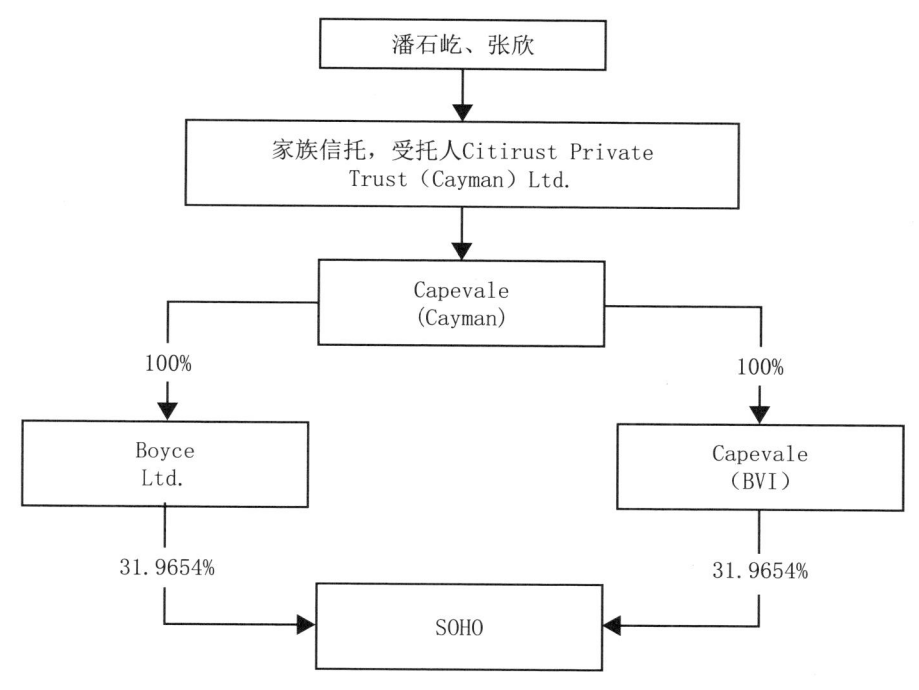

图3-81 潘石屹、张欣家族信托架构（2007年10月8日）

3）分析

潘石屹、张欣家族信托的结构是较为典型的两层离岸公司架构，但受托人从香港的汇丰国际信托转变为开曼知名信托公司这一情况，耐人寻味。SOHO案例中信托自香港转移到开曼的轨迹几乎是本书中其他信托转移的缩影：很少有案例的信托从离岸转入香港，少有的案例是融创中国孙宏斌将其家族信托从海外转移到香港，而这一操作的目的明显是躲避海外债务的执行。

04 美股上市公司的家族信托

1. 概况

截至2024年1月，中国赴美上市的公司数量为50家，其中在股东层面包含家族信托的公司数量为24家。在这24家公司中，多以BVI（如Cantrust公司）和开曼［如TMF（Cayman）Ltd.］的专业信托公司为受托人，没有任何在境内设立信托的案例。

2. 案例拆解

在当前全球化和资本市场日益复杂的背景下，众多企业创始人和高管纷纷借助家族信托这一财富管理工具实现个人及家族财富的有效传承、风险隔离及企业控制权的稳定安排。本章通过对拼多多黄峥、贝壳左晖、华住会季琦、B站陈睿、360杀毒周鸿祎、乐信肖文杰、途牛于敦德以及迅雷邹胜龙等案例的分析，提炼出家族信托设立与运用中的几个核心要点和策略。

首先，选择合适的司法管辖区是基础。案例中，许多企业家偏好在BVI、开曼群岛及萨摩亚等地设立家族信托。这些地区以其成熟的信托法律体系、税收优惠政策及高度的隐私保护吸引了众多寻求资产保护和税务规划的人士。如拼多多创始人黄峥通过在萨摩亚设立离岸公司，增强了持股结构的隐私性和灵活性。

其次，多层次控股架构确保控制权集中。通过设立多层BVI有限公司或其他离岸公司作为控股平台，如黄峥家族信托通过Walnut系列公司和Pure Treasure控制拼多多，左晖家族信托通过Grain Bud Holding和Propitious Global Holdings控制贝壳，企业家即便持股比例减少，仍能维持对企业的高度控制权，同时利用不同投票权设计来巩固决策地位。

再者，家族信托在激励与约束机制中发挥作用。如在乐信肖文杰的案例中，家族信托内的股份解禁机制与公司长期发展目标绑定，既激励了管理层，又确保了股权结构的稳定性。同时，家族信托还能作为激励工具，通过逐步释放股份，促进关键管理人员对公司的持续贡献。

另外，信托条款的灵活性与合规性并重。家族信托的条款设计需平衡控制与合规，如迅雷邹胜龙案例中，虽未直接设立家族信托，但通过子女持有公司股份，展示了在特定情况下如何在不违反相关法规的前提下实现家族利益的最大化。

最后，家族信托的设立还需考虑税务优化、受益人权益安排，以及应对未来变化的灵活性，如通过专业信托公司作为受托人，确保信托的独立性与专业管理，同时在必要时调整信托架构以适应外部环境变化。

【案例】拼多多——黄峥家族信托

1）公司简介

拼多多是成立于上海的手机电商购物平台，由上海寻梦信息技术有限公司，于2015年9月创办。该平台正如其名，允许用户通过团购的方式，向卖家或厂家下单来获得大幅折扣。拼多多以APP为主要运营方式，创始人为黄峥。拼多多于2018年7月26日在美股上市，证券代码为PDD。

2）信托搭建

黄峥家族信托设立于公司上市之前。根据招股书，拼多多发行A类和B类股票，两种股票对应不同的投票权。上市前后，黄峥持有公司45.1%的股份，全部为B类股票，对应89.1%的投票权。黄峥持有的股权均由其家族信托持有。具体而言，黄峥家族信托控制了三个拼多多的直接大股东：BVI有限公司Walnut Street Management、BVI有限公司Walnut Street Investment和萨摩亚有限公司Pure Treasure。前述三家公司均由BVI有限公司Steam Water控制，而这家公司最终由黄峥设立的家族信托控制，信托的受益人为黄峥和其家族成员。2023年年报显示，上述家族信托架构没有发生变化，但黄峥持有的股份比例下降到了26.5%。黄峥家族信托的架构可以由图4-1概括。

```
                    黄峥
                     │
                     ▼
                  家族信托
                     │ 100%
                     ▼
                  Steam
                  Water
           ┌─────────┼─────────┐
           ▼         ▼         ▼
        Wainut    Walnut      Pure
        Street    Street    Treasure
      Management Investment
                     │ 26.5%
                     ▼
                   拼多多
```

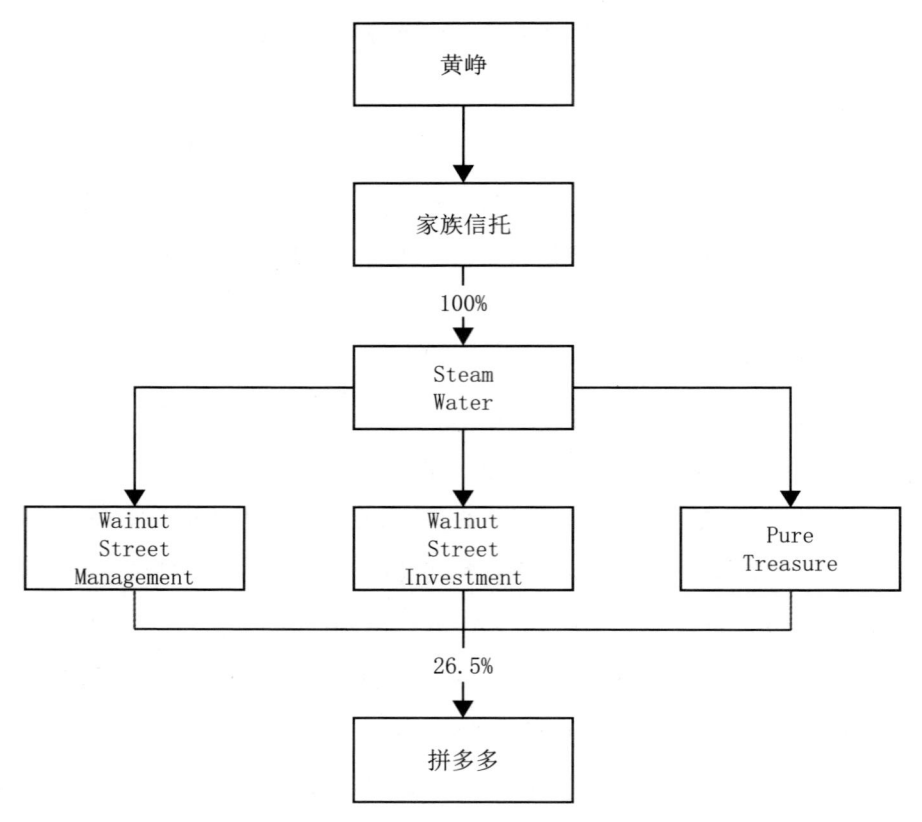

图 4-1　黄峥家族信托结构（截至 2023 年）

3）分析

公开文件没有透露黄峥家族信托的设立地和受托人。该信托架构值得关注的特点是，虽然该信托也采用了两层控股公司的架构，但直接控股拼多多的公司多达三家，且其中一家是萨摩亚离岸公司。近年来，大众对离岸公司的认识越来越多，BVI、开曼群岛等地已经被许多人熟悉。因此，一些人不希望自己家族信托控制的离岸公司为人所知，转而在冷门地区设立离岸信托，由此萨摩亚的离岸公司、信托便获得了更多的关注。

萨摩亚最初在 20 世纪 80 年代末引入根据库克群岛法例制定的离岸公司法例，其后不断改良，务求令有关法例更简易明确，容易履行，以迎合亚洲市场的需求。有关法例的要点包括：公司注册证书上除可载列公司的英文名称，还可使用公司的中文（和其他语言的）名称。文件可以以任何语言存档，但存档时须连同英文译本和正确翻译之声明书一并递交。公司可选择预先支付 5 年、10 年或 20 年的年度执照费，并享有可观的折扣。为了吸引更多公司从其他司法管辖区迁册到萨摩亚，萨摩亚在 1998 年 8 月立法，容许以更方便有效的方式进行公司迁册。公司迁册的政府年费为 100 美元。当局也已降低这些公司的年度执照费（不论其法定股本是多少）至 100 美元。萨摩亚法例容许公司可以电子方式存档文件和保存会计账目。

【案例】贝壳——左晖家族信托

1）公司简介

贝壳是一个居住产业数字化服务平台，致力于推进居住服务的产业数字化、智能化进程，通过聚合、助力优质服务者，为中国家庭提供包括二手房交易、新房交易、租赁、家装、家居、家服等一站式、高品质、高效率服务，以实现"对消费者好、帮助服务者对消费者好"的目标。贝壳的创始人为左晖，于 2020 年 8 月 13 日在纳斯达克上市，证券代码为 BEKE。

2）信托搭建

左晖于贝壳上市之前搭建了家族信托，受益人为左晖和其直系亲属。根据招股书，上市前后，左晖持有公司 40.5% 的股份（包含 A 类股 547,348,915 股，B

类股 885,301,280 股），对应 81.7% 的投票权。其中，左晖家族信托控制的直接大股东为 BVI 有限公司 Propitious Global Holdings，该公司由另一家 BVI 有限公司 Grain Bud Holding 全资拥有，后者进而由左晖的家族信托控制。根据 2023 年年报，Grain Bud Holding 由 Z&Z Trust（即左晖的家族信托）全资拥有，该信托的受托人是 BVI 的专业信托公司 Cantrust（Far East）Ltd.。此外，信托控制的 Propitious Global Holdings 已经就其持有的全部股份所对应的投票权，做出了一项不可撤销的投票权委托，委托百汇有限合伙（Baihui Partners L.P）行使其投票权。百汇有限合伙于开曼群岛成立，现由两位合伙人组成，分别为公司董事长、首席执行官彭永东和公司执行董事单一刚，这两个人都与左晖合作了很长时间。上述信托架构可以由图 4-2 概括。

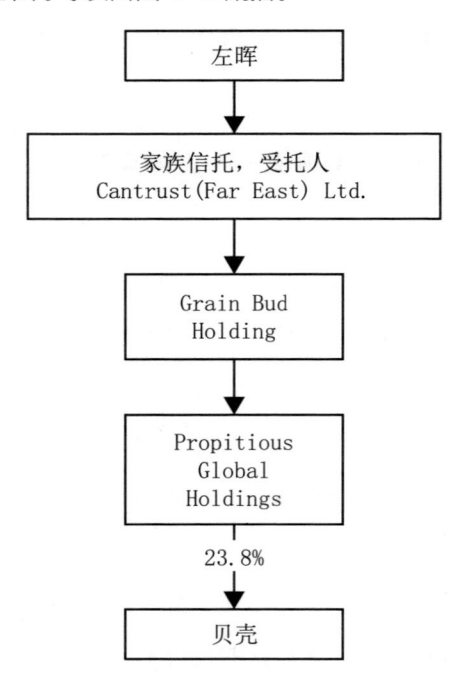

图 4-2 左晖家族信托结构（截至 2023 年）

3）分析

左晖的家族信托架构较为典型，其中值得注意的是信托控制的直接大股东的投票权已被委托到了一家离岸有限合伙公司。这使得左晖家族信托既能保留收益，又能将控制权放到创始人真正信任的人手上，这在一定程度上也能制约信托受托人的权限，间接加强信托设立人对信托财产的掌控力，从而保障家族财富安全。

【案例】华住会——季琦家族信托

1）公司简介

华住会即华住酒店集团（原名汉庭酒店集团，2012年11月更名为华住酒店集团），成立于2005年，总部位于上海，是季琦一手创立的。集团旗下经营31个酒店及公寓品牌，覆盖从奢侈型到经济型酒店市场。集团于2010年3月26日在美股上市，证券代码为HTHT。

2）信托搭建

季琦的家族信托设立于华住会美股上市之前。上市前后，季琦家族信托持股的比例为43.72%，信托直接控制的大股东Winner Crown Holdings Ltd.是一家BVI公司，由Sherman Holdings Ltd.全资拥有，后者是巴哈马公司，最终由Credit Suisse Trust Ltd.（CS Trustee）全权拥有和控制。CS Trustee充当季琦家族信托的受托人。此外，另一家BVI公司East Leader International Ltd.，由Perfect Will Holdings Ltd.全资拥有。该公司由Bank Sarasin Nominees（CI）Ltd.以Sarasin Trust Company Guernsey Ltd.的名义持有，Sarasin Trust Company Guernsey Ltd.作为Tanya Trust的受托人，季琦通过授权书拥有对其股份的投票权。根据2023年年报，上述信托架构没有发生任何变化，但是季琦通过家族信托持股的比例下降到21.8%。

3）分析

季琦家族信托的特点在于其通过多层次离岸公司结构来实现控制和隐私保护。该信托通过控制 Winner Crown Holdings Ltd. 和 East Leader International Ltd. 等BVI公司，间接持有大量股份，并通过信托结构实现家族财富的管理和继承。通过CS Trustee等专业信托机构作为受托人，季琦家族能够确保资产的安全性和合规性，同时保持对公司决策的影响力。这种结构也显示了家族对公司治理结构的深远考量和对股权分布的精确控制。

【案例】B站——陈睿家族信托

1）公司简介

哔哩哔哩（Bilibili）为中国年轻世代高度聚集的文化社区和视频平台。该网站于2009年6月26日创建，被粉丝们亲切地称为"B站"。2018年3月28日，B站在美国纳斯达克上市，证券代码为BILI。2020年9月15日，B站定制的视频遥感卫星——"哔哩哔哩视频卫星"成功升空。

2）信托搭建

根据B站的招股书，在上市前后，董事长、首席执行官陈睿通过多层次公司结构持有公司股份，持股比例为21.5%（50,828,431股）。这一结构包括家族信托和其控制的持股平台。陈睿家族信托控制的直接大股东为BVI有限公司Vanship Ltd.，直接持有多类普通股和优先股（A类股27,362,118股，B类股9,200,000股，C类股7,500,000股，D类股2,132,353股，以及C1系列优先股1,104,535股）。该公司由在开曼群岛成立的Le Petit Prince Trust控制，TMF（Cayman）Ltd.为该信托的受托人。陈睿作为信托的设立者，他及其家庭成员是该信托的受益人。信托条款赋予陈睿指导受托人保留或处置 Vanship Ltd. 持有的公司股份，以及行使所有相关投票权的权利。

陈睿控制的持股平台为 Grand Stream Fund L.P.，这是一家在开曼群岛注册的豁免有限合伙企业。Windforce Ltd. 是另一家在 BVI 注册的有限公司，由 Diamond Dust Ltd. 控制，后者又间接由陈睿控制。Windforce Ltd. 直接持有优先股。

Fairy Chess Fund L.P. 直接持有普通股和优先股。其一般合伙人 Diamond Dust Ltd. 也由陈睿间接控制。

2023 年年报显示，陈睿持股的方式没有发生变化，依然依靠上述家族信托和持股平台，持有股份的比例达到 12.6%，控制的投票权比例为 42.4%。具体而言，Vanship Ltd. 仍然受到 Le Petit Prince Trust 的控制，后者由 TMF（Cayman）Ltd. 作为受托人管理，陈睿和他的家庭成员是该信托的受益人。

总体而言，陈睿通过家族信托控制的股权结构在类别上发生了变化，但他对 Vanship Ltd. 持有的 B 站股份的控制权并未改变。他依然保留了对受托人关于这些股份的处置以及行使任何投票权和其他权利的指导权。信托条款还规定了特定有限的情况，受托人可能不必遵守陈睿的指示。如果陈睿丧失行为能力、放弃了他的权利或指定了其他人代替他拥有这些权利，上述情况也将不再适用。

陈睿通过信托和多层公司架构保留了对公司的显著控制权，同时为家族财富管理和传承提供了结构性安排。

3）分析

陈睿家族信托结构的特点可以从以下几个方面进行分析。

第一是控制层级方面，信托结构通过 BVI 公司 Vanship Ltd. 进行股份持有，展示了公司股权的层级化控制。这种层级化结构有助于隔离法律风险，并可能提供税务规划的优势。

第二是信托的设立与管理方面。Le Petit Prince Trust 由陈睿设立，并由 TMF（Cayman）Ltd. 作为受托人管理，表明信托结构是在开曼群岛的法律框架下建立的。这样的安排通常能提供更高的保密性和更完善的法律保护。

第三是受益人与控制权方面。陈睿及其家族成员是信托的受益人，其中陈睿作为设立人拥有关于 Vanship Ltd. 持有的 B 站股份的投票权和其他权利的指导权。这确保了陈睿对公司的持续影响力，同时保护了家族财富。

第四是股份转换与类别变化的精巧。信托持有的股份在发行前可以自动转换和重新指定，这反映了信托结构的灵活性，能够适应公司股权结构的变化。

第五是法律与道德约束。信托条款中规定了受托人不必遵守陈睿指示的特定限制情况，如可能导致受托人面临刑事制裁、承担民事责任，或者可能对受托人的声誉产生负面影响的交易的指示，这表明信托的操作遵循法律和道德标准。

整体来看，陈睿家族信托结构具有较高的控制性、灵活性、保密性以及法律保护性，同时确保了家族对公司控制权的长期保持和家族财富的保护。

【案例】奇虎公司——周鸿祎家族信托

1）公司简介

奇虎公司全称为北京奇虎科技有限公司，由周鸿祎于 2005 年 9 月创立。三六零安全科技股份有限公司系北京奇虎科技有限公司子公司，成立于 1992 年。在 2022 财年，三六零安全科技股份有限公司报告的销售额约为 95.2 亿元。公司的主要业务包括智能硬件、安全及其他服务，智能硬件占其收入的大部分比重。

2）信托架构

三六零安全科技股份有限公司董事长周鸿祎本人并未设立家族信托，但是其他两位公司高管吴海生、郑彦则在公司美股上市后分别搭建了家族信托。事实上，周鸿祎控制公司的方式尽管不依靠信托架构，但也是家族化的。他通过其子女持有的公司来控制公司，尽管周鸿祎本人不持有任何公司股份。BVI有限公司Aerovane Company Ltd.持有39,820,586股B类普通股，归周鸿祎的子女周智恒和周若珊所有。尽管周鸿祎本人并不直接持有Aerovane Company Ltd.或公司的任何股份，也不从公司的股利或股份处置中获得经济利益，但由于直系亲属关系和一份书面协议，周鸿祎被视为对这些股份拥有共同投票权和处置权。因此，根据美国1934年证券交易法规13d-3条修订规则，他可能被视为实际拥有这些股份。

2022年年报显示（截至2023年2月28日），周鸿祎通过其子女周智恒和周若珊完全控制的BVI公司Aerovane Company Ltd.持有39,820,586股B类普通股，对应的公司股份的比例为13.2%。周鸿祎通过财务安排控制的实体间接持有434,344股形式为ADS的A类普通股和2,284,178股形式为ADS的B类普通股。这些实体一个没有投票权和处置权，一个具有独立的投票权和处置权。

尽管周鸿祎可能被视为根据美国1934年证券交易法规13d-3条修订规则共同拥有这些股份的投资权利，但他放弃了对这些形式为ADS的A类普通股的实益拥有权，除非涉及他的经济利益。

值得注意的是，奇富科技［原360数科（2020年8月，360金融更名为360数科）］首席执行官吴海生和首席风险官郑彦在公司美股上市后设立了家族信托。吴海生设立的家族信托控制BVI有限公司Holy Vanguard Ltd.，靠这家公司来持有ADS。郑彦通过BVI有限公司Smart Defender Ltd.持有ADS，对应股份数和股份比例未披露，该公司由其家族信托最终控制，信托受益人为郑彦和其家族成员。

3）分析

吴海生、郑彦使用 ADS 的好处在于提高股票的流动性。ADS 作为一种在美国交易的证券，为原本非美国公司的股份提供了更高的流动性和更广泛的投资者基础。通过 BVI 公司持有 ADS，可以更方便地进行国际资本运作，以及便于在全球范围内进行资产配置和管理。BVI 公司作为海外实体，可以在一定程度上隔离法律风险，如果母公司面临诉讼或其他法律问题，BVI 公司的资产可能会得到保护。使用 BVI 公司结构，可能更容易调整或转移股份，因为 BVI 的公司法律提供了更加灵活的投资和股份转让机制。

【案例】万国数据——黄伟家族信托

1）公司简介

万国数据全称为万国数据服务有限公司，是国内面向 5G、人工智能、工业互联网、区块链等领域的新一代信息技术基础设施服务提供商。万国数据在国内核心经济枢纽部署数据中心，拥有近 20 年安全可靠的数据中心托管及管理服务经验，成功满足国内大型客户对于外包数据中心的高标准服务要求。万国数据创始人是黄伟，公司于 2020 年 10 月 20 日在美国上市，证券代码为 GDS。

2）信托搭建

创始人、实际控制人黄伟在公司美股上市之前搭建了家族信托。该家族信托全资拥有 BVI 有限公司 Solution Leisure Investment Ltd.，该公司持有的普通股数量为 3,286,144 股。此外，BVI 有限公司 EDC Group Ltd. 持有 42,975,884 股，为家族信托控制的直接大股东。在上市前后，黄伟家族信托持股比例为 7.6%。2022 年年报显示，黄伟控制的投票权比例为 44.6%，其通过各种方式控制的股份为 A 类股 30,337,504 股和 B 类股 85,927,840 股。具体地，

EDC Group Ltd.拥有28,000,000股B类普通股,该公司由Solution Leisure Investment Ltd.全资拥有。GDS Enterprises Ltd.拥有27,590,336股B类普通股,该公司由黄伟家族信托间接全资拥有。此外,黄伟个人直接或间接持有3,557,188股ADS,对应28,457,504股A类普通股。其持有的A类普通股(即将在60天内因限制性股票单位赋予而转换的ADS)数量为1,880,000股,对应235,000股ADS。

3)分析

在这个结构中,黄伟家族信托通过间接全资拥有的BVI公司持有大量的B类普通股,而黄伟本人直接或间接持有A类普通股。B类普通股通常赋予持股人更多的投票权,这意味着家族信托通过这些B类股份在公司的决策中拥有重要影响力。同时,黄伟个人持有的A类股份增加了其在公司总股本中的经济利益份额,但因其低投票权属性,实际控制权仍依赖家族信托通过B类股实现的集中投票权。

【案例】陌陌——唐岩家族信托

1)公司简介

北京陌陌科技有限公司是一家专注于移动互联网业务的公司,启动于2011年3月,创始人为唐岩。2011年8月,公司推出一款基于地理位置的移动社交产品——陌陌。通过陌陌,你可以用视频、文字、语音、图片来展示自己,基于地理位置发现附近的人,加入附近的群组,建立真实、有效、健康的社交关系。2014年12月11日,陌陌在美国纽交所上市,证券代码为MOMO。

2)信托搭建

唐岩在陌陌上市前设立了家族信托,唐岩通过包括家族信托在内的各种途径持有的公司股份比例为39.8%。根据招股书，BVI有限公司Gallant Future Holdings Ltd.最终由唐岩的家族信托全资拥有，其持有96,886,370股普通股。此外，招股书还披露了其他三个联合创始人的持股情况：Joyous Harvest Holdings Ltd.由李勇全资拥有，持有16,846,899股普通股；First Optimal Holdings Ltd.由雷小亮全资拥有，持有9,587,116股普通股；Fast Prosperous Holdings Ltd.由李志威全资拥有，持有8,028,026股普通股。上述三个联合创始人与唐岩于2012年签订了代理协议，规定只要唐岩直接或间接持有公司股权，则三个创始人不可撤销地委托唐岩行使他们三人持有的股权对应的投票权。最后，唐岩有唯一、完全的权力以指挥Gallant Future Holdings Ltd.处置其（直接或间接地）拥有的股权和投票的权力。

根据2022年年报，唐岩家族信托的架构发生了微小变化。BVI有限公司Gallant Future Holdings Ltd.持有72,364,466股B类普通股，仍然由唐岩的家族信托全资拥有。上市后设立的New Heritage Global Ltd.拥有8,000,000股B类普通股，这是一家由唐岩通过家族信托权益拥有的BVI有限公司。

3）分析

在招股书中，Gallant Future Holdings Ltd.持有96,886,370股普通股，在年报中，其持股数量减少至72,364,466股B类普通股。这表明家族信托在公司中保持了相对固定的控股地位。在年报中新增提及的BVI有限公司New Heritage Global Ltd.由唐岩通过家族信托权益拥有，持有8,000,000股B类普通股。这显示了家族信托结构在公司股权中的扩展。

通过这两家公司，唐岩家族信托在公司中的股份不仅体现了其在公司的经济利益，而且由于BVI公司的股权结构通常具有较高的保密性，这样的安排还增强了对家族财富的隐私保护。此外，BVI作为一个知名的离岸金融中心，为全球投资者提供了优惠的税收制度和相对宽松的监管环境，这可能是家族信托选择通过BVI公司持股的原因之一。

通过这样的结构，家族信托可以灵活地管理和转移股份，同时为家族财富规划和长远的继承策略提供了有力的工具。这种安排可能也有助于其在国际资本市场中进行更加灵活的投资和资产管理，为家族信托在全球范围内的财富增值提供了便利。

【案例】虎牙——董荣杰家族信托

1）公司简介

虎牙直播（原名YY直播，后脱离YY直播各自运行）是中国一家以游戏直播为主要内容的视频直播网站，创始人为董荣杰。网站以YY直播为名创建于2011年，隶属于欢聚集团，2014年11月24日更名为虎牙直播，开始独立运营。2018年5月，虎牙在美国纽交所上市，证券代码为HUYA，成为中国第一家上市的游戏直播公司。2018年，虎牙推出海外产品Nimo TV进军国际市场，先后进入东南亚和南美洲、北美洲等地。

2）信托搭建

董荣杰的家族信托搭建于公司上市之后。根据招股书，上市前后，董荣杰通过两家其全资拥有的公司持有公司B类股4,970,804股。具体地，B类股559,039股由BVI有限公司All Worth Ltd.持有，A-2优先股4,411,765股由BVI有限公司Oriental Luck International Ltd.持有。2022年年报（截至2023年3月31日）显示，董荣杰控制的A类普通股数额为1,301,157股。Oriental Luck International Ltd.直接持有685,620股ADS形式的A类普通股，该公司现由董荣杰家族信托全资控制。

3）分析

BVI公司的使用增加了股权结构的隐私性，有助于保护家族财富不被公开透露。

【案例】叮咚买菜——梁昌霖家族信托

1）公司简介

叮咚买菜是一个自营生鲜平台，提供生活服务类配送服务，由上海壹佰米网络科技有限公司开发并运营。平台主要提供的产品有蔬菜、豆制品、水果、肉禽蛋、水产海鲜、米面粮油、休闲食品等。叮咚买菜于2017年4月由梁昌霖成立于上海，前身为叮咚小区。2021年6月29日，叮咚买菜登陆纽约证券交易所，证券代码为DDL。

2）信托搭建

梁昌霖在叮咚买菜上市前搭建了家族信托。梁昌霖在上市前后通过家族信托和全资控股子公司持有的公司股份比例为30.3%。根据招股书，BVI有限公司DDL Group Ltd.由LX Family Trust全资拥有，LX Family Trust是梁昌霖设立的、以其自己和家族成员为受益人的信托，在BVI成立，TMF（Cayman）Ltd.是信托管理人、受托人。梁昌霖有权指示信托管理人处理DDL Group Ltd.持有的股份，并行使相应的投票权。BVI有限公司Eat Together Holding Ltd.由梁昌霖全资拥有。BVI有限公司Eat Better Holding Ltd.是公司的直接大股东之一，且梁昌霖对该公司持有的股份拥有唯一的处理权和投票权。

上述各个公司的持股情况如下。上市前后，DDL Group Ltd.持有54,543,800股普通股；而2021年6月招股说明书显示，DDL Group Ltd.持有54,543,800股B类普通股。Eat Together Holding Ltd.在招股书发布时拥有一定数量的优先股，而在最新年报中没有提及。Eat Better Holding Ltd.招股书发布时持有 40,181,400 股普通股，年报中持有 27,472,550 股 A 类普通股和由梁昌霖直接持有的 10,009,238 股 A 类普通股。

3）分析

通过这些家族信托控制的 BVI 公司，梁昌霖家族信托能够在公司中保持主要的股份和投票权。信托提供了一种机制，使得家族可以在信托管理人的管理下维护和控制其在公司中的利益。

这种结构表明梁昌霖通过家族信托以及他全资拥有的公司，在公司中拥有重要的经济权益和控制权。同时，家族信托通过这些 BVI 公司的结构，为梁昌霖及其家族提供了资产和财富管理的灵活性，同时可能提供税务规划的好处。所有这些安排都是在法律允许的范围内进行的。

【案例】水滴筹——沈鹏家族信托

1）公司简介

水滴筹是一家医疗资金众筹平台，前身为水滴爱心筹，于 2016 年 7 月上线，创始人为沈鹏。水滴筹隶属于北京水滴互保科技有限公司，是水滴公司（北京纵情向前科技有限公司）业务之一。经济困难的疾病患者通过向水滴筹提交疾病诊断证明、家庭经济情况证明等相关资料，经审核通过后便可以开始众筹。有意愿捐赠的用户则通过微信支付等移动支付方式向其捐赠。北京水滴互保科技公司于 2021 年 5 月 7 日在纽约证券交易所挂牌上市，证券代码为 WDH。

2）信托搭建

沈鹏在水滴筹上市前设立了家族信托。根据招股书，沈鹏通过包括家族信托在内的各种方式持有公司股份的比例为 26.4%。沈鹏家族信托联合公司合伙人杨光、胡尧持有各个子公司。具体地，BVI有限公司Neptune Max Holdings Ltd.由沈鹏家族信托拥有99%，沈鹏个人拥有1%。沈鹏作为唯一董事，拥有对Neptune Max Holdings Ltd.持有的股份的全部投票权。

BVI有限公司Proton Fortune Holdings Ltd.由沈鹏家族信托拥有98%，杨光个人拥有1%，沈鹏个人拥有1%。沈鹏拥有Proton Fortune Holdings Ltd.的全部投票权，并且是唯一董事。

BVI有限公司Xibo Holdings Ltd.由沈鹏家族信托拥有98%，胡尧个人拥有1%，沈鹏个人拥有1%。沈鹏拥有Xibo Holdings Ltd.的全部投票权，并且是唯一董事。

2022年年报（截至2023年3月31日）显示，上述家族信托的结构没有发生任何变化，沈鹏通过上述方式控制的公司股份比例为25.2%，对应的投票权比例为72.1%。

3）分析

沈鹏家族信托的亮点在于，他的家族信托并未全资拥有名下的子公司，进而持股上市主体，而是让沈鹏在各个持股公司（Neptune Max Holdings Ltd.、Proton Fortune Holdings Ltd.和Xibo Holdings Ltd.）中分别持有1%的股份。结合沈鹏担任上述持股公司唯一董事且拥有完全投票权，沈鹏上述安排是对信托受托人权利的限制。这种设置允许创始人让家族信托承担家族传承的任务的同时，不仅不丧失公司控制权，反而巩固了控制权。

【案例】逸仙电商——徐小平家族信托

1）公司简介

逸仙电商全称广州逸仙电子商务有限公司，创立于2016年，创始人为黄锦锋,旗下拥有完美日记(Perfect Diary)、小奥汀(Little Ondine)、法国科兰黎(Galénic)、达尔肤(DR.WU)、EVE LOM、皮可熊(Pink Bear)、壹安态(EANTiM)等高成长性的彩妆及护肤品牌。2020年11月,逸仙电商正式在纽交所挂牌上市,成为中国最年轻的美妆上市企业,证券代码为YSG。

2)信托搭建

徐小平在公司上市前设立了家族信托。Zhen Partners Fund Ⅳ, L.P. 和 Zhen Fund COV LLC 都在开曼注册,持有不同轮次的优先股,它们将在上市前自动转换为A类普通股,两家公司持有公司股份的比例为9.5%。

Zhen Fund COV LLC 的管理者为 Zhen Advisors Ltd.,该公司由 Zhen International Ltd. 全资拥有。

Zhen Partners Fund Ⅳ, L.P. 的普通合伙人为 Zhen Partners Management (MTGP) Ⅳ, L.P.,其普通合伙人为 Zhen Partners Management (TTGP) Ⅳ, Ltd.。

Zhen International Ltd. 拥有 Zhen Partners Management (TTGP) Ⅳ, Ltd. 51%的股权。Zhen International Ltd. 由 Rosy Glow Holdings Ltd. 全资拥有。

Rosy Glow Holdings Ltd. 的全部股权由 The Best Belief Family Trust 的受托人 Best Belief PTC Ltd. 持有。The Best Belief Family Trust 的设立人为徐小平,受益人为徐小平及其家族。

3)分析

徐小平家族信托的结构的亮点在于,徐小平并非以BVI有限公司为持股公司,而是设立了多个有限合伙形式的投资基金,上层的有限合伙担任下层有限合伙的普通合伙人。徐小平通过家族信托和多个投资基金间接控制了一系列优先股份，这些优先股份在公司上市之前将转换为A类普通股，从而赋予家族信托在公司中的股份和相应的投票权。此外，徐小平作为家族信托的设立人，通过信托和相关公司结构，可能在税务规划、财富管理以及保持资产控制方面享有好处。

【案例】泛华金控——胡义南家族信托

1）公司简介

泛华金控全称为泛华金融控股集团，创立于1998年，总部位于广州，创始人为胡义南。该公司是一家从事保险代理及销售的公司，主要提供保险代理、保险经纪、再保险经纪服务，在中国境内为个人及企业客户提供来自多家保险公司的财产险和寿险产品，并提供保险理赔服务。公司的销售和服务网络覆盖中国全境。截至2016年3月31日，其销售和服务网包括34家保险办事处、2家保险经纪公司、3家保险理赔公司及1家网络保险服务公司，销售和服务网点共602处。公司前身为CNinsure Inc.，并于2016年12月变更为现名。泛华金控于2007年10月31日在纽交所上市，证券代码为FANH。

2）信托搭建

胡义南在公司上市后成立了家族信托。招股书中，胡义南控制的直接大股东为China United Financial Services和Kingsford Resources Ltd.。其中，China United Financial Services的58.5%的股份为CAA Holdings Company Ltd.持有，胡义南为CAA的唯一董事，持有CAA 50.6%的股份。Kingsford Resources Ltd.的95.1%的股份为High Rank Investments持有。胡义南持有High Rank Investments的股份比例为76%。上述公司均为BVI有限公司，胡义南通过各持股公司持有的公司股份比例为57%。

2022年年报显示，胡义南控制的公司股份比例为18.2%（210,400,770

股）。其中，BVI有限公司Sea Synergy持有189,698,110股，该公司由胡义南家族信托全资拥有。胡义南通过Kingsford Resources Ltd.持有的股份为10,661,460股，该公司为公司高管持股的载体公司，总共持有泛华金控39,252,100股，胡义南在该载体公司的持股比例为27.2%。

3）分析

泛华金控是一家做保险起家的公司，在近年将目光投向了家族财富传承，创始人、董事长胡义南曾多次公开提及保险金信托、开立家族办公室等业务方向。而胡义南也在上市后引入家族信托作为自己财富传承工具的一部分。2022年年报数据显示，胡义南将其控制的大部分股权全都装入了家族信托中。这说明，泛华金控着眼布局家族财富传承跟公司创始人的自身考虑也许是同步的。

【案例】乐信——肖文杰家族信托

1）公司简介

乐信全称为乐信控股有限公司，于2013年8月成立，创始人为肖文杰，总部位于中国深圳，是互联网金融科技服务商，乐信旗下包括：质量分期购物平台——分期乐商城、网络借贷中介服务平台——桔子理财，以及金融资产开放平台——鼎盛资产。公司是一家利用大数据、云计算、人工智能等技术，将电商、智能风险管理、智能资产管理、互联网理财整合为一体的金融科技公司。2017年12月21日，乐信在纽交所上市，证券代码为LX。

2）信托搭建

肖文杰于公司上市前搭建了家族信托。招股书显示，公司上市前，肖文杰持有的公司股份比例为36.6%。具体地，肖文杰成立的家族信托名为The JX Chen Family Trust，该信托控制的公司直接大股东为BVI有限公司Installment

Payment Investment Inc.，信托受托人为肖文杰和其家族成员。肖文杰控制的大部分股份都在该信托之中（占公司股份比例为36.4%）。2022年年报显示，肖文杰持有的全部公司股份都装入了上述的家族信托之中。具体地，The JX Chen Family Trust通过Installment Payment Investment Inc.持有3,399,475股ADS（相当于6,798,950股A类普通股）和80,189,163股B类普通股。信托持股占公司股份比例为26.7%，对应肖文杰拥有的公司77.2%的投票权。

值得注意的是，在上市前，肖文杰家族信托持有的股份一部分是受限股份。上市前，家族信托拥有的110,647,199股A类普通股中79,291,274股受到一定的限制。受限制的股份中有25%在2015年7月18日解禁；剩余的75%自2015年7月以来，根据一项股份限制协议，每月最后一天以等额分期方式解禁，持续3年。这75%的股份还受到其他转让限制和回购权的约束。在该公司公开发行完成后，所有受限的股份将全部解禁，并且不再受到股份限制协议中设定的转让限制和回购权的约束。

3）分析

上市前，肖文杰信托持有的股份中有相当一部分是受限股份，这些股份的解禁按照一定的时间表和条件进行，这显示了公司对关键管理层的长期激励机制。股份的解禁安排显示，部分股份在特定时间点立即解禁（如2015年7月18日的25%），其余则按月等额分期解禁。这样的安排可能是为了确保关键人员在关键时期对公司的持续贡献和承诺。信托持有的股份受到转让限制和公司回购权的约束，这可能是为了在公司早期保持稳定的股权结构，同时为公司的长期发展保留必要的控制权。

肖文杰家族信托的这种结构反映了对控制权、激励机制和家族财富管理的综合考虑。通过家族信托持有公司股份，可以实现财富的保护和传承，同时在公司治理中发挥作用。此外，这种结构还能在一定程度上提供税务上的优势，并可能有助于资产的风险隔离。

【案例】途牛旅游网——于敦德家族信托

1）公司简介

途牛旅游网成立于2006年10月，创始人为于敦德。该公司的总部设在南京。2014年5月9日，途牛旅游网在纽交所上市，证券代码为TOUR。

2）信托搭建

于敦德在公司上市之前设立了家族信托。招股书显示，在上市前，于敦德持有的股份比例为10.9%。具体地，家族信托通过龙兔资本有限公司（Dragon Rabbit Capital Ltd.）持有普通股10,423,503股，龙兔资本有限公司是一家BVI有限公司。龙兔资本有限公司完全由隆图控股有限公司（Longtu Holdings Ltd.）拥有，隆图控股有限公司也是一家BVI有限公司。隆图控股有限公司完全由于敦德家族信托拥有。此外，于敦德通过行权获得的普通股数量为1,616,667股。这些普通股是由于敦德持有的期权转化而来的，可以在招股书日期或之后60天内完全行权获得。2023年年报显示，于敦德分别持有A类、B类普通股11,795,759股和10,423,503股，总股数为22,219,262股，对应的投票权比例为21.7%。于敦德家族信托的结构没有发生变化；龙兔资本有限公司仍为信托控制的控股公司，持有公司20.5%的投票权。

3）分析

于敦德通过两家BVI公司间接持有股份：龙兔资本有限公司由隆图控股有限公司拥有，后者又由一个信托拥有。这种层级结构有助于隔离资产并提供隐私保护。通常此类信托为不可撤销信托，一旦设立，即使是设立者也不能随意变更信托条款或收回资产,这增加了信托的稳定性。

【案例】迅雷集团——邹胜龙家族信托

1)公司简介

迅雷集团成立于 2003 年,创始人是邹胜龙。迅雷是一家全球领先的去中心化服务商,以技术构建商业,以服务创造共识,从而建立一个高效可信的存储与传输网络。自成立以来,公司围绕先进技术推出了多款畅销产品,迅雷下载、迅雷云盘等一经推出就受到了很多用户的喜爱。此外,迅雷影音、迅雷直播、迅雷会员等多种产品,为用户上网体验保驾护航。2014 年 6 月 24 日,迅雷在纽交所上市,证券代码为 XNET。

2)信托搭建

邹胜龙在迅雷上市之前设立了家族信托。招股书显示,邹胜龙在上市前持有的公司股份比例为 27.5%,并将之全部装入了家族信托。信托控制的直接大股东为 BVI 有限公司 Vantage Point Global Ltd.。2022 年年报(截至 2023 年 3 月 31 日)显示,邹胜龙持股的方式发生了微小变化,持股比例为 7.1%,但家族信托本身没有变化。Vantage Point Global Ltd.为家族信托持有 2,186,322 股 ADS 和 1 股普通股。此外,特拉华州有限公司 Eagle Spirit LLC 持有 ADS 2,400,000 股,该公司由 Choice & Chance Ltd.全资拥有,而后者又为邹胜龙拥有全部股份,且邹胜龙是 Eagle Spirit LLC 的唯一股东。

3)分析

邹胜龙持股结构的亮点是,他在家族信托持股之外引入了特拉华州公司作为自己持股的工具。邹胜龙是 Eagle Spirit LLC 的唯一股东。这种单一股东结构简化了决策过程,确保了对公司策略的快速响应和控制的集中性。特拉华州公司可以不公开股东和董事信息，这为股东提供了额外的隐私保护。Eagle Spirit LLC 持有ADS，表明这是一个为在美国外的公司在美国市场上交易股份而设立的机构。ADS通常易于交易，且不受外国直接投资的限制。特拉华州不对公司征收销售税、个人所得税，以及资产税，这对于税务规划是有利的。

【案例】优信——李斌家族信托

1）公司简介

优信全称为优信集团，创建于2011年，创始人为戴琨。优信是中国二手车交易综合服务供应商。利用互联网及移动互联网技术，优信致力于推动整个二手车行业的进步和健康成长。优信一直用专注、纯粹、诚信、价值的工匠思维和创新精神，打造"公开、公平、公正、透明"的二手车交易服务平台。2018年6月27日，优信在纽交所上市，证券代码为UXIN。

2）信托搭建

根据截至2023年底的公开资料，优信创始人戴琨并未设立家族信托。入局优信的蔚来汽车创始人、实控人李斌对优信的持股中包含了李斌设立的家族信托。2022年年报显示，李斌控制下的优信股份共计1,214,285,714股，对应34.1%的投票权。BVI有限公司NBNW Investment Ltd. 是一家间接完全由李斌设立的家族信托全资拥有的控股公司。

BVI有限公司Abundant Grace Investment Ltd. 持有889,059,964股可转换优先股，这些股份可转换为1,142,857,143股A类普通股。设立于BVI的有限合伙企业Abundant Glory Investment L.P. 持有29,129,042股可转换优先股，这些股份可转换为71,428,571股A类普通股。Abundant Grace Investment Ltd. 的大部分投票权由NBNW Investment Ltd. 和开曼有限合伙

Eve One Fund Ⅱ L.P.持有。开曼有限合伙 NIO Capital Ⅱ LLC 是 Eve One Fund Ⅱ L.P.和 Abundant Glory Investment L.P. 的普通合伙人，而李斌是 NIO Capital Ⅱ LLC 的管理者之一。

3）**分析**

李斌通过家族信托和多个投资实体拥有优信公司大量的可转换优先股，这些优先股转换后将赋予他公司 50.5% 的 A 类普通股权益。通过这种结构，李斌能够在优信公司保持决策权和控制力。这显示了家族信托在资产管理和控制权配置中扮演着重要角色，同时利用不同司法管辖区的法律优势进行国际财富管理和税务规划。

【案例】博实乐——杨氏家族信托

1）**公司简介**

博实乐是主营教育的品牌，创始人为杨惠妍。博实乐的业务涵盖四大板块：国内 K12 教育、海外 K12 业务、多元化教育服务（素质教育、升学服务、职业教育）、教育科技（3i 全球学院）。2017 年 5 月 18 日，博实乐在纽交所上市，证券代码为 BEDU。

2）**信托搭建**

博实乐创始人杨惠妍连同其亲戚杨美容在博实乐上市之后创立了家族信托。上市之后，杨惠妍持有的公司股份为 20,000,000 股 B 类普通股，占公司股份比例为 15.72%，对应 19.73% 的投票权。具体地，杨惠妍和杨美容共同拥有 BVI 有限公司 Ultimate Wise Group Ltd.，且二人于 2017 年 2 月 8 日签订了一致行动协议，杨惠妍将在该公司行使投票权和参与重要事项决策上与杨美容保持一致。2022 年年报显示，杨惠妍持有的股份比例为 78.40%，对应公司 98.56% 的投票权。

此外，2018年，杨惠妍、杨美容根据泽西岛法律创立了杨氏家族信托，该信托通过两家BVI有限公司Ultimate Wise Group Ltd.和Excellence Education Investment Ltd.持有股份。Ultimate Wise Group Ltd.直接持有451,559股A类普通股和15,000,000股B类普通股。Excellence Education Investment Ltd.直接持有72,590,000股B类普通股。Ultimate Wise Group Ltd.和Excellence Education Investment Ltd.都是Noble Pride Global Ltd.的全资子公司。Noble Pride Group Ltd.的唯一股东是TMF Trust（HK）Ltd.，后者作为杨氏家族信托的受托人。

杨惠妍与杨美容共同担任两人投资委员会的"唯二"成员。杨氏家族信托的投资委员会保留了对公司持有的普通股的唯一投票权。在投资委员会中，杨美容拥有两票，杨惠妍拥有一票。家族信托之外，杨惠妍还通过Sure Brilliant Global Ltd.直接持有5,000,000股A类普通股，该公司完全由杨惠妍拥有。

3）分析

杨氏家族信托的亮点在于公开文件中披露的关于家族信托投资委员会以及两个共同信托设立人杨惠妍与杨美容之间的一致行动协议。根据信托条款，杨惠妍和她的亲属杨美容构成了一个两人的投资委员会，该委员会保留了对信托资产的投票权和投资决策权。这样的结构保证了家族成员对信托资产有直接的控制权。杨惠妍根据一致行动协议同意在对公司的重大管理事项进行投票和决策时，与杨美容协商并取得一致。这表明了家族成员间对公司治理和资产管理决策的合作方式。杨氏家族信托通过这种复杂的国际结构和明确的治理机制，确保了对家族资产的有效控制和管理，并可能为家族成员提供了税收和法律上的优势。同时，通过投资委员会和一致行动协议，杨氏家族信托在维护家族利益的同时，也确保了对企业的影响力和控制权。

【案例】品钛——魏伟、董骏家族信托

1）公司简介

品钛全称品钛集团，是一家全国领先的金融科技整体解决方案提供商，致力于为金融机构和商业机构提供高效的智能零售金融解决方案，业务涵盖场景分期、个人信贷、小微企业信贷、财富管理、保险经纪等多个领域，并提供产品开发、流量获客、营销运营、管理监控等多种工具。品钛创始人是魏伟、董骏等人。2016年，品钛集团分拆为品钛集团和积木集团。2018年10月25日，分拆后的品钛在纽交所上市，证券代码为PT。

3）信托搭建

魏伟、董骏在品钛上市前都分别设立了家族信托。招股书显示，上市前，魏伟持有公司15,698,914股，对应股份比例为6.6%，这些股份全部由BVI有限公司Wise Plus Ltd.持有，该公司由BVI有限公司Beyond Mountain Holdings Ltd.全资拥有。Beyond Mountain Holdings Ltd.由魏伟设立的开曼家族信托控制，信托受托人为TMF（Cayman）Ltd.。招股书还透露，根据信托文件，魏伟有权就Wise Plus Ltd.持有的股份的保留、放弃、行使投票权和其他股东权利，对信托受托人进行指挥。类似地，上市前，董骏家族信托控制的股权比例为10%，持股数量为23,722,804股，这些股份全部由信托控制的BVI有限公司Genius Hub Ltd.持有，该公司由BVI公司Coastal Hero Ltd.全资拥有。Coastal Hero Ltd.由开曼信托Genesis Trust控制，信托受托人同样是TMF（Cayman）Ltd.。此外，魏伟家族信托、董骏家族信托持有的全部上述股份都将在上市完成前转换为B类普通股。

2022年年报显示，上述信托架构基本没有发生变化，只是董骏持股的方式

更加多元化。具体而言，董骏持有1,560,000股A类股，35,240,606股B类股，总计占公司的股份比例为6.6%，对应41.7%的投票权。上述全部A类股是指董骏基于期权有权购买的股份，而18,448,795股B类股为BVI有限公司Flamel Enterprises Ltd.持有，董骏为该公司的唯一股东和唯一董事。其余的16,791,811股B类股则为原先的Genius Hub Ltd.持有，该公司仍然为Coastal Hero Ltd.全资拥有，进而为董骏的家族信托Genesis Trust所控制。

魏伟持股的方式没有变化，2022年年报（截至2023年3月31日）中，其持有的15,698,914股B类股（对应持股比例为2.8%，18.5%的投票权）全部在家族信托中（通过Wise Plus Ltd.和Beyond Mountain Holdings Ltd.持有）。

3）分析

魏伟从2022年1月26日起不再担任公司董事，但仍为公司雇员，且其依靠上述家族信托把握了公司的控制权（魏伟持有第二多的投票权，仅次于董骏）。2022年10月26日的新闻显示，因卷入积木盒子公司的非法吸收公众存款行为，董骏已经被警方拘留。[①] 鉴于2022年年报反映了品钛在2022年全年的经营情况，董骏被拘留一事并未影响其持有的品钛的股权。

【案例】达内教育——韩少云家族信托

1）公司简介

达内教育全称为达内时代科技集团有限公司，又称达内科技，是中国一家职业教育服务提供商。该公司总部位于北京，以IT培训为主，由韩少云于2002年9月在加拿大多伦多创办。2003年，它获得IDG的A轮投资。达内教育于2014

---

① 积木盒子创始人董骏被警方拘留羁押 平台借贷余额超40亿[EB/OL].（2022-10-26）[2023-12-26].https://www.sohu.com/a/595591565_100078323.

年4月3日通过达内国际公司（Tarena International, Inc.）在美国纳斯达克上市，证券代码为TEDU，2024年1月改为TCTM。

2）信托搭建

韩少云在公司上市后搭建了家族信托。2022年年报显示，韩少云通过各种方式控制的股份数量为A类股10,228,123股，B类股7,206,059股，占总股份比例为32%，对应68.9%的投票权。具体地，Learningon Ltd.持有7,206,659股B类普通股；Techedu Ltd.持有1,152,183股A类普通股；Moocon Education Ltd.持有2,000,000股A类普通股；Connion Capital Ltd.持有718,887份限制性ADS，代表3,594,435股A类普通股；Learningon Ltd.持有438,644份限制性ADS，代表2,193,220股A类普通股（股份比例17.5%，投票权62.6%）；韩少云个人直接持有605,000股A类普通股；Connion Capital Ltd.拥有在60天内行使购买136,657份ADS（代表683,285股A类普通股）的选择权（股份比例7.9%，投票权3.6%）。

Connion Capital Ltd.、Learningon Ltd.和Techedu Ltd.均为投资控股工具。Connion Capital Ltd.、Learningon Ltd.最终完全由HANQQ Trust所拥有；Techedu Ltd.由韩少云直接全资拥有。TMF（Cayman）Ltd.为HANQQ Trust的受托人，而韩少云是该信托的设立人；韩少云及其家庭成员是HANQQ Trust的受益人；韩少云是Connion Capital Ltd.、Learningon Ltd.、Techedu Ltd.和Moocon Education Ltd.的唯一董事。上述全部公司均为BVI有限公司。

3）分析

韩少云作为所有控股公司的唯一董事，拥有这些公司决策的最终控制权，这表明了他对信托资产保持着直接的管理和控制能力。韩少云通过多个BVI控股公司持有股份，包括Connion Capital Ltd.、Learningon Ltd.、Techedu Ltd.和

Moocon Education Ltd.。这种多层次结构增加了持股的灵活性和隐私性。

【案例】瑞幸咖啡——陆正耀开曼家族信托

1）公司简介

瑞幸咖啡是中国的咖啡连锁品牌，由神州租车前首席运营官钱治亚创立，公司在开曼群岛注册，总部位于福建厦门。瑞幸咖啡自2018年5月8日正式营业以来，至2024年底门店数量已超过2万家，成为中国最大的连锁咖啡品牌。其在中国的主要竞争对手为星巴克咖啡、库迪咖啡等。2019年5月17日，瑞幸咖啡在美国纳斯达克成功上市，由创立到上市仅用时一年零八个月。[①]2020年1月，美国浑水研究宣布收到一份长达89页的做空报告，称瑞幸咖啡涉嫌欺诈行为。2020年4月，瑞幸咖啡主动承认"财务造假事件"，[②]股价出现暴跌。2020年6月29日，瑞幸咖啡正式停牌，并进行退市备案。虽然瑞幸咖啡已经退市，且截至本书撰写之时尚未重新上市，但是鉴于瑞幸咖啡为当下家喻户晓的咖啡品牌，其股权结构中的家族信托结构也具有代表性，故本书将其收纳其中。

2）信托搭建

瑞幸咖啡创始人钱治亚，以及因财务造假被扫地出门的瑞幸咖啡前董事长陆正耀，均在瑞幸美股上市之前设立了各自的家族信托。

招股书显示，在上市前后，穿透股权之后，瑞幸的第一大股东为陆正耀，在上市后持有的各类股份换算得出的投票权比例为30.02%。其中，陆正耀设立的家族信托（Lu Family Trust）以TMF（Cayman）Ltd.为受托人。信托控制的直

[①] 游苏杭. 20个月！谁是瑞幸闪电上市的幕后推手[EB/OL].（2019-05-18）[2024-04-10]. https://baijiahao.baidu.com/s?id=1633828924472620835&wfr=spider&for=pc.
[②] 王子扬. 瑞幸咖啡道歉：深刻反思，全面彻底调查[EB/OL].（2020-04-05）[2024-04-08]. https://news.sina.cn/gn/2020-04-05/detail-iimxyqwa5186050.d.html.

接大股东为BVI有限公司Haode Investment Inc.，持有81,703股A轮可转化可赎回优先股。Haode Investment Inc.由Haode International Ltd.全资拥有，且最终由家族信托受托人全资拥有，该信托按照开曼法律设立。

钱治亚在上市后持有的股份对应的投票权比例为19.35%。钱治亚设立的家族信托（Qian Family Trust）受托人同样为TMF（Cayman）Ltd.，按照开曼信托法设立。家族信托控制的直接大股东为BVI有限公司Summer Fame Ltd.（持有625,000股普通股，上市后转化为B类普通股），由Summer Fame International Ltd.全资拥有，并由受托人最终全资拥有。上述家族信托结构可以由图4-3概括。

3）分析

陆正耀和钱治亚的家族信托都按照开曼法律设立于开曼群岛，而开曼信托法也许已经为陆正耀躲过债务危机提供了至关重要的帮助。据悉，早在瑞幸被爆出财务造假丑闻之前，陆正耀就通过其家族信托控制的Haode Investment Inc.向摩根士丹利、瑞信信贷和海通国际等一众金融机构获取了有保证的贷款。由于明显的资不抵债可能性，2020年4月23日，瑞士信贷于4月23日向BVI的东加勒比最高法院提出清算请求。根据5月21日刊发于BVI公报上的通知，瑞士信贷新加坡分公司正寻求法院命令，为Haode Investment Inc.指派清算人。

由于陆正耀家族信托的设立地在开曼群岛，适用的法律也是开曼法律，因此，域外法院生效判决对其家族信托的效力需要结合开曼信托法来确定。开曼2021年版信托法第91和第90条明确排除了外国法律对开曼信托的适用，但是第90条（i）到（iv）规定的条件必须满足。根据网络上的公开信息，第90条规定的条件大概率都满足。因此，陆正耀装入家族信托的财产得以隔离在瑞幸咖啡相关的债务危机之外。

04 美股上市公司的家族信托

```
陆正耀                          钱治亚
  ↓                             ↓
Lu Family Trust,            Qian Famliy Trust,
受托人                          受托人
TMF (Cayman) Ltd.           TMF (Cayman) Ltd.
  ↓                             ↓
Haode                       Summer Fame
International               International
Ltd.                        Ltd.
  ↓                             ↓
Haode                       summer Fame
Investment Inc.             Ltd.
        ↘ 30.02%      19.35% ↙
            瑞幸咖啡
```

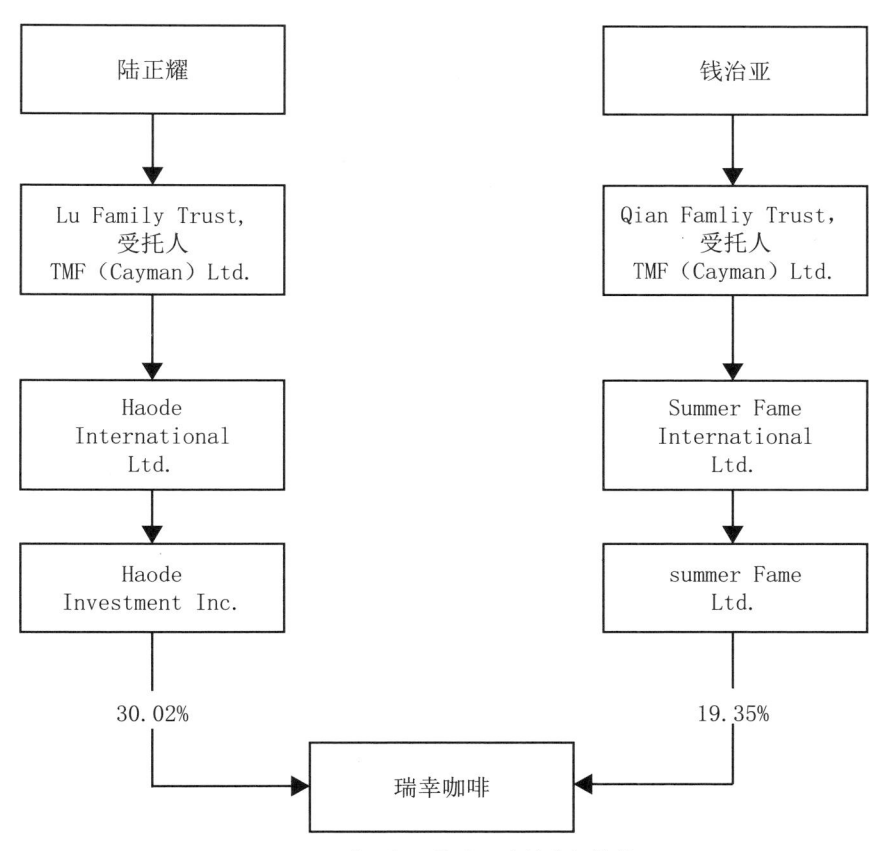

图4-3 陆正耀、钱治亚家族信托结构

05 港股、美股上市公司境外股权家族信托模式总结

通过第三章、第四章的介绍，我们可以总结出如下规律：中国境内企业家带着他们的企业赴境外上市前或者境外上市后，如果以上市主体的股份为信托财产设立家族信托，一般会选择BVI、美国、新加坡等法域的信托公司作为受托人，且相应地根据这些离岸法域的信托法设立信托。少数企业家（如雷军、孙宏斌）会选择中国香港的信托公司为受托人，将家族信托设立在中国香港。但是，他们设立的家族信托均是境外信托，我们在检索过程中没有发现境外上市的主体的股份装入境内信托的案例。此外，这些企业家的家族信托的设立模式也有迹可循，万变不离其宗。

鉴于此，本书第五章将总结第三章、第四章中境内企业家设立境外家族信托的规律、模式，并按照信托设立地（BVI、美国、新加坡，以及中国香港地区）的不同将它们划分为几类，再根据这些信托设立地与中国境内监管政策的关联性，总结出在这些地区设立信托的优劣势。

1.BVI 信托

BVI信托模式和BVI特殊目的公司

在BVI设立信托和设立持股平台、特殊目的公司是企业家最常见的做法。即使是选择在开曼等地而非BVI设立信托的架构中，特殊目的公司的首选设立地仍然是BVI。因此，本书在这一部分将BVI信托的架构连同BVI特殊目的公司合并介绍。

对于境内的企业家来说，无论在境外的何处（如BVI、开曼或是美国）设立家族信托，境外的信托都须与境内的运营公司连接，实现财富自公司向信托的流转。因此，信托设立本身并非具有挑战性的任务，真正具有挑战性的任务是连接带有信托的境外架构与境内公司。虽然多数境内企业家并不谋求境外上市，但是境内人设立的，在中国香港、美国上市的公司的家族信托与境内实体连接的方法值得全体企业家学习、借鉴，这是因为上市公司面临更多的披露义务、合规义务，这些公司的公开信息相对齐全、准确，对于学习信托搭建以及连接信托与经营实体具有很高的价值。本书以BVI信托和BVI特殊目的公司为例，为读者讲解包含信托的境外架构与境内运营实体的衔接问题。

目前在境外设立公司作为境外上市的融资主体的企业家，大致采用两种方式连接境内公司和境外架构（包括在境外设立的家族信托）：VIE架构和红筹架构。在本书已经分析过的案例中，大多数企业家采用了红筹架构，因此，本书将先介绍红筹架构和相关法律合规问题。

首先，通过总结本书之前的案例，境外上市的公司采用的股权结构尽管存在上图普通的架构称为红筹架构,即需要内创始人设立境内经营实体后,设立境外架构信托,该信托通过其旗下BVI有限公司接持上主体经营公司。图中的BVI 1通常会称为BVI 2,公司接着被称着公司,并会通过一层BVI公司持股经营公司。红筹架构下,根据公司间的《中华人民共和国外汇管理规定实施条例》设立接股公司(WFOE)。当VIE架构下,境外公司(及其背后的缩小投资结构),并以持股境内WFOE,也是WFOE通过共协议方式抉其利润安排境外上市公司。

红筹架构接着特点有三:需是BVI公司(上图中的BVI 1和BVI 2),并着公司与境内公司间的一个BVI公司(上图中的BVI 3),以及一个境外上市公司整体其接持境内的间接接股公司(WFOE)。首体来,这三个特点并非出于任意上的公司,而是分别满足了三个问题。根据公司的设置都是出于境内原操作分配收收协议,而BVI 3的设置是出于公司协议收益市中的操作收议。下面,我们就来分别论述这三个问题。

外接回 37 号文外汇登记问题

设立最底层BVI公司的原因在于外接回37号文的相关规定。外接回37号文又称三条税收,将境内居民以外资投资架构海接挖持股目的公司为规定,向何内以自主牌境内接该接外汇登记手续。本来有的议重要别关关。

第一,实践中,成为内资居民以经设立的居民以自己种接以内接该接是被收税向接外接该接目的公司为出资的,其为现为以经设立,也认内外接该向接外接该目的公司出资是经内后以为重要规定几乎否决成文。

第二,外接回37号文以至以来境内居民就以自己持股的第一层接外接该接目的

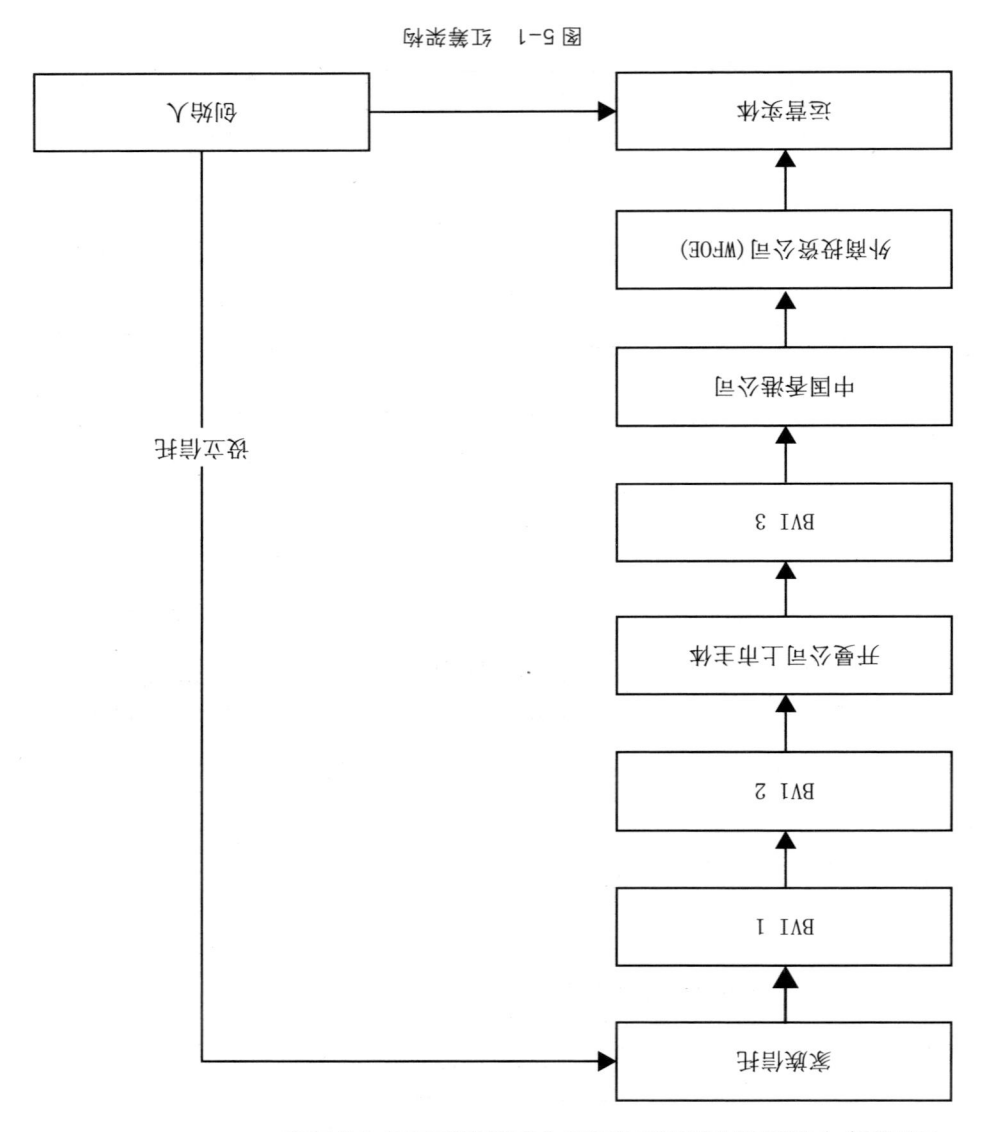

一旦美制,便是香港常用的离岸信托架构,可以参考如图 5-1 所示。

```
创始人 ──设立信托──> 离岸实体
                      ↑
              外商独资公司(WFOE)
                      ↑
                中国委托公司
                      ↑
                    BVI 3
                      ↑
               开曼公司上市主体
                      ↑
                    BVI 2
                      ↑
                    BVI 1
                      ↑
                   家族信托
```
设立信托

图 5-1 红筹架构

05 港股上市公司通过境外股权家族信托持北京公司

司办理登记，即上图中的BVI 1。外管局37号文第五条规定，已登记境外特殊目的公司发生境内居民个人股东、名称、经营期限等基本信息变更，或发生境内居民个人增资、减资、股权转让或置换、合并或分立等重要事项变更后，应及时到外汇局办理境外投资外汇变更登记手续。该规定只针对上图中的BVI 1发生的相关变动，因此，企业家往往都在BVI 1之下设立一个BVI 2作为变动股权的平台，这个BVI 2往往直接持股上市主体，企业家对于上市主体的股权变动均可通过BVI 2实现，而无须在每次股权变动的时候都进行外管局37号文登记。

第三，办理外汇登记的时间点问题。外管局37号文第三条规定，向特殊目的公司"出资前"，应当办理外汇登记。因此，办理登记的最晚时间是第一层BVI公司（即图中的BVI 1）设立后，向该公司出资前。企业家还需要注意的是，若以自己在境内公司等实体拥有的权益注入境外特殊目的公司，需要保证境内权益产生的时间早于境外特殊目的公司的权益产生的时间。这是因为，外管局37号文的首次明确文件实施的目的是"支持国家'走出去'战略的实施""切实服务实体经济发展"等。因此，企业家若先拥有境外实体权益，再获取境内实体权益，便有为了向境外转移财产而开设境内架构的嫌疑，不利于顺利通过审核。

境外公司向境内转移股息税费问题

1）香港公司接收股息的优惠

开曼公司与境内实体之间设立了一层中国香港公司，这是为了获取境内实体向境外分配利润时的税收优惠。关于该问题，本书在第二章的龙湖集团案例中已经做了简要介绍，这个问题的核心是《内地和香港特别行政区关于对所得避免双重征税和防止偷漏税的安排》。该规定的第五议定书（以下简称"第五议定书"）

于 2019 年 7 月 19 日在北京正式签署。其中第十条"股息"第二款规定，在一般情况下，内地实体向香港公司分配股息，税率是 10%。而如果满足特定条件，该税率则为 5%，这些特定条件有三：境外股东持有境内公司股权至少 25%，且过去 12 个月内任何时候都至少 25%；取得税收居民身份证明；符合受益所有人。实践中，这三个条件中最难以满足的是"符合受益所有人"。

2）"受益所有人"的认定

关于受益所有人的认定，9 号公告第二条列举了一些认定受益所有人资格的不利因素。

申请人有义务在收到所得的 12 个月内将所得的 50% 以上支付给第三国（地区）居民；申请人从事的经营活动不构成实质性经营活动。实质性经营活动包括具有实质性的制造、经销、管理等活动。申请人从事的经营活动是否具有实质性，应根据其实际履行的功能及承担的风险进行判定。

简言之，这些因素都戳中红筹架构中的痛点，因为红筹架构中的香港公司显然只是接收境内股息分配的中转站，且其大概率也会在 12 个月内将所得股息支付给开曼公司，进而支付给 BVI 公司和境外信托。但是，这不意味着香港公司就无法被认定为"受益所有人"了。9 号公告规定，如果香港公司被一个港交所上市公司控股，则自动满足受益所有人资格。这是其中一个渠道。第二个渠道是：申请人虽然不是受益所有人，但直接或间接持有申请人 100% 股份的人符合"受益所有人"条件，且所在国（地区）的协定优惠不亚于申请人所在国（地区）的协定优惠。通俗来说就是，虽然该公司不是受益所有人，但其背后真正的受益所有人可以享受同等或更好的协定优惠，那么中国境内税务局就认为该公司不是特意为滥用协定待遇而设的"导管公司"，所以该公司是可以被视为"受益所有人"从而享受协定待遇的。

由于本书中讨论的部分案例为在香港上市的公司，上述第一条渠道是最简单的思路，因为只要香港上市公司持股了中转的香港公司，则香港公司在接收境内股息分配时自动享受5%的优惠税率。但是，由于多数企业家并无在香港上市的计划，第二条渠道是实操中最常用的思路，该渠道又可以分为两种路径，路径按照最终全资拥有香港公司的股东是否是香港地区税收居民来划分。

首先，若最终全资拥有香港公司的股东是香港地区税收居民，我们可以按照如图5-2所示来讨论。

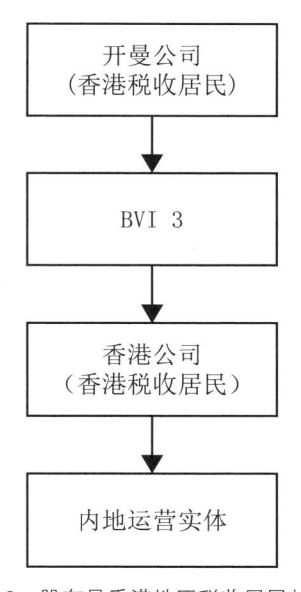

```
┌─────────────────┐
│    开曼公司      │
│ （香港税收居民） │
└────────┬────────┘
         │
         ▼
┌─────────────────┐
│     BVI 3       │
└────────┬────────┘
         │
         ▼
┌─────────────────┐
│    香港公司      │
│ （香港税收居民） │
└────────┬────────┘
         │
         ▼
┌─────────────────┐
│   内地运营实体   │
└─────────────────┘
```

图5-2　股东是香港地区税收居民的架构

上图中，显然，开曼公司（或是在其他地区设立的公司）很可能符合受益所有人的定义，因为开曼公司没有12个月内向第三方转移利润的义务。当开曼公司（或是在其他地区设立的公司）同时也是香港地区税收居民，则香港公司为开

331

曼公司从境内承接股息分配的时候，可以享受5%的优惠税率。但是，如果最终的开曼公司（或是在其他地区设立的公司）不是香港地区税收居民，则该问题需要结合最终公司（例如上图中开曼公司）的税收居民地区与中国的双边税收安排来判定。简言之，如果最终受益公司的税收居民地区与我国的协定股息税率低于或者等于5%，则该公司无须是香港地区税收居民。目前，许多国家和地区与我国的协定股息税率都在5%，如卢森堡、韩国、乌克兰、亚美尼亚、冰岛、立陶宛、拉脱维亚、爱沙尼亚、爱尔兰、摩尔多瓦、古巴、特多、新加坡及中国香港地区［与上述国家（地区）协定规定直接拥有支付股息公司股份低于25%情况下税率为10%］。

总结上述讨论，本书中许多案例里，从境内向境外分配股息的第一站是从一个香港公司中转，其目的是享受内地与香港地区间的股息分配优惠政策，但须满足如下条件：

香港公司是香港地区的税收居民；香港公司持有境内公司的股权比例至少是25%，且过去12个月内任何时候都至少25%；香港公司符合9号公告的"受益所有人"描述，或者最终全资拥有香港公司的境外公司能够按照9号公告提供的上述两个渠道满足"受益所有人"的同等要求。

香港股权转让印花税问题

香港地区对股息分配实施属地原则。因此，即使是在港交所上市的公司，只要其股息不产生于香港，香港税务部门就对股息不征税。但是，香港地区对股权转让严格征收印花税。按照香港《2021年税务（修订）（杂项条文）条例草案》（2021年6月11日生效），售卖或购买任何香港证券须缴纳印花税。对于公司股票，印花税为每股代价款额的 0.1%。但是，如果通过转让香港公司上层的 BVI 公司的股权，则不会产生印花税。

2. 美国信托

在美国设立的信托，往往使用在特拉华州设立的公司作为信托与上市主体之间的持股平台。在美国设立的信托往往采用如图 5-3 所示的架构。

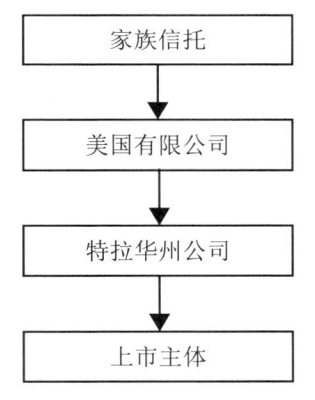

```
家族信托
   ↓
美国有限公司
   ↓
特拉华州公司
   ↓
上市主体
```

图 5-3　在美国特拉华州设立的公司信托架构

美国特拉华州也是一个颇受欢迎的信托设立地和境外特殊目的公司设立地，读者在本书的案例中可以发现许多根据特拉华州法律设立的持股平台公司或者家族信托。特拉华州公司法主要由两部分组成：《特拉华州普通公司法》（Delaware General Corporation Law）和《特拉华州有限责任公司法》（Delaware Ltd. Liability

Company Act）。在特拉华州设立公司是众多企业家的选择，特别是在公司上市前，企业家需要设立特殊目的公司作为持股工具时。

对于有限责任公司，对于境外企业家来说，特拉华州公司法解决的痛点有如下几个方面，它们都体现在《特拉华州有限责任公司法》中。

第一，设立高度便捷，特拉华州有限责任公司的成立，只需要：由一位或多位成员签署的有限责任公司协议（无须书面协议）；将成立执照在特拉华州的州秘书处登记备案。从成立执照在特拉华州的州秘书处登记备案时起，便视为公司已经成立。此外，上述公司协议是私密文件，这意味着公司的所有人、管理层的身份完全保密。

第二，在特拉华州成立有限责任公司的身份要求极低，资金门槛几乎为零，这对中国企业家来说是极大利好。《特拉华州有限责任公司法》规定，公司设立并无最低资本投资额的限制。非美国公司、企业以及个人一般皆可自由地在特拉华州组建和开办一家有限责任公司，因为该法并未要求有限责任公司的所有人或经理必须为美国的自然人、公民或居民。

第三，特拉华州有限责任公司无须在特拉华州开展商业活动、建立或开办经营场所（需设立注册代理机构以及注册办事处登记的除外）。（Corporation Service Company 是一家全球公认的服务提供商，并容易满足企业注册代理机构／注册办事处的要求。）

第四，特拉华州有限责任公司的管理具有高度灵活性。有限责任公司协议允许公司规定各个管理者享有的投票权，允许管理者委托他人管理公司。并且，公司股东和管理者可以自由地与公司发生交易。

3. 新加坡信托

在新加坡设立的家族信托的典型模式，可以参见本书理想案例中李想设立的家族信托。新加坡信托的架构大致可以由图 5-4 概括。

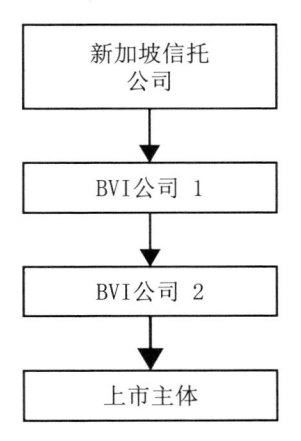

```
新加坡信托公司
    ↓
 BVI公司 1
    ↓
 BVI公司 2
    ↓
  上市主体
```

图 5-4　新加坡家族信托架构

从本书介绍的上市公司案例中，读者可以了解到，使用新加坡家族信托的案例并不多，案例数量远远少于在开曼或者BVI设立信托的案例。这主要是因为新加坡作为健全、稳定、发达的政治实体，其虽然为信托设立人提供了高度的资产安全性，但是新加坡信托产品为委托人、设立人提供的灵活性不如在开曼和BVI设立的信托，后两者允许设立人、委托人高度参与信托资产的管理。

然而，新加坡信托对于许多不谋求上市的公司而言，具有独特的好处。除了上面提到的资产安全性，其好处还体现于税务筹划方面。具体而言，从BVI模式的讨论中，我们了解到中国境内企业家在往境外信托分配利润时需要办理外管局

37号文规定的外汇登记。在办理外管局37号文外汇登记时，境外分润的中国香港公司（往往作为连接境内外架构的第一站）需要满足"受益所有人"的要求才可以享受5%的优惠股息税率。显然，这个作为承接股息中转站的中国香港公司很难满足"受益所有人"的要求。但是，公文（9号公告）明确表示，只要最终接收股息的实体的税务居民所在地与中国之间的双边股息税率同等优惠或者更优惠（即5%），则香港公司能够满足受益所有人条件。新加坡与我国的双边税收安排中约定，对股息分配实施5%的税率。因此，以一个新加坡税收居民（即新加坡家族信托）作为股息终点站能够在股息分配中达到节税目的。

附录：常见基本概念解释

（一）通用名词

信托（trust）：这是一种法律安排，即其中一方（受托人）代表另一方（受益人）持有资产。这种安排允许个人管理和保护他们的资产，并在其一生中及其死后控制资产的转移。

设立人/赠与人（grantor/settlor/trustor）：设立人是创建和/或资助信托的个人。他们负责制定信托的条款和条件，并向受托人提供指导，后者管理信托财产并用于受益人的利益。

受托人（trustee）：受托人负责根据信托的条款和提供的指示管理资产。

受益人（beneficiary）：受益人享有信托财产的收益权。他们可以收到年度收益分配，并最终在信托终止时接收整个信托本金。

信托工具/文件（trust instrument）：信托文件是设立信托关系的核心法律文书，由委托人（设立人）制定，用于明确信托各方权利义务、财产管理规则及受益人权益分配方式。其本质是具有法律约束力的合同，约束受托人按约定管理、处分信托财产，并为受益人利益服务。

可撤销信托（revocable trusts）：在设立人的一生中创建，用来规划设立人发生失能的情况或避免其去世时的遗产诉讼（减少法庭费用并提供隐私）。设立人可以随时更改或终止信托，并可以自由使用资产。

不可撤销信托（irrevocable trusts）：通常由设立人为其他人（如子女或孙子女）的利益而创建，用于持有一生中的赠予和接收设立人去世后的资产。设立人通常不能以任何有意义的方式更改信托内容，并放弃对信托资产的所有权和控制权。

受托人职责（trustee duties）：受托人负责按照信托文件的所有指示行事，包括承担信托管理的法律责任、控制和保护信托资产、处理信托的会计责任、战略管理和投资信托资产、提交信托税表、向受益人报告、按信托允许的方式向受益人分配收入和本金、管理信托的税务状况和税务问题，以及公正地代表所有受益人的最佳利益行事。

生前信托（living trusts）：在设立人生前建立，并可能在死后继续存在。生前信托可以是可撤销的（可更改）或不可撤销的（不可更改）。生前信托的设立通常是为了避免设立人死亡时的遗产诉讼成本，因为生前信托资产不需要进行遗产认证。生前信托可以用于为年老的家庭成员或任何可能残疾或失能的人提供受托人的管理。

遗嘱信托（testamentary trusts）：通常在设立人的遗嘱下建立，并且只有在他们去世后信托才开始生效。遗嘱信托指导信托管理人在设立人离世后管理处分信托财产。

（二）港股名词

控股股东（controlling shareholder）：持有公司超过30%股份的个人或实体，他们具有对公司的控制权。

实益拥有人（beneficial owner）：实际享有股份收益和控制权的人或实体，不一定直接持有股份。

股东名册（register of members）：用来记录所有注册股东的名单和他们持有的股份。

股权结构（shareholding structure）：描述公司股份的分配和持股比例。

股东权益变动（changes in shareholders' equity）：涉及股东权益在报告期内的任何变动，如增资、回购等。

董事和高级管理层持股情况（directors and senior management shareholding）：登记在董事和高级管理层名下的所有本公司股份的情况。

披露义务：根据《证券及期货条例》，任何人士对公司股份的持股比例达到或超过5%时，必须向香港证监会和有关上市公司披露其持股情况。股东在其持股比例每变动2%或以上时，都需要做出进一步披露。股东在购买或出售后，必须在下一个工作日内披露其变动情况。

限售期：香港上市规则规定，上市公司的控股股东在公司上市后的首6个月内不得出售其股份。对于首次公开募股（IPO）中的一级市场股份，通常也会有锁定期的规定，一般为6个月至1年不等。

短线交易：股东在购买股份后的6个月内出售相同股份可能会被视为短线交易。根据香港上市规则，此类交易可能需要将所获利润归还给公司。

敏感时期交易限制：在敏感时期，如财务报告发布前后，上市公司的董事和主要股东可能会受到交易限制，以防止内幕交易。

集中持股的披露：如果某个股东或一群联合行动的股东持有上市公司超过30%的股份，可能需要根据《公司收购、合并及股份回购守则》进行强制性全面收购。

拥有权和控制权维持不变的要求（requirement of maintaining consistency in ownership and control）：这是盈利或现金流量测试的条件之一，要求上市申请人在上市前的控制和管理应保持稳定，以确保其财务表现真实反映了控股股东和管理层的实质互动。

独立性要求（requirement of independence）：上市申请人必须能够在上市后独立于控股股东及其紧密联系人之外经营业务。这涉及财务、运营和管理方面的考量。

红筹架构（red chip structure）：这是一种常见的上市架构，特别是对于中国境内的企业。它通过在海外设立控股公司，将中国境内企业的资产和权益注入这个境外控股公司中，然后以该公司名义在海外上市。

可变利益实体架构：这是一种特殊的公司架构，用于解决外资拥有权的限制。它涉及通过合约安排控制境内运营主体公司的权益，通常用于中国境内公司的境外上市。

H股架构（H share structure）：H股指的是在中国内地合法成立的股份有限公司在香港发行的股份。这种架构允许中国内地公司直接在香港联交所上市。

（三）美国金融名词

美国存托股票（American Depositary Receipt，ADR）：是一种证券，代表在美国以外的国家注册的公司的股份。它们是为了让非美国公司的股票能够在美国股市上交易而设立的。每个ADR代表一定数量的外国股票，并在美国证券交易所交易。中概股通常使用ADR形式在美国上市，因为这样可以吸引更多美国投资者。这种安排使得美国投资者能够轻松投资于这些中国公司，同时也让这些公司能够更容易获得美国的投资。与之相对应的概念是ADS，其中一份普通股股份通常代表一份ADS。ADS和ADR之间的折算比对于计算中概股每股股价非常重要。

AB股（AB stock）：美股AB股制度是一种股权结构，即公司发行两种类型的股票：A类股和B类股。这两种股票在经济权益上相同，但在投票权上不同。通常，A类股票对外公开交易，每股拥有一票投票权。而B类股票通常由公司创始人或管理层持有，每股拥有更多投票权，如10票。这种结构允许创始人或管理层在保持对公司的控制权的同时，通过出售少量股份来融资。AB股制度在科技公司和家族企业中较为常见。

普通股（common stock）：代表公司所有权的基本股份类型，通常带有投票权。

优先股（preferred stock）：一种特殊类型的股份，通常享有固定股息，但在公司治理中通常没有投票权。

流通股（outstanding shares）：公司已发行且在外部股东手中的股份。

库存股（treasury stock）：公司自己回购的股份，不享有投票权或股息。

市值（market capitalization）：公司的总价值，计算方法为股票总数乘以每股当前市场价格。

股东权益（shareholder equity）：公司的资产减去负债后的剩余价值，归股东所有。